KB057567

삼국시대 장식대도 문화 연구

• 이한상 _ 李漢祥

강원도 평창에서 태어났다. 부산대학교 사학과를 졸업한 후, 서울대학교 국사학과에
서 고대사연구로 문학석사와 문학박사 학위를, 일본 후쿠오카대학 인문과학연구과에
서 고고학연구로 문학박사 학위를 취득하였다. 1992년 8월부터 2003년 2월까지 국립중
앙박물관(공주박물관, 경주박물관, 고고부) 학예연구사와 학예연구관으로 근무하였다.
2003년 3월부터 동양대학교 문화재학과 교수를 역임한 다음, 2007년 9월부터 대전대
학교 역사문화학과 교수로 재직하고 있다. 저서로는『황금의 나라 신라』(2004, 김영사),
『공예1-고분미술』(2006, 예경),『장신구사여체제로 본 백제의 지방지배』(2009, 서경문
화사),『국립중앙박물관에는 어떤 보물이 있을까』(2010, 토토북),『동아시아 고대 금속
제장신구문화』(2011, 고고) 등이 있다.

三國時代 裝飾大刀 文化 研究

삼국시대
장식대도 문화
연구

초판인쇄일   2016년 4월 20일
초판발행일   2016년 4월 25일
지 은 이   이한상
발 행 인   김선경
책 임 편 집   김소라
발 행 처   도서출판 서경문화사
            주소 : 서울시 종로구 이화장길 70-14 105호
            전화 : 743-8203, 8205 / 팩스 : 743-8210
            메일 : sk8203@chol.com
등 록 번 호   제 300-1994-41호
ISBN   978-89-6062-184-8   93900
ⓒ 이한상, 2016

* 파본은 구입처에서 교환하여 드립니다.

정가 24,000

이 저서는 2011년 정부(교육부)의 재원으로 한국연구재단의 지원을 받아 수행된 연구임
(NRF-2011-812-A00039)

三國時代 裝飾大刀 文化 研究

삼국시대

장식대도 문화 연구

● 이한상 지음

서경문화사

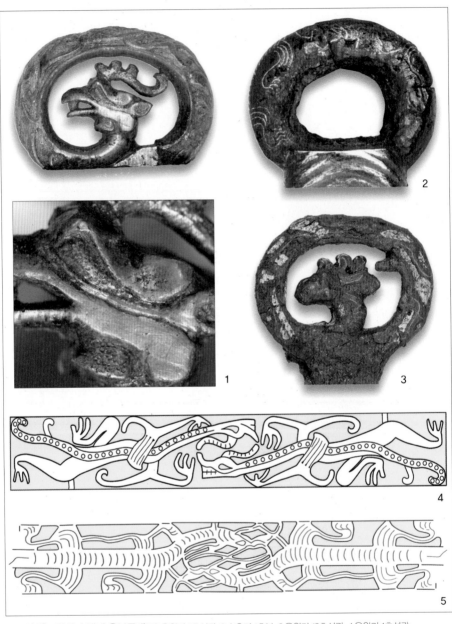

원색1. 한성기 백제 용봉문대도(1.용원리 1호석곽, 2.수촌리 1호분, 3.용원리 12호석곽, 4.용원리 1호석곽 환두주룡문, 5.수촌리 1호분 환두주룡문)

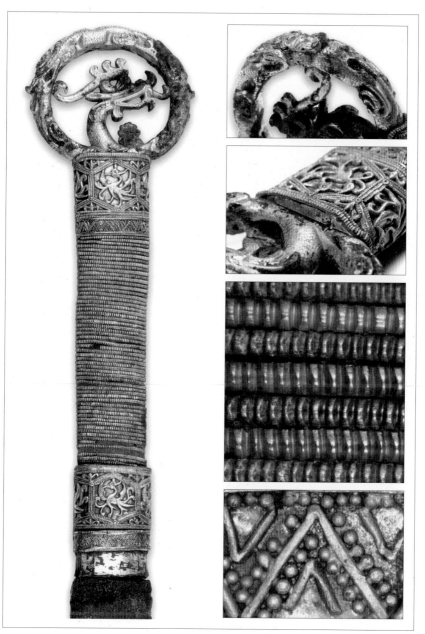

원색2. 백제 무령왕릉 용봉문대도

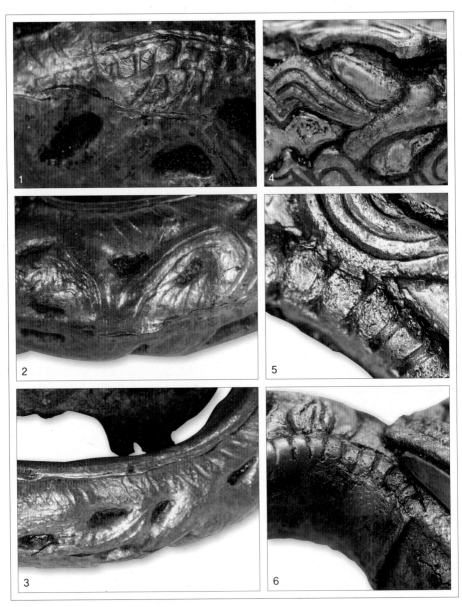

원색3. 옥전 M3호분 대도에 보이는 도금기법(1~3.용봉문대도A, 4~6.용문대도)

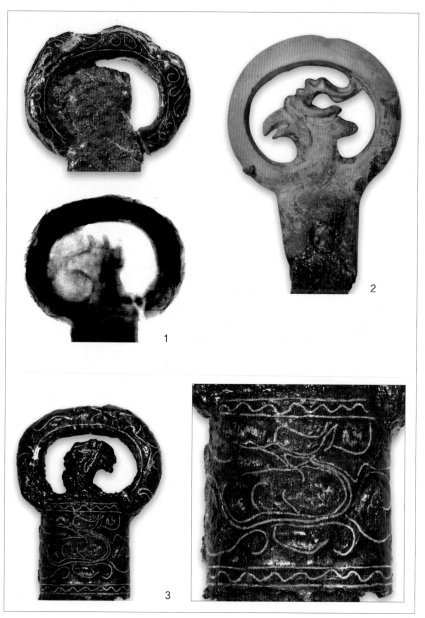

원색4. 가야의 용봉문대도1(1.지산동 32NE−1호묘, 2.지산동 I지구3호석곽묘, 3.옥전 35호분)

원색5. 지산동 구39호분 대도(우측 하부는 문양모식)

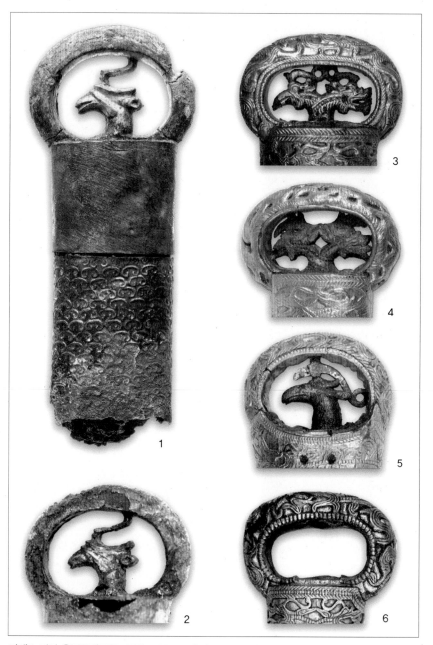

원색6. 가야 용봉문대도2(1.지산동 73호분, 2.중촌리 3호분, 3~6.옥전 M3호분)

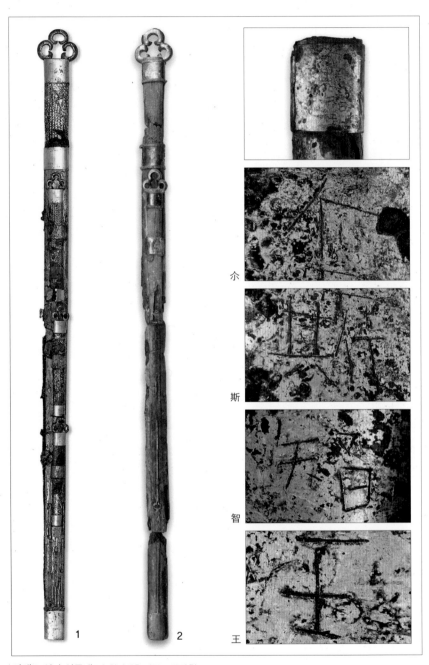

介

斯

智

王

원색7. 신라 삼루대도(1.황남대총 남분, 2.금관총)

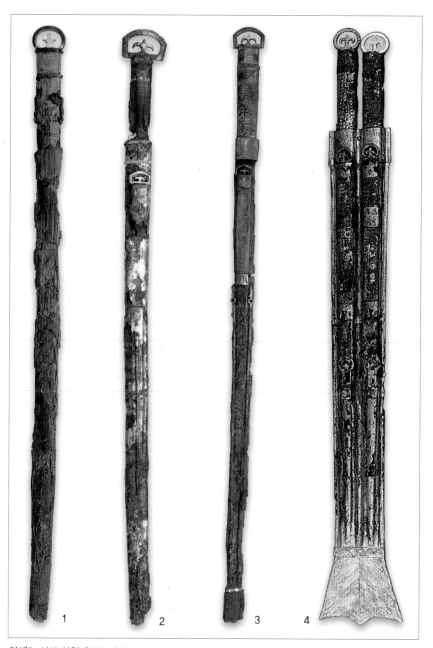

원색8. 신라 삼엽대도(1.복천동 10 · 11호분, 2.황남대총 북분, 3.조영동, 4. 내당동 55호분)

  1992년 8월의 일이다. 국립공주박물관으로 발령 받은 필자는 무령왕 환두대
도를 실견할 수 있었고 정교함에 놀랐다. 평소 금속공예품에 관심을 가지고 있
었기에 향후 무령왕 대도를 비롯한 삼국시대 장식대도의 도상과 제작기법에 대
한 연구를 진행하겠다고 다짐했다. 그러나 25년의 세월이 흘렀지만 그간 연구
는 지지부진했고 이제 겨우 연구의 방향 정도를 모색할 수 있게 되었다. 따라서
이 책은 필자가 지향하는 연구의 최종 성과물이라기보다 중간단계의 결과물이
라 부르고 싶다.

  본문에서도 자세히 언급하겠지만 장식대도는 여러 측면에서 가치가 높은 연
구의 소재이다. 이미 한일 양국 고고학자들은 그 점을 깊이 인식하고 다양한 관
점에서 연구를 진행해오고 있다.

  고총 속 금속공예품이라 하면 금관, 금제 이식 등 금으로 만든 장신구를 연
상하지만 최고 수준의 공예기술이 투여된 것은 장식대도이다. 그것에는 삼국시
대 사람들이 상서롭게 여겼을 각종 도안이 표현되어 있을 뿐만 아니라 주조, 단
조, 투조, 조금, 땜질, 조립, 색채대비 등 다양한 공예기법이 구사되어 있다. 여
러 종류의 장식대도 가운데 용봉문대도의 격이 가장 높은데, 통상 최고 지배층
의 묘역에서 제한적으로 출토된다.

  우리 역사에서 장식대도 문화는 서기 5세기를 전후하여 꽃 피었다. 그 무렵
부터 금과 은 등의 귀금속으로 칼의 손잡이와 칼집을 장식하는 문화가 유행했
다. 그런데 장식대도의 도안과 제작기법을 살펴보면 각 나라마다의 특징이 현
저하며, 그와 같은 특징은 정치적으로 밀접한 관계에 있었던 주변국의 대도제
작에 반영되기도 하고 또 일부는 완제품으로 전해지기도 했다. 각국 내에서 장
식대도의 제작은 정치적 중심지에 한정될 것으로 추정되며 시기에 따라 공간적
으로 어떤 분포양상을 보이는지를 잘 살펴보면 장식대도를 정치적으로 해석해

볼 여지가 생긴다.

따라서 이 책에서는 장식대도에 구사된 금공기술과 도상을 1차적으로 검토하여 장식대도의 양식문제를 살펴보려 했고 그것에서 한 걸음 더 나아가 장식대도를 통해 각국 지배체제의 강화과정, 대외교류의 양상까지 살펴보는 것으로 연구 범위를 넓혀보았다.

이 책의 구성에 대해 잠시 소개하면 다음과 같다. 당초 한국연구재단에 연구계획서를 제출할 때 삼국시대 장식대도에 대한 개설서의 집필을 구상했으나 연구를 진행하는 과정에서 필자의 능력으로 정해진 연구 기간 동안 당초의 계획을 달성하기 어려움을 알게 되었다. 따라서 개별적 연구 성과를 일정한 체제에 맞게 배열하여 책을 구성할 수밖에 없었음을 밝혀두고자 한다.

먼저 권두에 총론을 배치하여 문제의식과 책 전체의 내용을 개관하였다. 그에 이어 백제, 가야, 신라의 장식대도를 모두 4부 11장의 체제로 배치하였다. 목차에서도 잘 드러나지만 백제와 가야에 비해 신라 장식대도에 대한 검토가 소략한 점이 눈에 띈다. 향후 연구에서 중점적으로 보완할 계획이다. 맨 뒤의 제4부에는 장식대도가 제작될 수 있었던 배경을 설명하기 위해 삼국시대 금공문화의 성립과 전개문제에 대해 근래 집필한 글을 정리하여 배치하였다.

막상 책 발간을 준비하다 보니 곳곳에서 문제점이 눈에 들어왔지만 온전히 보완하지는 못하였다. 앞으로 지속적 연구를 통해 조속한 시일 안에 증보판의 발간을 기약하고자 한다.

이 책을 완성하기까지 많은 분들의 도움을 받았기에 감사의 뜻을 전하고 싶다. 국립공주박물관 시절부터 지금에 이르기까지 늘 학문적 엄격함을 강조하며 지도해주고 계시는 최종규·우지남 선생님이 먼저 떠오른다. 감사함과 더불어 두 분의 기대에 미치지 못하는 후배라는 점 때문에 늘 죄송할 따름이다. 그리고대학원 시절 거칠기 짝이 없던 필자를 지도하여 학문의 길로 인도해주신 송기호 지도교수님, 후쿠오카대학 박사학위 심사과정에서 지도를 아끼지 않으신 小田富士雄·武末純一·桃崎祐輔 선생님, 유물을 실견할 수 있도록 배려해주신 임학종·김현희·박진일·송영진·정지선 선생님, 평소 큰 가르침과 도움을 주고 계시는 이건무·노태돈·이강승·최병현·이희준·박순발·권오영·오세윤·이현상 선생님께도 감사를 드린다. 한편 일본 학계의 장식대도 연구를 주도하고 있는 穴澤咊光·馬目順一·大谷晃二 선생님께서는 최신 연구 성과물을 지속적으로 보내주어 필자의 유물관찰과 연구에 큰 자극과 도움이 되었기에 특별히 사의를 전하고 싶다. 끝으로 어려운 출판여건임에도 불구하고 이 책을 출판해주신 서경문화사 김선경 사장님과 직원 여러분께 감사의 말씀을 드린다.

2016년 4월
대전 용운골에서 이한상

제2부 가야의 장식대도 111

총론
장식대도와 고대사회

1. 고총과 장식대도

고고학적 시각에서 삼국시대를 바라볼 때 가장 뚜렷한 존재는 거대한 고총(高塚)과 그 속에 묻힌 화려한 금속공예품이다. 고총이란 거대한 봉분을 갖춘 옛 무덤이며 삼국시대 지배층이 자신들의 사회적 지위를 표상하기 위해 만든 일종의 기념물이다. 그리고 그 속에서는 다양한 종류의 물품이 출토된다. 이 책에서는 그 가운데 장식대도(裝飾大刀)에 주목하고자 한다. 통상 고분 속 금속공예품이라 하면 금관, 금제 이식 등 금으로 만든 장신구를 연상하지만 최고 수준의 공예기술이 투여된 것은 장식대도이다. 큰 칼의 손잡이와 칼집 표면을 귀금속으로 꾸민 것이다. 장식대도는 삼국시대 금속공예기술의 수준을 잘 보여주는 척도임에 분명하지만 그것의 제작과 소유에 고대국가의 지배시스템이 녹아있다는 점이 더욱 중요하다. 본격적 검토에 앞서 먼저한국 고대사회에서 만들어졌던 무덤에 대해 개관해보고자 하며 그 속에 장식대도가 어떻게 매납되어 있는지, 제작기법은 어떠한지, 누가 만들어 누구에게 준 것인지 등 여러 문제에 대해 차례로 살펴보려 한다.

1) 고대사회의 단면을 보여주는 무덤

현세의 지위나 부가 아무리 높고 많다 하더라도 우리 인간은 죽음을 피할수 없다. 인간에게 죽음은 숙명인 셈이다. 인류의 출현 이래 인간은 죽음에 대하여 인식하였고 죽음에 대한 두려움에서 벗어나고자 저승의 세계를 창출하거나 장례의식을 성대히 치르기도 하였다. 고대인의 죽음에 대한 인식을 이해하면 그와 표리의 관계에 있었을 삶의 모습도 더욱 구체화 시켜 복원해볼수 있을 것으로 기대된다.

인간의 인지능력이 차츰 발달하면서 다양한 변화가 생겨났다. 그 가운데하나가 무덤의 조영이다. 인간의 유해를 자연에 방기하던 시절에서 벗어나유해를 거두어 매장하는 풍습은 인류사 전체에서 보더라도 대단히 혁신적인일이었다. 우리 역사에서는 신석기시대부터 무덤을 쓰기 시작했다. 신석기시대로 편년되는 통영 연대도유적이나 부산 가덕도 장항유적에서 무덤이 발굴된 바 있기 때문이다.

그런데 고대사회의 무덤 가운데 규모가 크고 부장유물이 다량으로 묻힌것은 삼국시대의 자료이다. 경주 시내에 동산처럼 우뚝 솟아 있는 신라 왕릉이 전형적인 사례이다. 왜 고대인들은 무덤을 거대하게 만들고 그 속에 수많은 물품을 부장했을까? 동서고금을 막론하고 우리 인간은 자신이 살고 있는삶이 영원하기를 바란다. 그리고 인생의 한정성을 깨닫게 되면서 사후세계에깊은 관심을 가지게 된다. 현세의 삶이 내세로 그대로 이어지기를 소망하는 경우도 있고 그반대의 경우도 있다. 현세의 지위나 경제력이 우월한 왕족과 그 측근들은 특히 전자에 해당

도1. 경주 노서동고분군 근경

될 것이다. 그들은 자신이 사용하던 물품에 더해 각종 물품을 새로이 만들어 무덤 속에 부장했던 것이다. 심지어는 시중들던 사람까지도 함께 묻었다. 이러한 장례풍습의 이면에는 새로이 권력을 계승한 국왕의 정치적 의지도 개재되어 있었다. 새로 즉위할 혹은 즉위한 국왕은 그의 왕위계승을 정당화하고 자신의 입지를 강화하기 위해 선왕의 능묘에 대한 치장에 깊은 관심을 가지게 된다. 특히 뒤를 잇는 왕의 입지가 불안한 경우에는 장례 준비기간을 늘리기도 했다. 이 기간을 빈(殯)이라고 하는데 신라의 경우 약 1년 정도였던 것 같다. 백제의 무령왕(武寧王)과 왕비는 27개월이었다.

삼국시대의 장례풍습에 대한 기록은 중국 사서에 간략히 남아 있다. 백제에 관해서『주서(周書)』에 '부모나 남편이 죽으면 3년 동안 상복(喪服)을 입고 그 나머지 친척의 경우 장례가 끝나면 상복을 벗었다.'고 한다. 이 기록에 의하면 이미 삼국시대에 삼년복상의 제도가 존재했음을 알 수 있다.『수서』고(구)려조에는 '사람이 죽으면 옥내에 빈하고 3년이 지나 길일을 택하여 장사지낸다. 부모와 남편의 상을 당할 때 복은 모두 3년으로 하고 형제는 3월로 한다. 처음 임종 시에 곡읍(哭泣)을 하고 묻을 때 고무작악(鼓舞作樂)으로 보낸다. 매장이 끝나고 죽은 이의 생시 의복과 물품, 거마를 무덤 곁에 놓아두면 장례에 모인 사람들이 앞 다투어 가져간다.'라고 한다. 이 기록 가운데

도2. 무령왕릉과 정지산 빈전유적

도3. 경산 임당E Ⅲ-2호분 부곽의 순장인골 출토 모습

주목되는 것은 고구려에 빈의 풍습이 존재했다는 점이다. 이 빈을 복차장(複
次葬) 혹은 2차장의 성격을 지닌 것으로 파악하는 연구가 있다. 빈의 사례는
광개토왕(廣開土王)의 경우에서도 확인되며, 백제 무령왕릉 속 지석에서 그
존재를 분명히 하고 있다.

　이외에 장례 시 얼음을 사용하였고 순장제(殉葬制)가 존재하였음을 알려
주는 기록이 『삼국지』 위서 동이전 부여조에 있다. 즉, '사람이 죽으면 여름에
는 모두 얼음을 쓰며 사람을 죽여서 순장을 하는데 많을 때는 백 명 단위로
헤아린다. 장사를 후하게 지내는데 곽은 사용하나 관은 쓰지 않는다.'가 그것
이다. 사료에 보이는 장례풍습 가운데 고고자료에서 검증할 수 있는 것은 빈
과 순장이다. 사서에 기록은 없지만 고분 속에 묻혀 있는 화려한 물품도 이
시기 장송의례를 이해하는데 좋은 자료가 된다.

2) 무덤의 종류와 특징

고대사회의 무덤 가운데 가장 이른 단계의 것으로 목관묘(木棺墓)를 들 수 있다. 목관묘란 마치 요즘의 무덤처럼 직사각형으로 구덩이를 파고 그 속에 목관을 매납하는 무덤을 말한다. 초기철기시대부터 축조되기 시작하여 삼국시대 초기, 즉 원삼국시대(原三國時代) 전기까지 주요한 묘제로 사용되었다. 목관묘는 무덤의 규모가 작은 편이기 때문에 사람을 순장하거나 다량의 부장품을 넣을 수는 없는 구조이다. 목관과 구덩이의 경계, 목관의 위, 목관의 아래 등 여러 곳에 물품을 부장했다. 대표적인 사례가 창원 다호리 1호묘이다. 이 무덤은 도굴의 피해를 입었지만 통나무로 만든 목관이 온전하게 출토되었고 통나무 관을 들어 올렸을 때 관 아래에서 요갱(腰坑)이라 불리는 구덩이가 발견되었고 그 속에서 다량의 유물이 출토되었다. 목관묘 주변에 묘역의 경계를 알려주거나 배수를 목적으로 판 도랑이 시설된 사례가 있다.

목곽묘(木槨墓)란 목관묘보다 한층 규모가 큰 무덤이다. 직사각형의 구덩이를 파고 그 속에 나무로 만든 목곽을 시설하게 되며 재차 목곽 속에 목관을 넣는 구조이다. 무덤의 규모에 따라 목곽 속에 목관을 안치하지 않고 유해를 매장하는 사례도 많다. 그리고 영남지역의 3~5세기 무덤 가운데는 구덩이를 日자형으로 2개를 파고 큰 구덩이에는 무덤 주인공을 매장하고 작은 구덩이에는 물품을 전용으로 묻거나 순장자를 매장하는 사례가 확인된다. 후술할 신라의 적석목곽묘도 기본은 목곽묘이며 구덩이와 목곽 사이, 그리고 목곽 위에 돌을 채운 것이다.

삼국시대 무덤 가운데 돌을 쌓아 만든 사례가 있다. 고구려의 적석총(積石塚)이 대표적이다. 동방의 피라미드라 일컬어지는 장군총, 그리고 그보다 이른 시기에 만들어진 태왕릉이 전형적인 사례이다. 주지하듯 고구려는 세 곳에 도읍하였다. 첫 도읍이었던 현 중국 요령성 환인현 일대, 두 번째 도읍이었던 현 중국 길림성 집안시 일대에 많은 고구려고분이 분포한다. 대부분 강변의 낮은 지역이나 산을 등지고 넓은 평야를 앞에 끼고 있는 구릉에 입지한다. 고구려의 적석총이 가장 밀집해 있는 곳은 집안(集安)지역이다. 장군총과 태왕릉이 포함된 우산하(禹山下)고분군, 그 주변의 산성하(山城下), 만보정 (萬寶汀), 칠성산(七星山), 마선구(馬線溝)고분군 등이 있다. 고구려의 마지막 도읍지였던 평양과 그 주변에도 고분군이 많다. 대부분은 고구려 후기의 무덤양식인 석실묘이다.

한편, 마립간기 신라의 왕릉에도 다량의 돌이 사용된다. 그러나 고구려처럼 그것이 밖으로 노출되지는 않고 무덤 속에 채워진다. 이를 적석목곽분이라 부른다. 적석목곽분을 축조하던 시기의 신라는 4세기대 이래의 내적발전에 더하여 고구려로부터 군사적인 지원을 받으면서 대외적으로 영역을 크게 확장한다. 그 후 5세기 중엽부터는 고구려의 통제에서 벗어나려고 노력하였으며, 보은의 삼년산성(三年山城)처럼 군사적인 요충지(要衝地)에 성(城)을 쌓고 지방민을 각종 노역이나 전쟁에 본격적으로 동원하면서 6세기대 대외팽창의 기초를 다져 나간다. 이 시기 신라의 모든 영토 안에서는 경주의 공방

도4. 황남대총 남분 발굴모습

에서 제작한 신라토기와 함께 그것을 모방하여 만든 신라양식토기가 함께 사용되고 있었다. 아울러 지방을 통치하는데 중요한 거점이 되거나 다른 나라와 국경을 접하고 있는 지역의 수장층(首長層)은 경주의 국왕으로부터 하사받은 금동관(金銅冠)이나 금귀걸이, 은제 허리띠 등을 사용하기도 하였다. 대체로 경주 시내에 황남대총 남분이 축조되던 5세기 중엽경이 되면 낙동강 이동의 모든 지역, 낙동강 이서의 성주와 선산, 안동 · 상주를 비롯한 경북 내륙지방, 강릉 · 삼척 등 동해안이 신라의 영토로 확실히 편입된다. 그러나 백제와 고구려에 접한 변경지대의 경우 시기에 따라 약간씩 변동이 있었다.

이 시기의 무덤은 경주와 지방 사이에 구조상의 차이가 있다. 경주의 왕경인(王京人)은 배타적인 자신들의 지위를 대외적으로 과시하고자 노력하였는데, 특히 육안상 위압감을 주는 큰 무덤을 만들었고 장례의식도 성대히 하였다. 그 과정에서 각종 화려한 금제 장식품을 함께 껴묻었다. 특히 왕족의 경우 머리에는 금관, 귀를 비롯한 신체의 각 부위에 귀걸이와 목걸이, 팔찌, 반지, 허리띠, 신발을 금(혹은 금동)이나 은으로 만들어 착장시켰다.

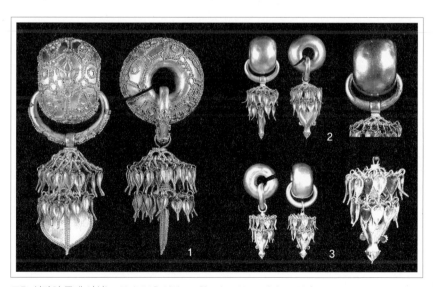

도5. 신라의 금제 이식(1.보문리부부총 석실묘, 2.황오리 52호분, 3.계성Ⅱ-1호분)

경주에 주로 만들어진 이들 대형 무덤의 구조는 매우 특이하다. 즉 구덩이 [墓壙]를 파거나 또는 땅 위에 목곽을 설치하고 그 속에 목관과 부장품을 넣은 다음 목곽 위와 둘레에 냇돌을 쌓고 다시 그 위에 흙으로 덮어 봉분(封墳)을 높게 만든 것이다. 수많은 인력을 동원하여 이처럼 큰 무덤을 만드는 것은 신라의 성장과 힘을 보여주는 것이기는 하지만 아직 무덤의 크기나 부장품의 화려함만으로 왕의 지위를 강조하는 단계에 머물러 있었음을 보여준다.

경주에서 발굴조사된 무덤 중 황남대총 북분의 경우 하루에 200여 명의 장정을 동원하여 매일 공사를 하여도 6개월 이상의 시일이 필요했을 것으로 추정된다. 그러면 경주 시내의 그 많은 무덤, 특히 현재 봉분이 모두 없어졌으나 지하에 매장되어 있는 수천 기 이상의 고분을 만드는데는 천문학적인 인력과 재화가 필요했을 것이다. 이에 필요한 자원은 모두 경주 주변이나 지방의 백성들을 동원하여 충당하였을 것이며, 그 과정에서 지방의 유력자를 우대하여 그들을 매개로 지방지배를 실시하였다. 그 결과 각 지방에는 경주의 강력한 지원을 받고 있던 현지세력가가 경주에 버금가는 큰 무덤을 축조하기도 하였다. 부산의 복천동(福泉洞)고분군, 양산의 북정리(北亭里)고분군, 경산의 임당(林堂)고분군, 대구의 달서(達西)고분군, 창녕의 교동(校洞)고분군, 성주의 성산동(星山洞)고분군, 삼척의 갈야산(葛夜山)고분군, 영덕의 괴시리(槐市里)고분군, 의성 금성산고분군, 순흥 읍내리(邑內里)·태장리고분군 등이 이러한 예이다. 이 고분군의 매장시설은 일부 적석목곽묘도 있지만, 대부분 수혈식석곽묘이다. 이 무덤에서는 경주와 동일한 장신구류와 금속제품이 출토되는데, 경주의 관심도가 높은 지역일수록 더욱 화려하고 많은 유물이 출토된다.

돌로 만든 무덤 가운데 석곽묘(石槨墓)와 석실묘(石室墓)가 있다. 이 두 묘제는 적석총이나 적석목곽묘와는 차이가 있다. 즉, 구덩이를 파고 돌을 이용하여 무덤방을 만들었다는 점이 그러하다. 석곽묘는 보통 지하에 구덩이를 파고 만드는 사례가 많아 앞에 '수혈식(竪穴式)'이라는 표현을 덧붙이곤 한다. 석곽묘는 백제, 신라, 가야에 모두 존재했는데 전형은 가야에서 확인된다.

고령의 대가야(大加耶), 함안의 아라가야(阿羅加耶) 왕족의 묘제로 수혈식석곽묘가 채용되었다.

석실묘란 돌로 만든 무덤이라는 점은 석곽묘와 같지만 무덤 한쪽에 입구를 만들어 여러 차례에 걸쳐 추가적으로 사용할 수 있게 만든 것이다. 지하에 위치하는 것도 있고 지역에 따라 지상화된 것도 있다. 지상화된 경우 당연히 높은 봉토를 축조하게 되고 무덤 둘레에 호석을 돌리거나 배수로를 시설한 사례가 많다. 신라의 경우 6세기 중엽이 되면 적석목곽묘가 사라지고 석실묘가 유행하게 된다. 그와 함께 무덤에 함께 묻는 부장품(副葬品) 수량도 급격히 적어진다. 여러 번에 걸쳐 시신을 추가 매장할 수 있게 됨에 따라 가족단위의 무덤이 많이 만들어진다. 이를 통해 보면 죽음의 세계에 대한 신라인의 관념이 바뀌었음을 알 수 있다. 특히 이 시기에는 사회구성원 모두가 비슷한 구조의 무덤을 만들었을 뿐만 아니라 매우 흡사한 토기를 사용함에 따라 생활양식의 유사성이 높아진다. 경주 시내 곳곳에 위치한 통일신라시대의 왕릉 대부분은 석실묘로 추정된다. 구조는 돌로 네 벽을 쌓고 그 위에 돌을 얹어 커다란 방을 만들고 앞쪽에 입구를 만든 것이다. 봉분 둘레에는 봉분이 무너지지 않도록 돌을 돌리는데 이것이 통일신라시대에는 십이지상(十二支像)이 새겨진 판석(板石)으로 발전하였다.

2. 장식대도의 양식

우리 역사에서 장식대도 문화가 개시되는 것은 서기 5세기를 전후한 시기이다. 그 무렵부터 금과 은 등의 귀금속으로 칼의 손잡이와 칼집을 장식하는 문화가 크게 꽃피게 된다. 그런데 이 장식대도의 도안과 제작기법을 살펴보면 각 나라마다 현저한 특징을 지니고 있다. 이러한 특징은 정치적으로 밀접한 관계에 있었던 주변국의 대도제작에 반영되기도 하며 일부 완제품이 전해지기도 했다. 각국 내에서 장식대도의 제작은 정치적 중심지에 한정될 것으로 추정되며 시기에 따라 공간적으로 어떤 분포양상을 보이는지를 잘 살펴보면 장식대도를 정치적으로 해석해볼 여지가 생긴다.

삼국시대 장식대도에 대한 연구는 한일 양국 학계에서 활발히 진행되어 왔다. 연구를 주도하고 있는 것은 일본 학계이다. 일본 고분시대 중후기의 수장급 무덤에서 용과 봉황문이 장식된 대도의 출토 사례가 많기 때문인데, 그것의 기술적 계보를 찾는 과정에서 한반도 출토품까지 연구의 범위에 포함시켰다. 그에 비해 국내 학계에서는 연구가 상대적으로 부족한 편이며 출토 사례를 집성하거나 문양도상 및 제작기법의 유형화를 통해 각국 대도의 양식을 추출해내는 작업이 진행된 바 있다.

1) 장식대도 출토 사례

고구려의 장식대도는 출토 사례가 매우 적다. 도굴의 피해를 입었기 때문이기도 하지만 원래부터 유물을 적게 부장하는 풍습이 있었음에 기인한다. 평양 병기창(兵器廠) 출토품이 알려져 있다. 은으로 장식된 것이며 둥근 고리 속에 삼엽문이 베풀어져 있어 신라 장식대도와 유사하다.

백제의 장식대도는 근래 출토 사례가 점증하고 있다. 한성기의 장식대도로

도6. 무령왕릉 용봉문대도와 세부

는 천안 용원리 1호석곽묘, 동 12호석곽묘, 공주 수촌리 1호분 출토품이 있다. 용원리 대도는 무령왕릉 출토품에 선행하는 용봉문장식의 대도로서 매우 주목되는 자료이다. 손잡이 끝의 둥근 고리에는 용의 몸이, 둥근 고리 속에는 용 또는 봉황의 머리가 표현되어 있다. 웅진기를 대표하는 대도는 무령왕의 용봉문대도이다. 이 대도는 백제뿐만 아니라 동아시아 장식대도 연구의 기준 자료가 되고 있다. 용의 머리와 몸이 정교하게 일체형으로 주조된 것이며 표면에 금도금이 베풀어졌다. 손잡이에는 금실과 은실이 교대로 감겨 있고 병연금구에는 봉황무늬가 표현되어 있다.

가야의 대도는 출토 수량이 많은 편이다. 백제의 영향을 많이 받은 것으로 보이며 고령과 합천을 양축으로 하는 대가야권에 집중 분포되어 있다. 고령 지산동 구39호분과 73호분에서 장식대도가 출토되었고, 역시 대형분인 지산동 45호분에서는 신라로부터 이입된 전형적인 삼엽대도 1점이 출토되었다. 다라(多羅)의 왕족묘역인 옥전고분군을 비롯하여 그 하위집단의 수장묘에서 집중적으로 출토되었다. 옥전고분군에서 M3호분 출토 용봉문대도를 위시하여 용과 봉이 표현된 대도가 8점, 삼엽문이 표현된 대도가 3점, 소환두(素環頭)에 상감이나 은판으로 장식한 대도 6점 등 가야의 다른 어느 고분군보다 다양하고 화려한 대도가 출토되었다.

신라의 대도는 경주시내의 대형분에서 출토된 예가 많다. 그런데 경주의 경우 백제나 가야, 신라의 지방보다는

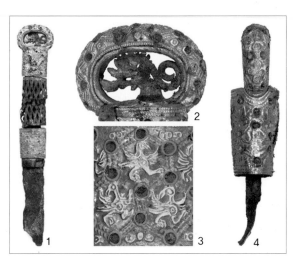

도7. 지산동 구39호분 대도(1)와 세부(2.환두, 3.병두금구 문양. 4. 환두부 측면)

죽은 자를 무덤에 매장하는 과정에서 일정한 원칙이 있었던 것 같다. 즉 여성의 무덤으로 추정되는 황남대총북분 등의 무덤에는 패용대도(佩用大刀)가 없으며 남성의 무덤에서는 피장자의 좌측 허리부위에서 주로 출토된다. 신라 장식대도 가운데 가장 전형적인 예는 삼루대도(三累大刀)와 삼엽대도(三葉大刀)이다. 삼루대도 가운데 대표적인 유물은 황남대총 남분 출토품이다. 삼루대도는 이후 금관총, 금령총 주인공의 패용도로 사용된다. 삼엽대도 역시 황남대총 남분에서 여러 점이 출토되었다. 황남대총 북분, 금관총 등의 유물 수장부에서 출토된다. 대부분 철지은판피(鐵地銀板被)이며 환의 형태가 상원 하방형을 띤다.

2) 대도의 제작지

지산동 45호분 삼엽대도처럼 주변국에서 제작된 것이 완제품으로 전해진 경우도 있지만 기본적으로는 나라별 공방에서 제작된 것으로 볼 수 있다. 장식대도를 제작하려면 먼저 금은 등의 귀금속 재료를 확보하여야 한다. 금(金)은 시공을 초월하여 누구나 선호한 귀금속이다. 옛 기록에 보면 국가 사이의 혜증물(惠贈物)로도 활용되었으며, 『일본서기(日本書紀)』의 기록처럼 왜국(倭國)에서는 산지가 확보되지 않아 신라의 금산(金産)을 부러워하기도 했다. 이처럼 귀한 소재를 다루어 만든 장식대도는 상당한 기술력을 보유한 장인(匠人)과 공방(工房)의 존재를 전제한다. 최소한의 금을 들여 최대의 효과를 내야했을 것이므로 장식대도는 토기나 기와처럼 여러 번의 시행착오를 통하여 시제품을 완성할 여유가 없으며 최고의 장인으로부터 직접적인 지도를 받아야 만들 수 있었던 것이다. 이는 6세기 이후 일본열도 내에 귀금속공방이 유지되었음에도 불구하고 목탑의 노반(鑪盤) 제작을 위한 기술자를 백제에 요청한 일이나 수십 년이 지난 다음에 안작부(鞍作部) 출신 도리(止利)가 법륭사 석가삼존불 등의 정교한 공예품을 비로소 제작하는 모습에서 유추할 수 있다.

장식대도를 제작할 때 다양한 기법이 구사된다. 백제 대도의 경우 환두를

도8. 신라의 장식대도
(좌 : 황남대총 남분,
우 : 의성 학미리고분)

도9. 정밀주조기법으로 제작된 무령왕릉 환두대도(환두 용조각 세부)

일체로 주조하는 경우가 많고, 가야나 신라 대도의 경우는 주조기법이 부분적으로 활용된다. 현재까지 출토 사례가 적기 때문인지 같은 틀에 부어 만든 것은 확인되지 않았다. 따라서 제작지를 비정하기 위해서는 각 부품의 제작방법, 조립기법, 도금기법, 도안 등을 종합적으로 살펴 추정할 수밖에 없다. 제작기법 및 도안을 중심으로 검토할 때 백제, 가야, 신라의 장식대도는 나라별로 현격히 구분되는 특징을 갖추고 있다. 이것을 각 나라 대도의 양식이라 설정할 때 그 중심지는 각국의 왕도였을 가능성을 우선적으로 고려할 수 있다.

금속공예품 가운데 장신구의 경우도 이와 마찬가지이다. 대부분 각국 중심지에서 제작된 것이며 손쉬운 것은 지방 공방에서도 제작되었지만 일부에 한정된다. 신라의 지방이었던 창녕의 경우 비록 기술수준은 경주에 미치지 못하지만 자체 공방을 가지고 일부 물품을 제작하였음이 밝혀진 바 있다. 그렇지만 장식대도의 제작은 훨씬 복잡한 기술력이 필요하므로 중앙에서 일원적으로 제작되었을 가능성이 더욱 높을 것 같다.

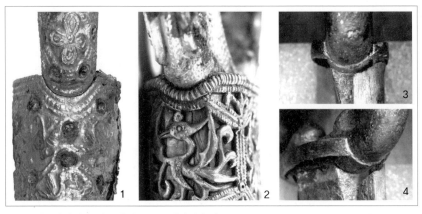

도10. 삼국시대 각국 대도의 병두금구 제작기법 비교(1.지산동 구39호분. 2.무령왕릉. 3 · 4.금관총)

　여러 부품 가운데 각 나라 장식대도의 특징이 잘 드러나 있는 것이 병두금구 · 병연금구의 제작기법이다. 무령왕릉 대도의 병두금구는 금판을 둥글게 말고 그 표면에 은판을 덧댄 다음 상하로 금제 각목대를 감아 고정하는 방식으로 제작되었다. 이에 비해 가야의 경우 지산동 구39호분 대도처럼 철제 주조품인 경우가 대부분이다. 가장자리의 각목대(刻目帶)도 철지(鐵地)에 주출(鑄出)된 것이다. 신라의 대도 가운데는 금관총 '尒斯智王(이사지왕)'명 대도에서 볼 수 있듯이 환(環)과 병두금구 사이에 금동제 주조품을 끼워 넣은 사례가 확인되고 있어 특이하다.

　3) 양식의 교류

　삼국시대 각국 장식대도 문화는 주변국으로 전해졌다. 여타 금속공예문화와 마찬가지로 백제에서 가야로의 양식 전파 모습이 확인된다. 반면 신라의 장식대도 문화는 신라의 중앙과 지방에 한정되는 경향이 뚜렷하다.

　장식대도 가운데 수량이 가장 많은 것은 삼엽대도이다. 환두의 도안으로 보면 초기형이 중국 한대 대도와 유사하며 더 직접적으로는 낙랑대도의 계보를 잇는 것 같다. 5세기 이전에는 삼국시대 각국 모두에서 이러한 도안의 대

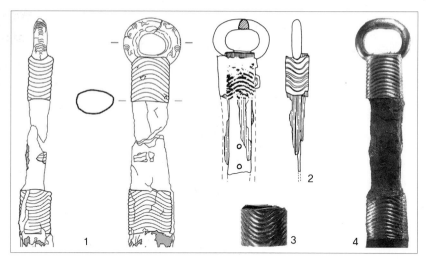

도11. 이면타출 파상문이 시문된 대도 사례
(1.수촌리 1호분, 2.모촌리 Ⅱ-5호분, 3.에다후나야마고분, 4.옥전 28호분)

도가 최고의 대도로 기능하였고 그와 같은 성격은 5세기에도 그대로 이어진
다. 이 대도는 삼국시대 각국 대도에 표현되는 공통도안이기 때문에 이 자료
만으로 각국 대도의 특징과 제작기법의 교류관계를 언급하기는 어렵다. 다만
신라의 경우 상원하방 내 삼엽대도를 제작하기 때문에 이 대도를 통하여 신
라적인 대도문화의 일단을 살펴볼 수 있다.

백제와 신라에서 각기 특색 있는 양식을 발현하며 유행한 것은 용봉문대
도이다. 백제의 용봉문대도는 한성기부터 제작되기 시작되었으며 무령왕 대
도의 제작의장에서 알 수 있듯이 웅진기 후반 무렵 절정을 맞이한다. 정치적
으로 밀접한 관계에 있었던 가야로 완제품이 전해진 사례도 있고 기술이나
도안, 기법이 전파된 사례도 있다. 완제품일 가능성이 있는 사례의 일부를 소
개하여 보고자 한다.

첫째, 옥전 35호분 용봉문대도이다. 이 대도는 대가야 용봉문대도 가운데
초기 자료에 속한다. 이 대도에서 특히 주목되는 것은 문양 표현기법이다. 공
정은 철로 주조하여 기본 형태 및 주요 문양을 돌출시킨 다음, 돌출된 부위에

은사(銀絲)를 상감하여 문양의 세부를 표현하였다. 이어 한 단 낮은 바탕 면에 금박을 붙여 완성하였다. 동일한 기법은 수촌리 1호분 등 더 이른 시기의 백제 대도에서도 확인되므로, 이 대도는 백제에서 제작된 것이거나 백제의 직접적인 기술전파에 근거하여 제작된 것으로 추정할 수 있다. 이와 같은 기법이 구사된 대도의 경우 유사한 도안의 주룡문(走龍紋)을 갖추고 있다.

둘째, 옥전 M3호분 용문대도이다. 같은 무덤에서 출토된 4점의 용봉문대도 가운데 용문대도라 불리는 1점은 다른 3점의 대도와 제작기법에서 현저한 차이가 있다. 소지금 속 위에 주룡문을 투조한 은판이 덧대어져 있고 주룡문 투조 은판의 비어있는 부분, 즉 용문의 여백에 얇은 금판이 부착되어 있다. 문양표현 및 색채대비 기법에 더해 손잡이의 제작기법까지 아울러 검토하면 천안 용원리 1호석곽, 동 12호석곽, 공주 수촌리 1호분, 동 무령왕릉 대도와 유사한 특징을 갖춘 것으로 파악할 수 있다. 따라서 이 대도는 백제로부터의 반입품일 가능성이 있다. 그렇지만 환두주룡문과 병두금구의 도상에서 차이가 있어 제작지를 단정하기에 어려움이 있다.

셋째, 옥전 28호분 은장대도이다. 환부에는 은판이 씌워졌고, 병두금구의 은판에 이면타출로 파상문이 시문되어 있다. 이와 유사한 사례로는 공주 수촌리 1호분, 논산 모촌리 Ⅱ-5호분 대도가 있다.

위의 제 특징에 더해 옥전 M3호분이나 지산동 구39호분 대도에서 볼 수 있듯이 환 내 도상을 별도로 제작하여 끼워 넣었다는 점에서 가야 용봉문대도의 1차적인 특징을 찾아볼 수 있다. 더하여 환을 제작함에 있어 가야적인 특색이 현저하다. 백제 대도는 환뿐만 아니라 환내 도상까지 일체로 주조되었음에 비해 가야 대도 가운데 다수는 환의 속이 비어 있다. 문양이 새겨지는 고리 표면을 단면 ∩형으로 만들고 환 내측에 좁고 긴 판을 고리 모양에 맞게 재단하여 끼워 넣었다. 그 밖에 환두의 도상도 특징적이다. 환내의 용두봉수(龍頭鳳首)가 목을 교차하는 도상은 옥전 M3호분 대도를 중심으로 하는 5세기 후반의 늦은 단계에만 한정된다. 이 장식은 별도로 만들어진 부품이며 기부에 끼워져 있다. 전술한 것처럼 병두금구의 고정기법에서도 차이가 보인다.

무령왕대도의 경우 별도로 만든 금제 각목대를 이용해 병두금구를 고정하고 있지만, 옥전 M3호분 대도는 병두금구의 상하에 어골상의 문양을 시문하였는데 지판인 철판에 주출한 것이다. 지판을 둥글게 말아 만든 다음 금박을 씌워 완성하였으며 도신 쪽에서 끼워 넣어 고정하였다.

그에 비해 삼루대도는 고구려, 백제, 가야에서는 확인되지 않으며 신라에서 전형을 이루며 만들어진다. 부산 복천동 10·11호묘 출토품이 고식이며 전연(前燕) 무덤에서 철제 삼루대도가 출토된 바 있다. 신라에서 이 대도의 기본형이 완성되는 것은 황남대총 남분 단계이다. 이 삼루대도는 용봉문대도가 제작되기 이전까지 신라 왕족이나 일부 귀족 등 최고위층이 제한적으로 소유한 신라의 중심대도라 할 수 있다.

3. 장식대도의 정치성

1) 장식대도의 소유

장식대도는 관, 이식, 대금구, 식리 등과 마찬가지로 삼국시대 지배층의 전유물이었으며 초대형 무덤 속에서 각종 금은제 장식품과 공반되고 있음에서 위세품적 성격을 추정해 볼 수 있다.

장식대도가 무덤 속에서 어떻게 출토되는지를 살펴보면, 통상 1점씩 망자의 유해에 착장된 모습을 보이는 것이 일반적이지만 벽에 세워넣기도 하고 복수의 대도를 집중적으로 부장하기도 한다. 신라의 경우 황남대총의 부장양상에서 알 수 있듯이 대도의 패용에는 남녀의 구별이 있었던 것 같다. 남성의 무덤인 남분에서는 주인공의 왼쪽 허리춤에서 삼루대도 1점이, 머리 위쪽 부장상자에서 삼엽대도 9점, 부곽에서 소환두대도 30여 점이 출토되었다. 이에 비하여 여성의 무덤으로 추정되는 북분에서는 유해부에서 환두대도가 출토되지 않았고 머리 위 부장상자 내에서 삼엽대도 6점이 출토되었다. 이러한 부장양상은 천마총을 비롯한 대형분에서 공통적으로 보이고 있어 환두대도의 부장에 일정한 원칙이 있었던 것 같다.

왕이나 그에 준하는 인물의 패용대도는 시기에 따라 차이를 보인다. 황남대총 남분의 패용 대도는 자도가 6개 달린 삼루대도이고, 이보다 조금 늦은 시기의 금관총에서는 삼루대도가 유해부의 좌우에서 출토되었다. 천마총에서는 삼루대도 대신 새로이 용봉문대도가 패용된채 출토되었고, 이보다 더 늦은 시기의 무덤인 호우총에서도 용봉문대도가 출토되었다. 대체로 시기에 따라 삼루에서 단룡 혹은 단봉문으로 변화된다. 이러한 변화와 함께 무덤의 규모나 유물의 질과 양을 비교 검토해 보면 신라의 환두대도에는 등급차가 있었음을 추측해볼 수 있다. 황남대총 남분과 금관총에서는 삼루대도가 패용되고 삼엽대도가 유물수장부에서 출토되고 있어 삼루〉삼엽의 위계적 서열이 인정된다. 천마총에서는 용봉문대도가 패용되고 삼루대도는 관외에 부장되고 있다. 이를 통해 보면 천마총단계에서는 단룡 또는 단봉〉삼루〉삼엽의 위계적 서열이 확인된다.

장식대도의 등급차는 신라에서 전형적으로 확인되지만 백제나 가야의 경우도 마찬가지였던 것 같다. 무령왕릉 출토 대도처럼 용봉문대도가 최상급이었음은 분명한데 논산 모촌리나 공주 수촌리 출토 은장 소환두대도와 천안 화성리나 용원리의 상감대도, 그리고 청주 신봉동 출토 삼엽대도의 서열이 어떠했는지 분명하지 않다. 다만 공반 유물이나 고분군의 위상을 고려한다면 은장 소환두대도나 상감 소환두대도가 삼엽대도보다는 등급이 높았을 것으로 추정된다.

2) 공간적 분포양상 해석

전술한 것처럼 장식대도는 삼국시대 각 나라에서 모두 유행하였는데 각기 특색 있는 도안과 제작기법을 보이고 있어 주목된다. 이를 통해 보면 기본적으로 각국별로 제작공방이 있었을 것이다. 시기적으로 보면 5세기 전반에서 6세기 전반까지가 중심을 이룬다. 이러한 장식대도가 한 지역에서 제작된 것인지 혹은 각지에서 다원적으로 제작되었는지를 둘러싸고 논란이 있을 수 있다. 그렇지만 장식대도 제작에 투여된 기술력을 고려한다면 각 나라 왕도 소재 공방에서 제작된 것으로 보아 무리가 없을 것 같다.

장식대도가 출토된 무덤은 통상 탁월한 규모를 갖춘 것이며 각종 장신구류와 공반된다. 출토 유물의 수량이 많은 신라의 경우를 보면 여성의 신체에 착장시켜 매장하는 사례는 확인하기 어렵다. 장식대도와 장신구를 세트로 부장하는 장례풍습은 신라 왕족이나 귀족의 무덤에서 전형적으로 보이며, 5세기를 전후한 시기에 시작되어 6세기 중엽 경 소멸되는 것 같다. 지방의 무덤에서도 마찬가지 양상이며 사례가 급증하는 것은 5세기 후반에서 6세기 전반까지이다. 장식대도와 금속제 장신구의 공간적 분포양상을 확인해보면, 『삼국사기』 등의 사서에 소국(小國)이 존재했던 것으로 기록된 곳과 상당부분 겹치는 양상이 확인된다. 아마도 그런 소국적 기반을 가진 세력을 지방지배의 거점으로 활용하였던 것으로 파악해볼 수 있을 것 같다.

주목되는 것은 각 지역마다 금속장식품의 소유 내지는 분포양상에 차이가 있다는 점이다. 경산, 대구, 의성, 창녕, 양산지역에서는 관, 이식, 대금구, 식리 등의 주요 장신구와 장식대도가 다수 출토되고 있음에 비하여 성주, 안동, 강릉, 부산, 울진, 상주, 청원은 이보다 종류가 적으며 양적으로도 열세이다. 조사가 균등하게 이루어진 것은 아니나 이러한 차이는 신라 중앙이 각 지역에 대해 가졌던 관심도 즉, 각 지역이 지닌 중요도와 관련될 것 같다. 신라의 중앙에서는 경산, 대구, 의성, 창녕, 양산지역에 대하여 상대적으로 높은 관심을 가지고 그 지역의 현지지배층에게 장식대도를 비롯한 다양하고도 많은 수량의 금공품을 제공한 것으로 추정된다.

이 같은 금공품의 분포양상은 아마도 신라의 영역범위와 유관할 것으로 보이는데 이는 같은 시기 백제와 대가야의 금공품 분포양상과 비교해보면 더욱 분명해진다. 백제와 대가야도 양식적인 특징을 공유하는 금공품이 일정한 분포권을 보여주고 있다. 그렇지만 수량이나 정형성에서는 신라에는 미치지 못한 것 같다. 신라, 백제, 대가야의 장식대도 분포권은 각기 그 나라의 정치력이 미쳤던 범위였으며 영역이었던 것으로 해석할 여지가 있다.

장식대도가 실제 전장에서 무기로 활용되었는지는 알 수 없지만 지배층의 권위를 보여주는 물품이었을 가능성이 있다. 특히 무덤 속에 부장되는 모습을 보면 여러 장신구와 함께 망자의 유해에 착장된 모습으로 출토되곤 한다. 따라서 이를 복식의 부속구로 볼 여지가 있다. 만약 복식의 일부분으로 볼 때 『중원고구려비』의 "매금(寐錦)의 의복을 내려주고 (중략) 제위에 교하여 상하의 의복을 하사하였다."라는 기록을 주목할 수 있다. 이 내용은 고구려 태자가 신라왕과 그 수종자에게 의복을 하사하는 모습을 표현하고 있는데, 이 비문에서 고구려는 중국왕조 특히 북위가 고구려에 하사했던 것처럼 신라의 지배층에게 의복을 사여하고 있다. 여기서의 의복은 일상복이 아니라 고구려의 관복으로 여겨진다. 신라도 고구려가 신라에 했던 것처럼 지역 수장에게 신속의 표지로 자신들의 복식과 동일한 복식을 사여했을 가능성이 있다. 이 복식의 구성품 가운데 무덤에 매장되는 모습에서 볼 수 있는 것처럼 각종 장신구류와 더불어 장식대도가 포함되었을 것 같다.

제1부 | 백제의 장식대도

제 1 부
백 제 의
장식대도

제1장
백제 대도의 상감기술

1. 머리말

조형물을 만들 때 하나의 재질에 다른 재질을 끼워 넣어 색채대비를 주거나 특정 부분을 강조하기 위해 사용하는 공예기술 가운데 상감(象嵌)이 있다. 상감은 금속공예, 목공예, 도자공예에서 종종 사용되며 백제에서는 철제 대도를 장식하는데 쓰였다.[1] 주조와 단조가 금속품 제작의 중심 기술이라면 조금(彫金)이나 상감은 무늬나 글자를 새길 때 사용하는 부수적 기술이다. 백제 장인이 상감을 통해 무엇을 구현하려 했는지 단정하기 어렵다. 그렇지만 단단한 쇠에 귀금속을 새겨 넣어 영구적 문양을 얻고자 했고 색채대비를 통해 문양의 가시성을 높이려 한 것은 아니었을까 한다.

전세품인 칠지도(七支刀)를 논외로 한다면 지금까지 발굴된 백제의 상감

---

1) 이오희 · 김구군, 1992, 『삼국시대의 철제상감기법에 관한 과학적 연구』, 문화재연구소.
     국립대구박물관, 2007, 『선사에서 조선까지 한국의 칼』.
     국립공주박물관, 2015, 『한국의 고대 상감 : 큰 칼에 아로새긴 최고의 기술』.

자료는 5세기를 소급하기 어렵다. 천안 화성리 A-1호묘 대도를 보고자는 4세기 후반으로 편년하였지만[2] 근래의 발굴 성과를 참고하면 5세기대로 내려올 가능성이 있기 때문이다.[3] 공주 수촌리 1호분 출토 금공품에서 볼 수 있듯이 늦어도 5세기 초에는 백제에서 상감기술이 구사되었고 금공품 제작에 필요한 기술체계가 전반적으로 확립되어 있었다. 이 무덤 출토품에는 주조, 단조, 조금(彫金), 입사(入絲), 도금, 투조(透彫), 정결(釘結), 목공(木工) 등 다양한 공예기법이 구사되어 있다. 그 가운데 장식대도는 당시 백제 장인의 기술력이 총결집된 명품이다.

그간의 발굴 성과를 통해 보면 백제에서 금공품 제작이 개시된 것은 4세기일 가능성이 있지만 그것에 대한 수요가 늘어나고 기술체계가 확립된 것은 5세기 초임을 알 수 있다. 금공품을 선호한 것은 비단 백제의 지배층에 국한하지 않는다. 중국에서 5호16국시대가 전개되고 한반도와 만주일원에서 삼국시대 각국이 성장하는 과정에서 국왕 등 지배층은 자신들의 배타적 지위를 가시적으로 드러내기 위한 장치로서 금공품을 선호하게 되었다. 그리고 그와 같은 풍조는 바다 건너 일본열도로도 파급되었다.

본 장에서는 고대 금공기술의 정수라 할 수 있는 상감이 백제에서 어떤 과정을 거쳐 확립되었고, 또 어떤 배경 하에 주변국으로 전파되었는지에 대해 설명해보고자 한다.

2. 기술의 확립과정

1) 한성기

한성기 백제의 상감자료는 대도에 한정된다. 오산, 천안, 공주, 서산, 청주

---

2) 국립공주박물관, 1991, 『천안 화성리 백제묘』.
3) 桃崎祐輔, 2005, 「七支刀の金象嵌銘技術にみる中國尙方の影響」, 『文化財と技術』 4, 工藝文化硏究所.

에 소재하는 백제 무덤에서 출토되었으며 문양의 형태, 표현방식 등에 기준해보면 다음의 세 가지 유형으로 구분해볼 수 있다.

첫째, Ⅰ유형이다. 문양의 종류와 구성, 시문 위치 등에 따라 세분할 수 있다. 천안 화성리 A-1호묘, 공주 수촌리 7호분[4], 오산 수청동 4-14호묘[5], 서산 부장리 6-6호분[6], 동 12-1 호묘, 천안 용원리 5호 석곽 출토품[7]이 해당한다.

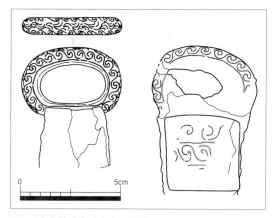

도1. 백제 한성기 상감자료1(좌 : 화성리 A-1호묘, 우 : 수촌리 7호분)

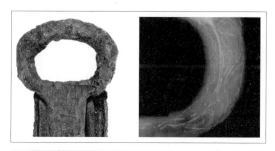

도2. 백제 한성기 상감자료2(부장리 6-6호묘)

화성리 A-1호묘 대도는 환두의 척부(脊部)를 따라가며 당초(唐草)계열의 문양이, 그 주변인 환두의 전후면에 인동초 이파리와 유사한 단엽(單葉) 연속 문이 시문되어 있다.(도1-좌) 수촌리 7호분 대도의 문양은 화성리 A-1호묘 대도와 비슷하나 환두 척부의 문양이 없으며 병두금구(柄頭金具)에 초문이

4) 충청남도역사문화연구원 외, 2013, 『공주 수촌리고분군Ⅰ』.
5) 남성훈 · 정인경, 2012, 「오산 수청동분묘군 출토 금속유물의 과학적 보존처리」, 『오산 수청동 백제분묘군Ⅴ』, 경기문화재단 경기문화재연구원 외.
6) 충청남도역사문화연구원 외, 2009, 『서산 부장리고분군』.
7) 이남석, 2000, 『용원리고분군』, 공주대학교박물관 외.

시문되어 있다.(도1-우) 부장리 6호분구 6호토광묘 대도는 환두가 상원하방
형이며 후술할 고령 지산동 32NE-1호묘 대도에서 볼 수 있는 당초계열 문양
이 전후면을 가득 채우는 형태로 상감되어 있다.(도2-우)[8] 수청동 4-14호묘
대도는 상원하방형 환두 척부와 가장자리를 따라가며 3줄의 구획선이 있고
그 내측 두 공간에 각각 파상점열문(波狀點列紋)이 시문되어 있다.(도3-좌)
용원리 5호석곽 대도의 경우 병두금구에 화성리 대도 척부의 문양과 유사한

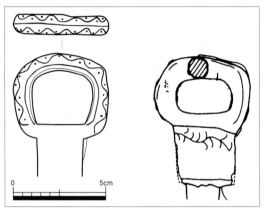

당초계열 문양이 시문
되어 있다.(도3-우) 그
밖에 발굴품은 아니지
만 청주 신봉동고분군
출토로 전하는 대도에
는 파상문이 시문되어
있다.[9]

둘째, Ⅱ유형이다. 공
주 수촌리 1호분[10]과
천안 용원리 12호석곽

도3. 백제 한성기 상감자료3(좌 : 수청동 4-14호묘, 우 : 용원리 5호석곽)

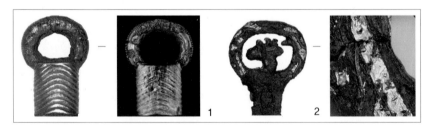

도4. 백제 한성기 상감자료4(1.수촌리 1호분, 2.용원리 12호석곽)

---

8) 이 대도와 부장리 12-1호묘 대도의 상감문에 대해서는 발굴 직후 발굴기관의 이훈,
    이현상 선생님과 한국전통문화대학교 정광용 교수님의 배려로 확인할 수 있었다.
9) 구자봉, 1989, 「전 청주 신봉동 출토 소환두대도 소개」, 『박물관보』 3, 청주대학교박물관.
10) 충청남도역사문화연구원 외, 2007, 『공주 수촌리유적』.

출토품이 해당된다. 수촌리 1호분 대도(도4-1)의 경우 환의 표면을 따라가며 쌍룡의 주룡문이 표현되어 있는데(도5-1)[11] 문양 표현기법이 특이하다. 즉, 환에 용문을 주출(鑄出)한 다음 은입사(銀入絲)로 문양을 강조하고, 한 단 낮은 바탕에 금박(金箔)을 붙여 장식한 것이다. 문양의 도상으로 보면 용원리 1호석곽 대도의 주룡문(도5-3)과 유사하다. 다만 재질이나 상세 표현에 차이가 있다. 용원리 12호석곽 대도(도4-2)는 환의 문양 표현기법이 수촌리 대도와 유사하나 환내에 봉두가 존재하는 점은 다르다. 봉황의 머리와 목에 은입사를 통해 문양을 강조하고 바탕에 금박과 은박을 붙였다. 이와 같이 다소 복잡한 공정을 거친 것은 입사기법이 지닌 한계를 극복하려는 의도 때문인 것 같다. 즉, 문양에 볼륨감을 주고 색채 대비를 통해 문양의 가시성을 높이려 한 것이다. 이러한 기법은 후술하듯 가야, 왜의 대도에서도 확인된다.

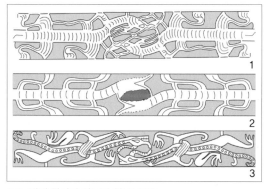

도5. 백제 한성기 대도의 환두주룡문
(1.수촌리 1호분, 2.용원리 12호석곽, 3.용원리 1호석곽)

셋째, Ⅲ유형이다. 부장리 12호분구 1호토광묘 대도가 해당한다.(도6) 이 대도의 환과 병두금구에는 파상문이 시문되어 있어 Ⅰ

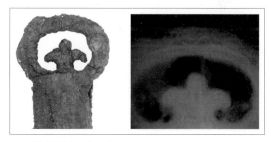

도6. 백제 한성기 상감자료5(부장리 12-1호묘)

11) 이한상, 2012, 「백제대도의 환두주룡문 검토」, 『고고학탐구』 12, 고고학탐구회.

유형으로 분류할 수 있는 것이지만, 환내에 배치된 삼엽문의 가장자리에 상감이 이뤄져 Ⅱ유형의 특징도 지닌다. 따라서 별도의 유형으로 구분해보았다.

위에서 제시한 상감자료는 모두 백제 한성기에 속하며 4세기로 소급한다고 확언할만한 것은 없다. 공반유물을 통해 어느 정도 안정성 있는 편년안을 제시할 수 있는 것이 수촌리 1호분 출토품이다. 이 무덤의 연대에 대해서는 다양한 견해가 제기되어 있다. 선행연구의 성과에 근거하면 수촌리 1호분 청자유개사이호(靑磁有蓋四耳壺)의 경우 뚜껑 꼭지와 동체의 형태가 시간의 변화를 반영해주는 속성이며 중국 육조시기의 청자와 비교해보면 4세기 후반 정도의 연대를 부여할 수 있다.[12] 다만 그것이 백제왕실로 이입되고 다시 수촌리 무덤 속에 매납되기까지의 시차를 고려한다면 5세기 제1/4분기 정도로 늦추어볼 수 있지 않을까 한다.

이 같은 연대관에서 보면, 수촌리 1호분 금공품은 이른 단계의 자료임에도 불구하고 최고 수준의 기술력이 구사되어 있어 주목된다. 그리고 그에 후속하는 금공품과 도안이나 제작기법에서 공통적 요소를 갖추고 있으므로 수촌

도7. 수촌리 1호분 금동관의 용 문양

리 1호분 단계에 이미 백제의 금공품 양식이 성립해 있었을 것으로 상정할 수 있다. 출토된 금동관의 도안 및 조금기법(彫金技法)은 한 치의 오류도 없이 정교하므로(도7) 이 정도의 수준은 중국 진식대금구에 비하더라도 뒤진다고 이야기하기 어렵다. 백제 금공품 가운데 이보다 더 정교한 물품은 같은 무덤 출토 수면과판(獸面

---

12) 박순발, 2005, 「공주 수촌리고분군 출토 중국자기와 교차편년문제」, 『충청학과 충청문화』 4, 충청남도역사문화연구원.

鑄板)이다. 자그마한 과판 표면에 수면문을 정밀주조로 표현한 것이다. 이 물품을 공주의 현지세력이 만들었다고 볼 수는 없다. 중국이나 주변국에서 이보다 이른 시기의 수면문 과판이 존재하지 않으므로 백제 중앙에서 제작된 것으로 볼 수 있다.

결국 수촌리 1호분 출토 금공품 제작자는 백제 장인이었을 것이고 그들이 동진(東晉) 혹은 삼연(三燕)[13], 고구려의 금공품을 참고하여 백제 양식 금공품을 창출했을 것으로 보인다. 그들이 구사한 금공기술 가운데 상감도 포함되어 있었을 것이다. 정치적으로 보면 견사기록에 부합하듯 중국 왕조의 금공기술이 수용되었을 가능성에 무게를 둘 수 있지만 아직까지는 자료의 부족으로 양국 금공기술 사이의 접점을 찾기 어렵다.

2) 웅진기

웅진기 상감자료는 송산리 29호분 출토 대도편이 유일하다. 이 무덤은 1933년에 조사되었다. 같은 해에 발굴된 송산리 6호분 유람도로에 부속하는 작은 길을 내는 과정에서 노출되었고 발굴 전에 가루베 지온[輕部慈恩]과 현지의 유지들이 유물을 사적으로 가져가 버렸다. 11월 15일에 이르러 아리미츠 교이치[有光教一]가 현지에 도착하여 수습 조사를 시작해 같은 달 24일에 종료하였다. 조사 결과 현실 평면은 방형이고 남쪽으로 연도를 갖춘 석실이었는데 바닥과 관대에는 벽돌이 사용되었다. 도굴 때문에 유물은 많이 남아 있지 않았는데 보고문에는 장신구류, 금제 꽃모양장식, 금동제 못, 철기편 등이 제시되어 있다.[14]

---

13) 최종규, 2008, 「풍납성의 축조기법에서 연상」, 『석문 이기동교수 정년기념논총 한국 고대사 연구의 현단계』, 주류성.
이한상, 2015, 「수촌리고분군에서 본 백제 금공양식의 발현과 전개」, 『백제문화』 52, 공주대학교 백제문화연구소.

14) 有光教一·藤井和夫, 2003, 『朝鮮古蹟研究會遺稿Ⅱ 公州宋山里第29號墳 高靈主山第39 號墳發掘調査報告 1933, 1939』, 유네스코東아시아문화연구센터, 財團法人 東洋文庫.

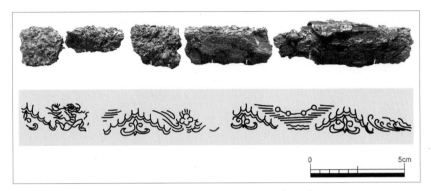

도8. 송산리 29호분 대도와 상감문양(일부)

　보고문에 제시된 몇 토막의 철기편은 대도의 도신이고 유물 소장처인 국
립공주박물관이 컴퓨터 단층촬영을 실시해 용, 별, 화염 속 인동초, 구름 등의
문양을 확인했다.(도8) 문양은 금사로 상감한 것이며 고구려 고분벽화의 도
상처럼 회화적으로 표현되어 있다. 길쭉한 도신을 따라가면서 전후면에 문양
이 시문되어 있다.[15]

　삼국시대 상감자료 가운데 금으로 입사한 것은 유례가 드물다. 일본 이소
노가미신궁[石上神宮]에 소장 중인 칠지도[16]를 비롯해 백제에서는 송산리
29호분 대도, 가야에서는 마갑총 대도[17]가 있다. 신라에서는 천마총 대도[18],
계림로 14호묘 안교[19], 대리 채집 대도[20]가 있다. 그리고 송산리 29호분 대도

---

15) 국립공주박물관, 2015, 앞의 책.

16) 鈴木勉·河內國平, 2006, 『復元七支刀 -古代東アジアの鐵·象嵌·文字』, 雄山閣.

17) 위광철, 1998, 「함안 도항리 마갑총 출토 철제금은상감 환두대도의 제작기법 및 보존
　　처리」, 『보존과학연구』 19, 문화재연구소.

18) 국립경주박물관, 2014, 『천마, 다시 날다』.

19) 국립경주박물관, 2010, 『경주 계림로14호묘』.

20) 박경도, 2015, 「의성지역 고분 출토 장식대도 검토」, 『의성 금성산고분군 발굴조사 성
　　과와 의의』, 의성군·성림문화재연구원.

의 상감은 반복되는 문양 패턴을 갖춘 것이지만 한성기의 상감과 달리 도신에 문양을 회화적으로 표현되었다는 점이 특징적이다. 용이라 소개된 동물의 경우 단신에 서서 걷는 모양이고 날개를 갖추고 있어 용인지의 여부는 추가적 검토가 필요하다.

3. 기술의 대외확산

1) 확산 양상

백제의 상감기술은 가야, 신라, 왜로 확산되었다. 여기서는 이 가운데 가야와 신라로의 확산양상 및 그것의 배경에 대해 다루고 한다.

가야유적에서는 백제산 혹은 백제의 영향을 받아 현지에서 제작한 상감자료가 출토된다. 그 가운데 다수를 차지하는 것은 대도이며 합천 옥전 M3호분 출토품처럼 교구에 상감이 이루어진 사례[21]도 있으나 많지 않다. 시기적으로 보면 가야 상감자료가 백제의 그것에 비해 조금 늦긴 하지만 큰 시차는 없다. 그리고 백제보다 출토 사례가 많지만 그것은 장송방식의 차이와 관련이 있을 수도 있다.

합천 옥전 67-A호묘[22]나 창원 도계동 6호석곽 출토 대도[23](도9-1)에는 간단한 점무늬가 상감되어 있고 함안의 마갑총 대도에는 거치문과 점무늬가 시문되어 있다.(도9-2) 세 무덤은 대체로 5세기 전반으로 편년할 수 있다. 마갑총 대도는 손잡이에 은판이 감겨 있는데 문양 및 판 고정방법에서 신라적 특징을 갖추고 있다. 그렇지만 같은 시기 신라유적 출토품 가운데 상감기술의 구사 사례가 없으므로 백제와 신라적 요소가 함께 구현된 대도로 볼 수

21) 문화재연구소 보존과학연구실, 1990, 「옥전고분군 출토 금속유물의 보존복원처리」, 『합천 옥전고분군 II M3호분』, 경상대학교박물관.
22) 문화재연구소 보존과학연구실, 1990, 앞의 글.
23) 문화재보존과학센터, 2012, 『문화재와 X선 필름 자료집』 I.

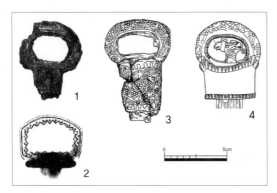

도9. 가야의 상감자료1(1.도계동 6호석곽, 2.마갑총, 3.월산리 M1-A호석실, 4.옥전 M4호분)

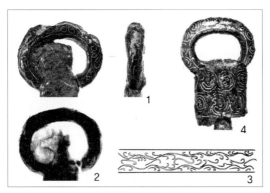

도10. 가야의 상감자료2(1~3.지산동 32NE-1호묘, 4.옥전 70호분)

있다.[24]

앞 절에서 백제 I유형으로 구분하였던 대도의 문양과 유사한 자료도 출토된 바 있다. 고령 지산동 32NE-1호묘[25]와 합천 옥전 70호묘 출토품[26]이 그것이다. 지산동 32NE-1호묘 대도의 환두에는 당초계열의 초문(草紋)이 상감되어 있는데(도10-1~3) 화성리 A-1호묘 대도의 환두 척부 문양, 부장리 6-6호묘 대도의 환두 문양과 유사하다. 환 내에는 봉황의 머리가 표현되어 있는데 뿔의 돌출부가 3개이다. 백제산이거나 아니면 적어도 백제장인이 관여해 만들었을 가능성이 있다. 옥전 70호분 대도의 경우 환두에 시문된 문양은 수촌리 7호분 대도와 유

---

24) 지산동 73호분 대도의 경우 환두는 금동제이고 환에 아무런 장식이 없지만 안에는 봉황이 표현되어 있다. 병부에는 어린문이 시문되어 있는데 신라 대도의 그것과 유사하다. 이러한 유형의 용봉문대도는 백제에 계보를 둔 것이지만 이 대도의 제작에 신라적 요소도 가미되어 있다.

25) 김종철, 1981,『고령 지산동고분군』, 계명대학교박물관.

26) 문화재연구소 보존과학연구실, 1990, 앞의 글.

사하다. 다만 병두금구에는 봉황의 몸이 둥글게 말려 소용돌이처럼 표현되어 있다.(도10-4) 5세기 중엽 이후의 자료이다. 가야 대도의 상감자료 가운데 가장 화려한 것은 남원 월산리 M1-A호석실 출토품이다.[27] 환과 병두금구에 파상문, 귀갑문, 화문이 가득 표현되어 있다.(도9-3) 동경국립박물관 소장품과 창녕 교동 11호분 대도처럼 도신 배면에 명문을 새긴 사례도 있다.[28]

가야의 상감자료 가운데 백제 Ⅱ유형으로 구분하였던 대도와 문양 및 제작기법이 유사한 자료도 출토된 바 있다. 옥전 35호분 출토품(도11)이 그것이다.

이 대도는 가야 용봉문대도 가운데 초기 자료에 속한다. 이 대도에서 주목되는 것은 문양의 표현방법이다. 공정을 단계화하여 보면 '철로 주조하여 기본 형태를 만들면서 주요 문양을 돌출시킴→돌출된 부위에 은사를 감입하여 문양의 세부를 표현→한 단 낮은 바탕 면에 금박을 붙임' 순으로 상정할 수 있다.[29] 이처럼 복잡한 공정을 거친 것은 수촌리 1호분 대도나 용원리 12호석곽 대도와 같다. 이와 같은 기술은 더 이른 시기의 백제 대도에서도 확인되므로, 이 대도는 백제에서 제작된 것이거나 백제 장인의 기술전수에 의해 제작된 것으로 추정할 수 있다. 환두주룡문(도12-1)으로 보면 공주 수촌리 1호분 대도보다는 늦은 시기로 편년할 수 있다. 옥전

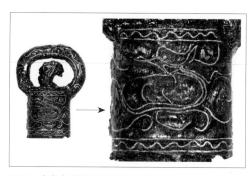

도11. 가야의 상감자료3(옥전 35호분 대도)

27) 전영래, 1983, 『남원 월산리고분 발굴조사보고』, 원광대학교 마한백제문화연구소.
28) 早乙女雅博, 1992, 「6. 若干の考察」, 『修理報告 有銘環頭大刀』, 東京國立博物館.
    한영희·이상수, 1990, 「창녕 교동 11호분 출토 유물원두대도」, 『고고학지』 2, 한국고고미술연구소.
29) 이한상, 2013, 「합천 옥전35호분 용봉문대도의 금공기법과 문양」, 『고고학탐구』 13, 고고학탐구회.

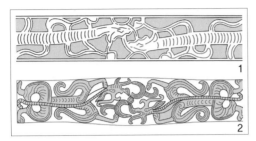
도12. 가야대도의 환두주룡문(1.옥전 35호분, 2.옥전 M3호분)

도13. 옥전 M3호분 용문대도의 주룡문 세부

M4호분 대도는 환과 환내 봉황에 은상감이 베풀어져 있으나 옥전 35호분 대도처럼 바탕으로 금박이 사용되지 않았다.(도9-4)

본 유형의 대도는 바탕에 금박이나 은박을 붙여 중심문양인 용이나 봉황문을 강조한 것이다. 환두의 표면 색조가 어떠했는지 알 길은 없으나 은사가 잘 보이려면 검은색 계통으로 만들어야 했을 것 같다.[30] 상감기법은 색채대비를 통한 문양의 가시성 제고와 관련이 있다. 옥전 M3호분 대도 2점에도 상감이 베풀어져 있으나 중심 장식은 아니며 그 가운데 용문대도의 환두에는 옥전 35호분 대도와 비견할 수 있는 화려한 문양표현방식이 구사되어 있다. 철지의 표면에 은제 주룡문투조판을 붙이고 바탕에 금박을 붙여 주룡문을 강조한 것이다.(도13) 용원리 1호석곽 대도 등 백제 대도의 제작의장과 연결된다.

한편 신라 유물 가운데도 상감기술이 구사된 사례가 있다. 경주 출토품 가

---

30) 增子浩代, 2005, 「古墳出土鐵製鐔の着色法についての可能性を探る」, 『文化財と技術』 4, 工藝文化研究所.

운데는 천마총[31]과 호
우총 대도, 계림로 14
호묘 안교[32]에 상감이
베풀어져 있다. 지방에
서는 부산 반여동 19호
묘[33], 상주 헌신동 15
호묘[34], 의성 대리고분
군 채집품이 있다.

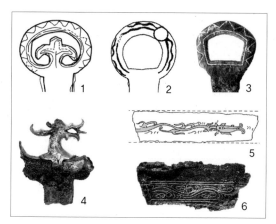

도14. 신라의 상감자료1 (1.반여동 19호묘, 2.헌신동 15호묘,
3.대리 채집, 4 · 5.호우총, 6.천마총)

천마총 대도편에는
연화당초문이 상감되
어 있는데 연화문의 형
태로 보면 사신총(四神塚)이나 통구(通溝) 12호묘 벽화의 문양과 유사하지
만 고구려 유적에서 아직 상감대도가 출토된 바 없어 백제산일 가능성도 고
려해볼 수 있다. 호우총 대도는 파손이 심하나 도신에 용과 물고기가 상감되
어 있음이 확인되었다. 이 대도는 환두주룡문, 환의 제작기법, 환내 도상의 결
합방식 등에서 보면 대가야의 전형적인 용봉문대도와 제작기법에서 공통하
는 요소를 많이 갖추고 있다. 특히 환이 중공(中空)이며 단면 '∩'형의 부품
하부에 막음 판을 덧댔음이 확인된다. 그러나 대가야 대도와 다른 점도 일부
있어 제작지를 특정하기는 어렵다. 2점 모두 6세기 전반의 자료이다. 계림로
14호묘 출토 3벌의 철제 안교에서 금사와 은사를 상감하여 용문을 투조한
사례가 확인되었다.[35] (도15)

31) 국립경주박물관, 2014, 앞의 책.
32) 국립경주박물관, 2010, 앞의 책.
33) 임효택 · 곽동철, 2005, 『부산 반여동유적』, 동의대학교박물관 외.
34) 경상북도문화재연구원 외, 2003, 『상주 헌신동고분군』.
35) 이 자료의 존재를 최초로 인지한 연구자는 현 삼강문화재연구원 최종규원장이다. 과
　　거 국립경주박물관에 재직할 때 확인하였던 내용을 2000년 무렵 당시 국립경주박물

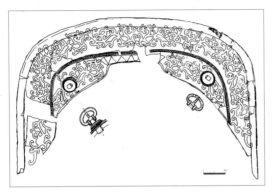

도15. 신라의 상감자료2(계림로 14호묘 철제안교)

반여동 19호묘와 헌신동 15호묘 출토품은 신라유물 일색이므로 이 대도의 제작지도 신라 중앙일 가능성을 고려할 수 있으나 신라 중앙에서 아직 5세기대 상감자료가 확인되지 않고 있어 제작지 비정에 신중을 기할 수밖에 없다. 출토유물로 보면 반여동 19호묘는 5세기 후반, 헌신동 15호묘는 5세기 전반으로 편년할 수 있는 무덤이다. 백제 한성기 상감자료와 유사한 특징을 갖추고 있다. 대리 채집품은 발굴품이 아니라서 연대 비정에 어려움이 있으나 금사로 거치문을 상감했다는 점에서 마갑총 출토품에 비견된다.

2) 확산 배경

백제의 상감기술은 어떤 배경 아래에서 주변국으로 확산된 것일까? 5세기대 한반도 일원의 금공문화에는 두 가지 축이 있었다. 고구려-신라로 이어진 흐름과 백제-가야로 이어진 흐름이 그것이다. 양자 모두 일본열도로 확산되었으나 후자가 더욱 현저했다.

희귀 소재인 귀금속으로 금공품을 만들려면 전문적 기술력을 보유한 장인과 공방의 존재가 필요하다. 최소한의 금을 들여 최대의 효과를 내려면 최고의 장인이 만들거나 그의 지도를 받아야 가능했을 것이다. 5세기 전반, 한반도 중남부지역의 정치적 상황을 고려할 때 특정 국가의 장인이 자발적으로

관 학예연구사로 근무하던 필자에게 교시하였고, 국립경주박물관에서는 해당유물을 국립중앙박물관으로 이관하여 보존처리 작업을 진행할 수 있었다.

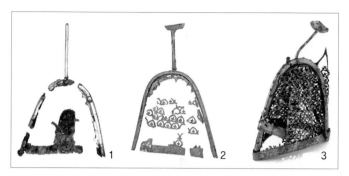

도16. 가야와 백제의 금동관 비교(1.옥전 23호분, 2.요리 1호묘, 3.길두리 안동고분)

다른 나라로 이주하여 금공기술을 전해주었다고 보기는 어렵다. 그보다는 외교관계의 산물로 보는 것이 더 설득력이 있지 않을까 한다.

첫째, 백제와 가야 사이의 관계이다. 4세기 이래 두 나라는 밀접한 사이였다. 『광개토왕릉비』에 기록된 것처럼 4세기 말의 국제정세 속에서 두 나라는 혈맹관계였다. 따라서 이 무렵 백제의 문물이 가야로 다량 이입되었을 것이다. 그런데 400년 고구려군의 남정(南征)으로 두 나라는 큰 타격을 입었으며 원상복구까지는 상당기간이 소요되었을 것 같다. 이 기간에는 신라 문물이 가야로 급격히 파급되었다. 그렇지만 신라가 고구려군을 축출하고 백제와 신라가 나제동맹(羅濟同盟)을 결성하는 430년대 이후가 되면 가야에도 백제 문물이 더 활발하게 전해지지 않았을까 한다. 옥전 23호분 출토 금동관(도 16-1)도 이 시점에 전해졌을 것 같다. 가야 유적 출토 상감자료의 상한을 이 무렵으로 볼 수 있지 않을까 한다.

가야의 성장이 국제사회에서 공인된 것은 남제(南齊)로부터의 작호제수(爵號除授)였다. 그 무렵 백제는 고구려의 남진에 한강유역을 상실하고 웅진으로 천도한 상태였고 국가의 안위를 걱정할 정도로 어려움을 겪고 있었다. 가야는 그 기회를 살려 금강 상류, 섬진강 이서지역으로 세력을 확장했고 특히 영산강유역 제 세력들과 네트워크를 강화하였다. 그러나 가야의 세력 확장은 한시적이었으며 동성왕, 무령왕대를 거치며 백제는 다시 옛 모습을 회

복하고 상실하였던 경역을 되찾는 한편 가야에 대한 영향력 강화에 나섰다. 대가야 유적에서 확인되는 상감 자료 가운데 일부는 이와 같은 정세변화의 와중에 전해졌을 수도 있다.

둘째, 백제와 신라 사이의 관계이다. 두 나라는 한반도 중남부지역의 패권을 놓고 대립하기도 했지만 고구려의 남진에는 공동보조를 취하며 대처했다. 사서의 기록에서 볼 수 있듯이 상대국에 기술자를 파견하기도 했고 국가적인 혼사를 성사시키기도 했다. 그 과정에 문물교류가 수반되었을 것이다. 두 나라 사이의 우호관계는 1세기 이상 지속되었지만 신라의 왕도에서 5세기의 상감자료는 아직 확인되지 않았다. 금공품은 주문자의 기호를 반영하기 때문에 그럴 수도 있지만 발굴 및 X선 조사의 부족 때문일 수도 있다. 같은 시기 신라의 지방에서는 유례가 확인되고 있으므로 앞으로 경주 출토품 가운데도 5세기의 상감자료가 확인될 가능성은 열어놓을 필요가 있다. 다만 현재까지 확인된 호우총과 천마총 출토품의 경우 제작지까지 특정하기가 쉽지 않다. 대도 자체로만 보면 호우총 대도는 대가야적 요소를 갖추었고, 천마총 대도의 기술적 계보가 백제로 연결될 수도 있다.

4. 맺음말

백제에서 금공기술은 이미 4세기에도 존재했지만 제작기술의 혁신을 이뤄낸 것은 수촌리 1호분이 축조되던 5세기 초반이었다. 그 시기의 백제 공방에서는 이미 백제양식이라 부를만한 최고급 금공품을 제작하고 있었다. 한 치의 어긋남 없는 축조(蹴彫), 정밀주조, 균일한 두께로 황금빛을 드러낸 아말감도금 등이 당시 백제 금공문화의 수준을 잘 보여준다.

그와 같은 금공기술의 전반적 발전과 함께 상감기술도 확립되어 나갔다. 그런데 장신구와 달리 상감기술이 구사된 대도의 경우 소지금속이 철이다. 철에 홈을 내기 위해서는 열처리와 탄소 첨삭을 통해 견도를 조절할 필요가 있다. 아마도 4세기 후반 이래의 백제 제철기술의 수준을 고려할 때 그와 같은 공정 수행에는 무리가 없었을 것이며 그것에 금공기술이 결합함으로써 상감대도를 자체적으로 제작할 수 있었을 것이다.

백제 한성기 상감기술은 입사가 기본이었다. 화성리 A-1호묘 대도나 수청동 4-14호묘 대도처럼 초문이나 파상점열문을 선묘(線描)하듯 시문하는 Ⅰ유형이 중심을 이루었다. 그렇지만 수촌리 1호분이나 용원리 12호석곽 대도처럼 주출된 용의 신체 각부를 세밀하게 표현하기 위해 사용된 Ⅱ유형도 있었고 양자가 결합된 Ⅲ유형도 존재했다. 수촌리 1호분과 화성리 A-1호묘의 연대 차이가 크지 않음을 고려하면 현재까지의 발굴 자료에서는 Ⅰ유형과 Ⅱ유형은 공존한 것으로 볼 수 있다. 그러나 칠지도나 가야지역에서 발굴되는 백제계 상감자료로 볼 때 향후 4세기까지 소급하는 Ⅰ유형 상감대도가 발굴될 가능성은 높다 하겠다.

백제의 상감기술은 본디 외래적인 것이었으나 5세기를 전후하여 백제적인 기술로 혁신되었다. 당시의 상감기술은 철제대도를 장식하는 기법 가운데 하나였지만 금공위세품을 선호하는 시대 분위기에 발맞추어 금공기술의 한 축을 담당하게 되었고 외교관계에 수반하여 주변국으로 널리 확산되었다. 현재까지의 발굴 자료로 보면 백제의 영향을 받은 가야에서 더욱 유행한 것처럼 보인다.

비록 자료는 부족하지만 백제의 상감자료에는 글로벌을 지향하며 새로운 기술과 문화를 적극적으로 수용, 자기화한 다음 그것을 주변 지역으로 확산시키던 백제문화의 일면이 잘 담겨 있다 하겠다.

제2장
백제 대도의 환두주룡문

1. 머리말

삼국시대 금속공예품 가운데 장식대도는 특별한 존재이다. 장식대도에는 용문, 봉황문, 삼엽문, 당초문 등 당대에 유행하였던 문양이 정교하게 표현되어 있을 뿐만 아니라 주조, 단조, 조금, 입사, 누금, 도금, 투조, 땜질, 정결(釘結), 목공, 칠공, 색채대비 등 다양한 공예기법이 구사되었다. 즉, 장식대도는 삼국시대 각국이 보유한 최고의 기술력이 총결집된 예술품이라 평가할 수 있다.

삼국시대의 장식대도 가운데 가장 대표적인 사례가 다음 절에서 다룰 무령왕릉 출토품이다.[1] 이 대도를 관찰할 때마다 빈틈을 찾아보기 어려울 정도의 세밀함에 놀라곤 한다. 1971년 무령왕릉에서 대도가 발굴된 이후 삼국시대 장식대도에 대한 연구가 크게 진전되었다. 일제시기 이래 신라의 장식대도

---

1) 문화재관리국, 1973, 『무령왕릉 발굴조사보고서』.

는 출토 사례가 많았으므로 신라 대도의 특징을 규정하는 것에 대해 이론의 여지가 없었지만[2], 백제의 장식대도는 출토 사례가 매우 적어 논의에 한계가 존재했다. 더욱이 무령왕릉 출토 대도의 제작지를 중국 남조로 보는 견해[3]가 우세하였기 때문에 백제 장식대도의 특징이 무엇인지 조차 제대로 인식할 수 없었다.

1991년 천안 화성리유적 출토 대도에서 은입사로 당초문을 시문한 사례가 확인된 것[4]을 시작으로 근래에 이르기까지 천안 용원리고분군, 공주 수촌리고분군, 서산 부장리고분군 등 한성기 백제유적에서 장식대도의 출토 사례가 급증하였다. 그에 부수하여 한성기 백제 장식대도의 특징에 대한 연구가 본격화하였으며, 백제 대도에 구현된 기술이 주변국 대도문화의 전개에 큰 영향을 끼쳤음을 인식할 수 있게 되었다.

이 장에서는 한성기 백제 장식대도의 여러 가지 특징 가운데 환두에 표현된 주룡문[5]에 주목해보려 한다. 이미 한일 양국 출토 장식대도의 주룡문에 대하여 검토한 선행연구가 있다. 주룡문의 도상 변화를 통해 장식대도의 연

---

2) 穴澤咊光 · 馬目順一, 1976, 「古新羅墳丘墓出土の環頭大刀」, 『朝鮮學報』122, 朝鮮學會.
3) 町田章, 1976, 「環刀の系譜」, 『研究論集』Ⅲ, 奈良文化財研究所.
    穴澤咊光 · 馬目順一, 1976, 「용봉문환두대도시론」, 『백제연구』7, 충남대학교 백제연구소.
4) 국립공주박물관, 1991, 『천안 화성리백제묘』.
5) 이 문양을 環上走龍紋(穴澤咊光 외), 環頭雙龍紋(東京國立博物館), 環部走龍紋(大谷晃二) 등으로 부르고 있다. 이 글에서는 이 문양이 어느 위치에 있는 어떤 문양인지 쉽게 이해할 수 있는 '환두주룡문'이라는 표현을 사용하고자 한다.
    穴澤咊光 · 新谷武夫, 1988, 「山口縣秋芳町 · 大里古墳出土の單鳳環頭大刀」, 『古文化談叢』20(上), 九州古文化研究會.
    東京國立博物館, 1992, 『修理報告 有銘環頭大刀』.
    大谷晃二, 2006, 「龍鳳文環頭大刀研究の覺え書き」, 『財團法人大阪府文化財センタ- · 日本民家集落博物館 · 大阪府立彌生文化博物館 · 大阪府立近つ飛鳥博物館 2004年度 共同研究成果報告書』.

대를 파악하기도 하고 기술적 계보관계를 추적하기도 한다.[6] 필자는 선학들의 연구 성과를 토대에 두고 신 자료를 가미하여 약간의 검토를 추가하고자 한다.

2. 도상과 표현기법

1) 공주 수촌리 1호분 대도

공주 수촌리 1호분은 한성기 백제의 지방 수장묘 가운데 하나이다. 공주 일원에서 발굴된 같은 시기의 무덤 가운데 대형에 속하는 목곽묘(木槨墓)이다. 내부에서 동진제(東晋製) 청자사이호(靑磁四耳壺), 금동관(金銅冠), 금제이식(耳飾), 금동제 대금구(帶金具), 금동식리(金銅飾履), 장식대도가 출토되었다. 대도는 금속제 장신구와 함께 착장된 모습으로 출토되었다.[7] 무덤의 연대는 연구자 마다 다소 차이가 있지만 5세기를 전후한 시기로 보고 있으며 필자

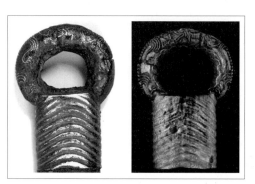

도1. 수촌리 1호분 대도 환두 세부(우 : 단층 X-선 사진)

----

6) 新納泉, 1982, 「單龍·單鳳環頭大刀の編年」, 『史林』 65-4, 史學硏究會.
   穴澤咊光·馬目順一, 1986, 「單龍·單鳳環頭大刀の編年と系列-福島縣伊達郡保原町愛宕山古墳出土の單龍環頭大刀に寄せて」, 『福島考古』 27, 福島縣考古學會.
   東京國立博物館, 1992, 앞의 책.
   大阪府立近つ飛鳥博物館, 1996, 『金の大刀と銀の大刀 -古墳·飛鳥の貴人と階層-』.
   大谷晃二, 2006, 앞의 논문.
7) 이훈, 2004, 「묘제를 통해 본 수촌리유적의 연대와 성격」, 『백제문화』 33, 공주대학교 백제문화연구소.

는 함께 출토된 장신구와 중국도자의 연대관에 근거하여 5세기 전반으로 편년한 바 있다.[8]

대도는 환두가 횡타원형을 띠며, 병두금구는 은판을 가공하여 만들었는데 이면에서 타출한 파상문이 베풀어져 있다. 환두부와 도신은 2개의 못으로 연접하였다. 칼집은 전체적으로 썩어 없어졌고 초구와 초미금구에 약간의 흔적만이 남아 있다. 이 대도는 다음의 두 가지 점에서 주목할 수 있다.(도1) 첫째는 이 대도 병두금구의 문양이다. 은판에 이면타출(裏面打出)하여 파상문을 시문한 것이며 백제, 가야, 왜 유적 출토 대도에서 확인할 수 있다. 둘째는 이 대도의 철제 환에 시문된 문양 표현기법이다. 환에 용문을 주출한 다음 은입사로 문양을 강조하고, 한 단 낮은 바탕에 금박(金箔)을 붙여 장식한 것이다. 이러한 기법 역시 백제, 가야, 왜 유적 출토 대도에서 확인할 수 있다.

이 대도의 주룡문에 대하여 설명하고자 한다. 그간 알려진 사진과 도면자료[9]를 종합하여 모식도를 그려보면 〈도2〉와 같다. 앞에서 언급한 것처럼 환의 표면에는 대향(對向)의 용 두 마리가 조각되어 있다. 하부에 꼬리와 뒷발이, 상부에 앞발과 머리가 배치되었다. 측면에서 환을 보았을 때 둥근 고리의 중앙을 따라 가면서 용의 몸체가 살펴지는데 맨 아래에는 꼬리가 있고 위로

도2. 수촌리 1호분 대도 환두주룡문 모식도

---

8) 이한상, 2007, 「5~6세기 금속장신구의 연대론」, 『고고학탐구』 창간호, 고고학탐구회.
9) 국립공주박물관, 「보도자료 -공주 수촌리 출토 환두대도에서 금판장식 최초 확인-」(2009.12.3.).
  국립공주박물관, 2015, 『한국의 고대 상감 : 큰 칼에 아로새긴 최고의 기술』, 40~41쪽.

올라가면서 연속 ∩자 모양으로 몸체를, 좌우에는 뒷발과 앞발 2개씩을 차례로 표현하였다. 환의 정부에 가까워지면서 두 마리의 용은 각각 목을 왼쪽 (용의 자세에서 볼 때)으로 틀어 서로 충돌하지 않고 비켜 지나가도록 새겼다. 이 때 용의 머리는 둥근 고리의 옆면에 측면관으로 표현하였다. 용 몸의 비늘, 네 발, 입의 윤곽, 눈, 뿔, 턱수염, 서기 부분을 은입사로 표현하였다. 용의 몸에서 네 발로 이어지는 부위에는 각 4줄, 발가락에는 3줄의 은사를 새겨 넣었다. 좌우의 뒷발은 모두 아래쪽을 향하고 있는데 좌측 발이 조금 들려 있다. 좌측 앞발은 머리 쪽을 향하고 우측 앞발은 뒷발 쪽을 향하게 역동적인 자세로 표현하였다. 왼쪽 앞발과 뒷발 사이에는 곡선적인 선을 새겨 넣어 여백을 채웠다.

2) 천안 용원리 12호석곽묘 대도

용원리고분군에서 석곽묘는 3개의 군을 이루며 12기가 조사되었다. 그 중 12호 석곽묘는 4기의 석곽묘가 군집을 이루는 군에 포함되어 있고, 철기를 비롯한 부장품의 수량이 상대적으로 많다. 장식대도는 피장자의 허리부위에서 출토되었다. 공반유물은 등자(鐙子), 재갈, 철착(鐵鑿), 철모(鐵鉾), 철겸 (鐵鎌), 철부(鐵斧), 철도자(鐵刀子), 철촉(鐵鏃), 꺽쇠 등이다.[10] 이 무덤의 연대를 추정해볼 수 있는 자료로 목심철판피윤등(木心鐵板被輪鐙)이 있다. 백제 등자에 대한 연구에서는 이 등자가 '병부와 윤 상반부에 역Y자형 철판으로 보강한 점'으로 보아 용원리9호분 출토품보다는 후행하는 것이고 원주 법천리 1호분 출토품과 같은 단계로 편년하였다.[11] 용원리 9호분의 연대에 대해서 필자는 공반된 중국도자에 기준하여 5세기 2/4분기 정도로 편년한 바 있으므로, 용원리 12호 석곽묘를 5세기 중엽 경의 무덤으로 편년하고자 한다.

---

10) 이남석, 2000,『용원리고분군』, 공주대학교박물관 외, 125~130쪽.
11) 류창환, 2004, 「백제마구에 대한 기초적 연구」,『백제연구』40, 충남대학교 백제연구소, 178~180쪽.

환두는 횡타원형이
며 철제 주조품이다. 환
두 내측에는 입을 다문
동물[12]의 머리가 배치
되어 있다. 환에 조각된
쌍룡의 주룡문과 환의
내측에 배치된 머리에

도3. 용원리 12호석곽묘의 환두주룡문

은입사와 금박 등 귀금속 장식이 베풀어져 있다.(도3) 환두에 문양을 표현하
는 기법은 앞에서 살펴본 공주 수촌리 1호분 출토품과 유사하다. 즉, 철제 환
과 그 내부에 용문을 주출한 다음 돌출부에 은입사하여 문양을 강조하고, 한
단 낮은 바탕에 금박을 붙여 색채대비를 꾀하였다.[13]

　　보고서의 도면과 관련 사진 자료[14]를 종합하여 주룡문 모식도를 그려보면

도4. 용원리 12호석곽묘 대도의 환두주룡문 모식도

12) 삼국시대 장식대도에 종종 표현되는 상상의 동물로 용과 봉황이 있다. 학계에서는 새
　　의 부리처럼 입이 뾰족한 것을 봉황, 입을 크게 벌린 것을 용이라 부르고 있다. 그렇지
　　만 입모양 이외의 요소로 용과 봉황을 구분하기란 쉽지 않다. 눈, 턱수염, 벼슬모양의
　　뿔, 귀 등의 요소가 동일하기 때문이다. 용과 봉황의 경우 몸 전체가 조각되었을 때는
　　구분하기 어렵지 않다. 용은 다리가 4개이고 봉황은 2개이며, 봉황에는 날개가 있
　　기 때문이다. 이 문제에 대한 상세한 검토는 향후의 과제로 남겨 두고자 한다.
13) 바탕에 금박이 장식되어 있고 돌출된 몸체의 곳곳에 은사가 감입되어 있어 양자 사이
　　의 색채 대비는 가능하다. 다만 鐵地의 색조가 문제가 될 수 있다. 녹이 슬지 않은 철
　　은 백색이어서 은색과의 구분이 현저하지 않았을 것이다. 따라서 철지의 표면을 검게
　　색처리하였을 가능성이 있다.
14) 이남석, 2000, 앞의 책, 834쪽.

〈도4〉와 같다. 환의 표면에 대향의 용 두 마리가 조각되어 있다. 하부에 뒷발, 상부에 앞발과 머리가 배치되었다. 측면에서 환을 보았을 때 둥근 고리의 중앙을 따라 가면서 용의 몸체가 살펴지는데 위로 올라가면서 연속 ∩자 모양으로 몸체를, 좌우에는 뒷발과 앞발 2개씩을 차례로 표현하였다. 환의 정부에 가까워지면서 두 마리의 용은 각각 목을 왼쪽으로 틀어 서로 충돌하지 않고 비켜 지나가도록 새겼다. 이 때 용의 머리는 둥근 고리의 옆면에 측면관으로 표현하였다. 그런데 특이한 것은 네 발이 모두 용의 머리 쪽으로 향하며 U자 상을 이룬다. 수촌리 1호분 출토품에 비하여 문양의 표현이 덜 정교하며 은입사 역시 성글게 이루어져 있다. 발가락 표현은 별도로 없으며 1줄의 은사로 발을 표현하였다.

3) 천안 용원리 1호석곽묘 대도

용원리 1호석곽묘에서는 이식, 화살통부속구, 검릉형(劍菱形) 행엽(杏葉) 등 금속제 유물과 함께 직구호(直口壺), 유견호(有肩壺)가 출토되었다.[15] 이 무덤의 연대를 파악할 수 있는 자료로 이식, 토기, 등자를 들 수 있다. 이식은 파손품이긴 하지만 공구체(空球體)가 중간식(中間飾)으로 사용되었다. 현재까지의 자료로 보면 이러한 장식은 한성기 이식의 특징 가운데 하나이다. 유견호는 한성기 천안~청주지역에 집중적으로 분포한 토기 기종이며[16], 견부에 사격자문을 갖춘 직구호는 한성기 직구호의 기형을 띠고 있다.[17] 따라서 이 무덤의 연대를 475년 이전으로 볼 수 있을 것이다. 목심철판피윤등에 역Y자형 철판이 포함된 점을 함께 고려하면[18] 5세기 중엽 경으로 편년할 수

---

15) 이남석, 2000, 앞의 책, 46~66쪽.
16) 박태우, 1991, 「청주 신봉동유적의 문화적 성격 -출토 토기의 분석을 중심으로-」, 『충북사학』 4, 충북대학교 사학회, 56~58쪽.
17) 박순발, 2003, 「웅진 · 사비기 백제토기 편년에 대하여 -삼족기와 직구단경호를 중심으로-」, 『백제연구』 37, 충남대학교 백제연구소, 74쪽.
18) 류창환, 2004, 앞의 논문, 179~180쪽.

있겠다.

용원리 12호석곽묘 출토품과는 달리 청동으로 주조한 후 부분적으로 금과 은을 도금하여 완성한 것이다. 환은 횡타원형이다. 환 내

도5. 용원리 1호석곽묘 대도

부에 구슬을 물고 있는 동물의 머리와 목이 표현되어 있는데 환과 일체로 주조된 것이다. 환의 표면에는 두 마리의 용이 양각되어 있다. 쌍룡문의 바탕을 이루는 여백에는 금도금, 용의 몸은 은도금하였다.(도5) 환내의 머리를 보면 눈, 귀, 턱수염에 부분적으로 금도금되어 있다. 그런데 금도금된 부분을 관찰하면 뾰족한 끌로 찍어 빼곡하게 홈을 낸 것을 볼 수 있다. 이것에 대하여 '금판압착기법'이라 지적하며 금의 접착력을 높이려는 시도로 파악한 견해가 있다.[19] 그러나 금박의 접착력을 높이기 위한 목적에 더하여 어자문(魚子紋)처럼 여백 표현기법 가운데 하나일 가능성도 고려하고자 한다.

보고서의 도면과 관련 사진 자료를 종합하여 주룡문 모식도를 그려보면 〈도6〉과 같다. 앞에서 살펴본 수촌리 1호분, 용원리 12호석곽묘 대도처럼 환(環)의 표면에 대향(對向)의 용 두 마리가 조각되어 있다. 환의 정부에 가까

도6. 용원리 1호석곽묘 대도 주룡문 모식도

---

19) 김우대, 2011, 「제작기법을 중심으로 본 백제·가야의 장식대도」, 『영남고고학』 59, 영남고고학회, 96~97쪽.

워지면서 두 마리의 용은 각각 목을 왼쪽으로 틀어 서로 충돌하지 않고 비켜 지나가도록 새겼다. 왼쪽 뒷발은 앞쪽으로, 오른쪽 뒷발은 뒤쪽에 배치하였다. 왼쪽 앞발은 용 자신의 턱 밑까지 쭉 내밀었고 갈기 모양 장식을 가미하였다. 오른쪽 앞발은 앞으로 내밀었는데 왼쪽 앞발보다는 조금 뒤쪽에 배치하였다. 앞발에는 뒤쪽으로 길게 돌출부를 내어 장식성을 높이고 여백처리 효과를 냈다. 머리에는 눈, 뿔, 이빨이 표현되어 있다. 뿔은 곡선적이며 1개이고 이빨이 드러나 있다. 목에서 꼬리에 이르기까지 등날 부분에 대롱모양 끌로 타격하여 낸 원문이 연속적으로 시문되어 있다. 발가락은 3개이다.

4) 무령왕릉 대도

무령왕릉은 중국 남조풍의 전축분이다. 매장주체부는 장방형의 현실에 연도를 갖추었으며 현실의 벽은 터널처럼 만들었다. 연도에서 발굴된 지석(誌石)은 이 무덤 주인공이 서기 523년과 526년에 세상을 뜬 무령왕 부부임을 알려주었다. 내부에서는 목관, 금제 관식, 금제 뒤꽂이, 금제 이식, 금은제 대금구, 금동제 식리, 금은제 천, 중국자기, 동경, 동제 용기, 동제 울두(熨斗) 등 다량의 유물이 출토되었다.[20]

도7. 무령왕릉 환두대도 세부

위에서 검토한 4점의 대도처럼 쌍룡문이 대향으로 조각되어 있다.(도7·8) 양자를 비교해보면 무령왕의 대도는 환의 좌우에 용의 뒷발이 있고 환의 배면을 따라 용신이 표현되어 있다. 다른 점이라면 반대편 용신이 길어지면서 용

---

20) 문화재연구소, 1973, 앞의 책, 18~62쪽.

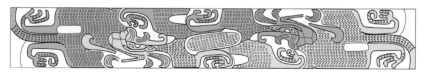

도8. 무령왕릉 환두대도 주룡문 모식도

두가 정부를 훨씬 더 지나 멈추고 있다는 점이며 이 때문에 용신의 중위에서 부터 왼쪽으로 몸을 틀어 반대편 용과 스쳐지나가도록 표현한 것이다. 이러한 구도에서 용의 앞발 2개는 모두 왼쪽[21] 측면에 배치한 것이다.

　용은 환의 오른쪽 하변에 꼬리와 뒷다리를 두었고 중간 높이까지는 환 전체(특히 등)를 용의 몸으로 표현하였지만, 그 위쪽부터 몸을 좌측으로 틀어 환의 측면과 등 절반부위에 상반신과 머리를 조각하였다. 용두는 등에서 보았을 때 전체 외곽은 조각하였으나 이목구비 등 얼굴은 절반만 묘사하였다. 새겨진 얼굴은 왼쪽 얼굴이다. 벼슬이나 뿔 등은 등을 지나 후면까지 일부 넘어갔다. 용은 입을 벌렸고 혀는 길쭉하게 돌출되었으며, 끝부분이 조금 넓어지면서 오른쪽 위로 휘었다. 마치 서기처럼 표현되었다. 이빨은 2개이며 위 이빨이 보다 앞쪽에 배치되었다. 귀는 특히 강조되었다. 눈 바로 아래에서 시작된 돌출선이 눈 뒤쪽에서 삼각형에 가까운 귀로 연결된다. 눈 위쪽에 2개의 벼슬과 1개의 뿔을 이어서 표현하였다.[22] 턱의 가장자리에 침선을 1줄 새겼고 상하악이 만나는 곳에는 역C자형 무늬를 2개 새겼다. 턱과 목의 경계에는 2개의 갈기를 표현하였는데 내부에 각 3줄과 2줄의 선문을 새겼다. 턱수

---

21) 용을 중심에 두고 용의 입장에서 바라본 방향이다.
22) 이 장식 전체를 벼슬 혹은 뿔로 추정하기도 하고(穴澤 외) 위로 솟은 장식을 벼슬로, 뒤로 뻗어 있는 장식을 뿔로 이해하는 연구(大谷)가 있다. 이 글에서는 세부적인 설명의 편의를 위하여 후자의 설명을 수용하고자 한다.
　穴澤咊光 · 馬目順一, 1976, 앞의 논문, 253쪽.
　大谷晃二, 2006, 앞의 논문, 146쪽.

염은 공간이 좁기 때문인지 하악의 선단에 붙였다.

용신은 매우 굴곡지며 팽팽한 볼륨감을 보여준다. 목덜미에서 시작하여 뒷발에 이르기까지 6개 이상의 현저할 굴곡을 주었고 특히 발을 조각하면서 주변을 깊게 파냄으로써 볼륨감을 배가시켰다. 왼쪽 앞발과 오른쪽 앞발 사이에 역C자상의 깊은 홈이 나 있다. 이 홈의 정확한 용도는 알 수 없지만 혹 오른쪽 앞발의 위치가 공간 때문에 뒤쪽으로 밀려 새겨졌다는 의미인지도 모르겠다. 용의 몸에는 비늘이 촘촘히 새겨져 있으며 꼬리에서 머리로 향하면서 ∪자상으로 새겼다. ∩자상으로 새겨진 문양과는 시문범위가 다르며 서로 다른 용을 표현한 것이다.[23]

용의 발은 전후 각 2개씩 4개인데 그 표현기법이 매우 역동적이다. 주어진 공간을 최대한 살리면서 왼발을 앞쪽으로 조금 전진시켰다. 앞발 2개는 모두 환의 한쪽 측면에 새겼다. 왼쪽 앞발은 환의 맨 위쪽[頂部]에, 오른쪽 앞발은 더 우측에 새겼다. 뒷발은 환의 우측하부에 새겼는데 주변을 많이 깎아내고 조각하였다. 발가락에는 ∩자상의 문양을 시문하였으며 끝에 무늬가 새겨지지 않은 부분은 발톱을 표현한 것 같다. 뒷발 사이에 있는 용신은 왼쪽으로 조금 휘었다.

3. 변화양상과 전파

1) 환두주룡문의 변화양상

백제의 장식대도 가운데 주룡문이 시문된 것은 앞 절에서 살펴본 것처럼 공주 수촌리 1호분, 천안 용원리 1호석곽묘, 용원리 12호석곽묘, 공주 무령왕릉 출토품 등 4례이다. 재질 및 제작기법으로 보면 수촌리 1호분과 용원리 12호석곽묘 출토품을 하나의 군으로, 용원리 1호석곽묘와 무령왕릉 출토품을

---

23) 반대편 용의 입장에서 보면 역시 ∪자상이 된다.

도9. 용원리 1호석곽묘 대도의 도금상태(우:턱수염 부분 세부)

또 다른 군으로 묶어볼 수 있다. 전자의 경우 철지(鐵地)에 주룡문을 주출하고 은입사로 문양을 강조하였으며 바탕 여백에는 금박을 붙여 주룡문이 도드라져 보이도록 하였다. 후자 가운데 용원리 1호석곽묘 대도(도9)는 동지에 주룡문을 주출하고 용신은 은도금, 바탕 여백은 금도금하여 색채대비(色彩對比)를 꾀하였다.

네 무덤의 연대는 다소 차이가 있다. 수촌리 1호분은 5세기 1/4분기, 용원리 12호석곽묘와 용원리 1호석곽묘는 5세기 중엽으로 추정할 수 있으며, 무령왕릉은 525년과 529년에 무령왕 및 왕비가 각각 매장되었다. 무덤의 연대는 추정할 수 있지만, 대도의 제작연대는 알기 어렵다. 다만 삼국시대 고분에서 출토되는 귀금속 장신구나 장식대도 등의 위세품은 제작지가 제한적이고 일정 기간 동안 지속적으로 제작·분여되는 현상이 살펴지므로 한 세대를 넘어서는 전세기간(傳世期間)을 설정하기는 어렵다. 따라서 본 절에서 검토하는 4점의 장식대도의 경우 제작시점과 매납 시점 사이에 큰 시차가 없을 것으로 추정하고자 한다. 4점의 대도가 모두 백제의 왕실공방에서 제작된 것이라면 수촌리 1호분 대도가 용원리 12호석곽묘 대도에 선행하는 것이고, 용원리 1호석곽묘 대도가 무령왕릉 대도에 선행하는 것이며 선행대도에 기반하여 후행대도가 제작되었을 것으로 추정할 수 있다. 물론 각 대도 사이에 세부

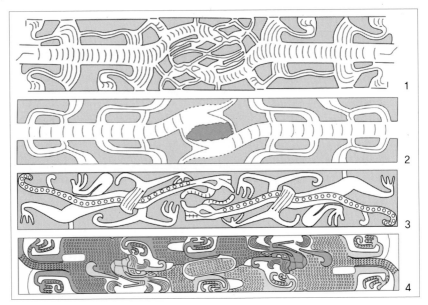

도10. 백제 환두주룡문 비교(1.수촌리 1호분, 2.용원리 12호석곽묘, 3.용원리 1호석곽묘, 4.무령왕릉)

적 차이가 커서 직접적인 계승관계를 상정하기에는 어려움이 있다. 장차 그 중간 단계의 자료가 확보된다면 논의를 더욱 진전시킬 수 있을 것 같다.

〈도10〉은 백제 대도의 환두주룡문을 모아본 것이다. 4례 모두 두 마리의 용이 대향한 모습이다. 몇 가지 특징을 비교해보면 다음과 같다.

첫째, 용두의 위치와 전체구도이다. 좌우에 각 1마리씩의 용이 있는데 중간에서 머리와 몸 일부를 왼쪽으로 급격히 틀어 서로 부딪히지 않도록 조각하였다. 수촌리 1호분, 용원리 12호석곽묘, 용원리 1호석곽묘 출토품은 중앙부에 용두가 대칭적으로 배치되어 있다. 선행연구의 '근교형' 즉, 비켜 지나가는 모양에 속한다.[24] 세부적으로 보면 수촌리 1호분 대도의 용은 목을 급격히 꺾었기 때문에 목이 더욱 곡선적이다. 무령왕릉 출토품은 이와는 조금 다르

---

24) 穴澤咊光·馬目順一, 1976, 앞의 논문, 250쪽.

다. 용의 몸이 더욱 길며 머리뿐만 아니라 몸까지 반대편으로 넘어가 있고 용두는 3/4지점[25]에 위치한다. 위 연구에서는 이를 '두 마리의 용이 서로 상대의 꼬리를 삼키러 향하는 모습'으로 파악하면서 '식합형'으로 분류하였다.[26] 그렇지만 무령왕릉 대도의 주룡문을 새롭게 실측해본 결과 기본적으로 '근교형'이라 불리는 대도와 유사한 구도를 가지고 있음을 알 수 있었다. 즉, 환의 좌우에 용의 뒷발이 있고 환의 배면을 따라 용신이 표현된 점이 '근교형'과 같다.

둘째, 발의 위치와 자세이다. 수촌리 1호분 대도의 용문은 좌우의 뒷발이 비슷한 위치에 자리하고 왼쪽 앞발은 앞으로, 오른쪽 앞발은 뒤를 향하게 도안되었다. 용원리 12호석곽묘 대도의 용은 앞 뒷발 4개 모두 앞쪽을 향하고 있는데, 수촌리 1호분 대도의 용문에 비해 형식화된 것 같다. 입사 등 문양 표현 기법도 간소하다. 위 2점의 대도에 비하여 용원리 1호석곽묘 대도의 용은 매우 역동적인 자세를 취하고 있다. 왼쪽 뒷발은 앞으로, 오른쪽 뒷발은 뒤로 배치하였다. 좌우의 앞발은 앞을 향하는 모양이다. 무령왕릉 대도는 오른쪽 뒷발이 조금 앞쪽에 배치되었으나 현저하지 않다. 주목되는 것은 오른쪽 앞발의 위치이다. 왼쪽 앞발의 뒤에 연접하듯 표현하였는데, 원위치에 반대 편 용의 머리와 목을 배치하면서 왼쪽으로 옮겨 도안한 것으로 보인다.

셋째, 세부 표현기법이다. 수촌리 1호분 대도의 경우 용 발가락 부분에 3줄의 은사가 감입되어 있다. 발가락이 3개인지 혹은 4개인지 분명하지 않지만 용원리 1호석곽묘나 무령왕릉 출토품의 예로 보면 3개일 가능성이 높은 것 같다.(도11) 용원리 12호 석곽묘 대도는 발가락의 세부 표현이 없다. 수촌리 1호분, 용원리 12호석곽묘 대도에는 은입사로 용의 몸, 눈, 입, 발을 세부적

---

25) 좌우에 각기 용의 뒷발이 배치되고 龍身과 龍頭는 반대편 용을 향하여 전진하는 모양으로 조각되어 있다. 전체 도안을 4등분하였을 때 중앙이 2/4지점에 해당하고 머리가 멈춘 지점이 전체의 3/4에 해당한다는 의미이다.
26) 穴澤咊光·馬目順一, 1976, 앞의 논문, 250쪽.

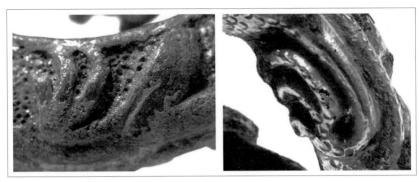

도11. 용원리 1호석곽묘(좌)와 무령왕릉 대도(우)에 조각된 용의 발

으로 표현하였다. 이에 비해 용원리 1호석곽묘 대도는 등줄기 부분에 원문을 연속으로 시문하였고 무령왕릉 대도는 연속 U자형문으로 비늘을 표현하였다. 그리고 수촌리 1호분, 용원리 1호석곽묘 대도의 용은 무령왕릉 대도의 용에 비하여 머리 등 세부 표현이 덜 정교하다. 4점의 대도 가운데 무령왕릉 대도는 뿔, 서기, 턱수염, 눈, 귀 등이 가장 정교하게 조각되어 있다.

이상에서 보면 위 4례 사이의 변화 방향은 간소한 것에서 복잡한 것으로, 혹은 조악한 것에서 정밀한 것으로의 단선적 변화는 아니었던 것 같다. 수촌리 1호분 대도와 용원리 12호석곽묘 대도 사이에서는 오히려 정밀한 것에서 조잡한 것으로의 변화가 살펴지기 때문이다. 그리고 아직 중간 단계의 자료가 없지만 용원리 1호석곽묘 대도가 지닌 여러 특징이 무령왕릉 대도에 계승된 것으로 본다면, 이 양자는 간소한 것에서 복잡한 것으로 변화한 것이라 추정할 수 있다. 위 4점의 대도는 필자의 연대관에서 볼 때 약 1세기 이내에 제작된 것이다.

이처럼 시기폭이 아주 크지 않음에도 불구하고 각 대도에서 다양한 특색이 살펴지는 현상을 어떻게 이해하면 좋을까. 우선적으로 고려해볼 수 있는 것은 각 대도 사이의 위계차(位階差)이다. 왕의 소유물인 무령왕릉 출토품이 가장 정교하게 제작된 것이고, 지방 수장의 소유물인 용원리 1호석곽묘 출토품의 제작수준이 상대적으로 낮을 수밖에 없다고 추정하는 것이다. 대도만을 기준으로 삼아 검토하면 수촌리 1호분 · 용원리 12호 석곽묘 〈 용원리 1호석곽묘 〈 무령왕릉 대도 순서의 위계를 설정해볼 수 있다. 그렇지만 무덤의 규모와 부장품으로 보아 수촌리 1호분이 용원리 1호석곽묘보다 하위 무덤이라 단정하기 어렵다. 오히려 그 반대일 가능성도 있다. 아울러 한성기의 백제 왕, 혹은 중앙 귀족의 장식대도가 아직 확인된 바 없어 더 이상의 논의가 어려운 실정이다.

다음으로 고려할 수 있는 것은 공방차(工房差)이다. 수촌리 1호분, 용원리 12호석곽묘, 용원리 1호석곽묘, 무령왕릉 대도의 제작지가 달랐을 가능성을 고려해볼 수 있다. 앞에서 제작기술이라는 측면에서 철지에 은입사한 것과 동지에 금도금한 것 등 2개의 군으로 구분할 수 있다고 하였는데, 이러한 차이가 곧 공방이 다름에 기인하는 것으로 볼 여지가 있다. 그렇지만 장식대도를 제작한 공방이 천안과 공주에 존재했다고 보기는 어렵다. 그 이유는 고대 사회에서 금이란 소재가 국제적으로도 귀한 것이어서 누구나 확보하여 물품을 만들 수는 없었을 것이라는 점 때문이다. 또한 장식대도의 경우 여타 금공품에 비해 보다 더 정교한 기술력이 구사되어야만 제작할 수 있다는 점을 함께 고려하면, 위 4례의 대도는 한성기 백제의 중앙, 특히 왕실공방 제작품이라 특정해볼 수 있다. 따라서 현재의 자료에 한정하여 살펴본다면, 대도에서 살펴지는 제작기법의 차이는 공방차라기보다는 위계차일 가능성이 더 높은 것 같다. 뿐만 아니라 시기차도 염두에 둘 필요가 있다는 점을 지적하고자 한다.[27]

---

27) 용원리 1호석곽묘 대도와 무령왕릉 대도 사이에 상당한 차이가 존재한다. 이러한 차이를 강조하는 입장에 선 연구에서는 무령왕릉 대도가 중국 남조에서 반입된 것이라는 주장을 펴기도 한다.

2) 환두주룡문의 계보와 전파

환두주룡문이 시문된 백제의 장식대도 가운데 가장 이른 시기의 자료인 수촌리 1호분 대도를 백제산이라 단정할 수 있을지, 만약 백제산이라면 그 계보는 어디서 찾을 수 있을까 하는 점에 대하여 검토할 필요가 있다.

현존하는 백제의 용문 자료 가운데 초기에 속하는 것은 수촌리 1호분 장식대도와 같은 무덤에서 출토된 금동관이다.(도12) 그간 발굴된 한성기 백제 금동관은 공주 수촌리 1호분과 4호분, 서산 부장리 5호분[28], 천안 용원리 9호분, 익산 입점리 1호분[29], 고흥 길두리 안동고분 출토품[30] 등 6점이다. 이중 용문이 시문된 사례는 공주와 서산에서 출토된 3점의 금동관이다. 6점의 금동관은 모두 모관(帽冠)의 형태를 띠며 양식적 특징을 공유한다. 그 가운데 수촌리 1호분 금동관에는 〈도12〉의 우측 사진에서 볼 수 있듯이 뿔, 귀, 턱수염, 서기, 이빨, 비늘 등 용의 특징이 정교하게 표현되어 있다. 금동관을 비롯한 금속제 장신구에 백제적인 양식이 발현되어 있음은 근래의 발굴조사에서 속속 확인되고 있다.[31] 그 결과에 의하면 수촌리 1호분 금동관의 제작지는 백제임에 분명하다. 이를 통해 보면 수촌리 1호분이 축조되던 시기의 백제 사회에는 이미 정교한 용문 도안이 존재했고 그것을 금공품 도안으로 적극 활용하고 있었음을 알 수 있다. 따라서 정교한 용문의 존재만으로 수촌리 1호분 장식대도가 다른 나라에서 제작된 것으로 파악할 근거는 없다.

동아시아에서 용문은 매우 중국적인 도안이다.[32] 용 도안의 기원을 신석기시대까지 소급하여 이해하기도 하지만 현대의 우리가 다양하게 활용하고 있

---

28) 충청남도역사문화연구원, 2008, 『서산 부장리유적』.

29) 문화재연구소, 1989, 『익산 입점리고분 발굴조사보고서』.

30) 국립문화재연구소 문화재보존과학센터, 2011, 『고흥 길두리 안동고분 출토유물 보존』. 임영진 외, 2015, 『고흥 길두리 안동고분』, 전남대학교박물관 외, 28쪽.

31) 이한상, 2011, 『동아시아 고대 금속제 장신구문화』, 고고, 85~120쪽.

32) 국립대구박물관, 2003, 『한국의 문양 용』.
汪田明, 2008, 「中國龍的圖像硏究」, 中國藝術硏究院 博士學位論文.

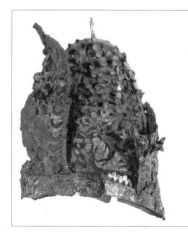

도12. 수촌리 1호분 금동관(좌)과 용문 세부(우)

는 용의 도안과 유사한 모습을 갖춘 사례는 전국시대 이후 등장하며, 진한(秦漢)을 거치며 다양한 기물 및 건축물 장식의 도안으로 자리 잡는다. 따라서 백제 유물에 보이는 용문의 계보를 중국에서 찾는데 이의가 없다. 그렇다면 과연 언제 어떠한 계기를 통하여 용문을 접할 수 있었고 그것을 계기로 삼아 백제 금공품의 도안으로 수용한 것인지의 문제에 대하여 살펴볼 필요가 있다.

첫째, 낙랑(樂浪) 장인들의 이주 가능성이다. 평양의 낙랑 무덤에 대한 발굴조사에서 용문이 시문된 유물이 출토된 바 있다. 〈도13-1〉의 석암리(石巖里) 9호분 금제 교구(鉸具)[33]의 용문이 그것이다. 뿐만 아니라 채협총(彩篋塚) 출토품처럼 칠기에 용문이 그려진 예[34]가 여러 점 확인된다. 물론 금제 교구는 낙랑 현지에서 제작된 물품은 아니며 칠기 가운데도 상당수는 한 본

---

33) 朝鮮總督府, 1919, 『古蹟調査特別報告, 樂浪郡時代ノ遺蹟』.
   오영찬, 2011, 「낙랑 금은제교구의 제작과 성격」, 『한국상고사학보』 72, 한국상고사학회.
34) 朝鮮古蹟研究會, 1934, 『古蹟調査報告 第一, 樂浪彩篋塚』 圖版52, 彩篋塚遺物-漆器.

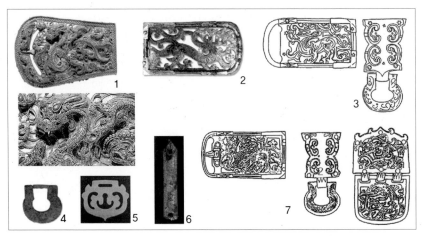

도13. 주룡문 계보와 관련한 비교자료(1.석암리 9호분, 2.대성동 88호분, 3.신야마고분, 4.사창리, 5.풍납토성, 6.몽촌토성, 7.라마동)

토에서 제작된 것으로 볼 수 있다. 그렇다고 하더라도 이 자료는 당시 낙랑사회에서 용문이 도안으로 활용되었을 가능성을 보여주는 자료이다. 『삼국사기』에 의하면 낙랑은 서기 313년에 고구려의 공격을 받아 축출되었다고 한다. 낙랑이 역사의 무대에서 사라진 후 주민들의 동향이 어떠하였을지 불분명한 점이 많다. 다만 화성 기안리(旗安里) 제철유적[35] 발굴조사가 진행된 이후 이 유적에서 낙랑계 토기와 기와가 집중적으로 출토되는 현상에 주목하여 낙랑 제철장인의 이주를 상정하고 있다.[36] 이러한 논의는 상당히 설득력이

---

35) 기전문화재연구원, 2003, 「화성 기안리 제철유적 발굴조사 3차 및 추가시굴조사 현장 지도위원회의 자료」.

36) 김무중, 2004, 「고고자료를 통해 본 백제와 낙랑의 교섭」, 『호서고고학』 11, 호서고고 학회, 30쪽.
권오영, 2004, 「물자·기술·사상의 흐름을 통해 본 백제와 낙랑의 교섭」, 『한성기 백 제의 물류시스템과 대외교섭』, 학연문화사, 237~238쪽.
위의 연구(권오영)에서는 기안리유적의 중심연대를 3세기로 파악하면서 낙랑 축출 이전에 낙랑 장인들이 이주한 것으로 파악하고 있다.

있는 것으로 받아들여지고 있고 그 연장선상에서 금공품 장인의 이주 가능성도 아울러 고려하고 싶다. 다만 아직 유물을 통해 이러한 가설을 증명하기는 어렵다.[37]

둘째, 낙랑에서 이주한 장인들을 편제하여 운영하던 백제의 왕실공방에서 양진과의 교류를 통해 새로이 용문 도안을 수용하였을 가능성이다. 근래의 발굴조사에서 백제와 진 사이의 교류 흔적이 다수 확인된 바 있다. 그 가운데 진식대금구(晋式帶金具)와 전문도기(錢文陶器)의 존재가 대표적이다. 백제유적에서 출토된 진식대금구는 금동제품이지만 소편이어서 용문은 확인되지 않는다. 그러나 〈도13〉에서 볼 수 있듯이 전연(前燕), 가야(加耶), 왜(倭)의 유적에서 출토된 진식대금구[38]를 참고한다면 백제에도 일습의 진식대금구가 전해졌을 것이며 교구(鉸具)와 대선금구(帶先金具)에 정교한 용문(龍紋)이 시문된 사례가 포함되어 있었을 것이다. 따라서 백제 장인들도 김해 대성동 88호분 출토 진식대금구[39](도13-2)에 표현된 것과 유사한 쌍룡문을 실견하였으리라 추정해볼 수 있다.[40] 향후 자료가 증가한 다음 재검토가 필요한 부분이다.

다음으로 백제 환두주룡문의 주변국 전파양상에 대하여 살펴보고자 한다. 백제의 장식대도 문화는 정치적으로 밀접한 관계를 유지하였던 가야와 왜의 대도문화에 큰 영향을 주었다. 수촌리 1호분 대도의 여러 특징이 주변국 유적에서 출토된 대도에서도 확인되기 때문이다.(도14) 첫째, 수촌리 1호분 대도

---

37) 풍납토성에서 출토된 청동제 鋪首는 칠기에 부착하였던 부품인 것 같다. 이것이 낙랑으로부터 완제품으로 전해진 것인지, 혹은 낙랑 축출 후 장인들이 이주하여 만든 것인지 등의 제문제에 대하여 추후 검토해볼 예정이다.

38) 遼寧省文物考古研究所, 2002, 『三燕文物精粹』, 遼寧人民出版社, 70~71쪽.

39) 대성동고분박물관, 2013, 『대성동고분박물관 10주년기념 특별전시회, 동아시아 교역의 가교! 대성동고분군』, 74~75쪽.

40) 진식대금구의 용봉문을 환두대도 용봉문의 도상 파악과 관련하여 주목한 연구가 있다. 新納泉, 1982, 앞의 논문, 122쪽.

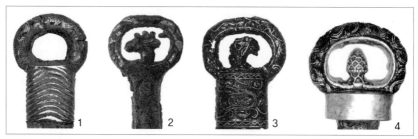

도14. 은입사와 금박붙임 기법이 구사된 대도(1.수촌리 1호분, 2.용원리 12호석곽묘, 3.옥전 35호분, 4.宮山古墳)

의 병두금구가 주목된다. 은판에 이면타출하여 파상문을 시문한 것이며 논산 모촌리(茅村里) Ⅱ-5호분[41], 합천 옥전 28호분[42], 일본 구마모토현[熊本縣] 에다후나야마고분[江田船山古墳] 출토품[43]과 유사한 의장이라는 점이다.[44] 둘째, 앞에서 여러 번 강조한 것처럼 수촌리 1호분 대도의 문양표현기법 또한 주목된다. 즉, 환에 용문을 주출한 다음 은입사로 문양을 강조하고, 한 단 낮 은 바탕에 금박을 붙여 장식한 것이다. 이러한 기법은 천안 용원리 12호석곽 묘[45]와 합천 옥전 35호분[46], 일본 히메지시[姬路市] 미야야마고분[宮山古墳]

---

41) 안승주 외, 1994,『논산 모촌리백제고분군 발굴조사보고서(Ⅱ)』, 공주대학교박물관.

42) 조영제 외, 1997,『합천 옥전고분군Ⅵ』, 경상대학교박물관.

43) 本村豪章, 1991,「古墳時代の基礎硏究稿 -資料篇(Ⅱ)-」,『東京國立博物館紀要』26, 東京國立博物館.
　菊水町史編纂委員會, 2007,『菊水町史 江田船山古墳編』.

44) 이한상, 2004,「삼국시대 환두대도의 제작과 소유방식」,『한국고대사연구』36, 한국고 대사학회, 273쪽.
　다만 위 글에서 필자가 언급하였던 江田船山古墳 출토 '칼집장식'은 柄頭金具의 오류 였다. 이에 대해서는 아래의 연구가 정확하다.
　桃崎祐輔, 2008,「江田船山古墳遺物群の年代をめぐる豫察」,『王權と武器と信仰』, 同 成社.

45) 이남석, 2000, 앞의 책, 125~130쪽.

46) 조영제 외, 1999,『합천 옥전고분군Ⅱ』, 경상대학교박물관, 201쪽.

제2주체부 출토품[47)]에서도 확인할 수 있다. 이처럼 수촌리 1호분 대도와 가야-왜의 대도는 제작의장을 공유하고 있으며, 그 배경을 외교 혹은 교류라는 틀로 설명할 수 있겠다.

가야의 환두주룡문은 백제에 비하여 유례가 많다. 합천 옥전 35호분에서 1점[48)], 옥전 M3호분에서 4점[49)], 옥전 M4호분과 M6호분에서 각 1점씩[50)], 함안 도항리(道項里) 54호분에서 1점[51)], 산청 생초(生草) M13호분에서 1점[52)] 등 9점이 출토되었다. 그밖에 경주 식리총(飾履塚)[53)]과 창녕 교동(校洞) 10호분[54)]에서 가야산 대도가 각 1점씩 출토되었는데 전자는 신라 왕족묘, 후자는 신라 지방 유력집단 구성원의 무덤이다.

옥전 35호분 대도의 주룡문은 공주 수촌리 1호분 대도처럼 철지에 은입사로 문양을 강조하고 여백에 금박을 붙여 완성한 것이다. 옥전 M3호분 출토품 가운데 3점은 철지에 문양을 주출한 다음 금판을 씌운 것이고, 1점(보고서의 용문대도)은 철지에 금판과 은판을 씌워 장식한 것이다.[55)] 옥전 M4호분과 M6호분 출토품은 철지에 금판을 씌운 것인데, 전자에 비하여 후자의 문양

47) 尾崎誠, 2005, 「銀錯貼金環頭大刀の科學的調査」, 『開館記念特別展 宮山古墳』, 姬路市 埋藏文化財センター, 30~31쪽.

48) 조영제 외, 1999, 앞의 책, 88쪽.

49) 조영제 외, 1999, 앞의 책, 44~52쪽.

50) 조영제 외, 1993, 『합천 옥전고분군Ⅳ』, 경상대학교박물관, 35 · 89 ~91쪽.

51) 이주헌, 2000, 「아라가야에 대한 고고학적 연구」, 『가야각국사의 재구성』, 부산대학교 한국민족문화연구소.
국립대구박물관, 2007, 『특별전 한국의 칼』, 9쪽.

52) 조영제 외, 2009, 『산청 생초M12 · M13호분』, 경상대학교박물관, 46~49쪽.

53) 梅原末治, 1931, 『大正十三年度古蹟調査報告 慶州金鈴塚飾履塚發掘調査報告』, 朝鮮 總督府.

54) 穴澤咊光 · 馬目順一, 1975, 「昌寧校洞古墳群 -梅原考古資料を中心とした谷井濟一氏 發掘資料の研究」, 『考古學雜誌』 60-4, 日本考古學會.

55) 병연금구를 보면 鐵地에 금판을 붙이고 그 위에 투조은판을 겹쳐 붙여 문양이 도드라져 보이도록 하였다. 환두주룡문에도 이러한 기법이 구사되었을 가능성이 있다.

이 정교하다. 생초 M13호분 출토품 역시 철지에 금판을 씌운 것으로 추정된다.[56] 도항리 54호분 출토품은 특이하게 철지에 은판을 씌운 예이다.

옥전 35호분 출토품을 제외하면 가야 무덤에서 출토된 8점의 용봉문대도는 환의 제작기법이 백제 대도와 다르다. 즉, 가야 용봉문대도 환은 철지에 용문을 주출하고 그 위에 얇은 금판을 씌운 것이 대부분이고 상당수는 환의 단면이 중공(中空)인 점에서 특징을 찾아볼 수 있다. 백제에서는 아직 유사례가 발굴되지 않았고 이러한 기법은 가야 대도에서 집중적으로 살펴지는 점에 주목해보면, 이를 가야 장식대도의 특징이라 규정할 수 있다.

가야 대도의 환두주룡문 가운데 2례를 제시하면 〈도15〉와 같다. 〈도15-1〉은 옥전 M3호분 용봉문대도B[57]의 주룡문이다. 좌우에 각 1마리씩의 용을 대향으로 배치하고 정부(頂部) 가까이에서 머리를 왼쪽으로 튼 점은 수촌리 1호분 대도와 유사하지만, 환의 정부에는 위치한 자그마한 원문을 경계로 두 마리의 용 도안이 겹치지 않도록 배치한 것이 특징이다.[58] 용의 발은 마치 옷의 소매를 걷어 올린 것처럼 표현하였다. 발이 짧아진 대신 곡선적인 문양을 가미하여 여백을 처리하는 한편 역동적인 자세를 연출하였다. 용의 몸과 목, 머리는 측면관으로 조각하였다. 〈도15-2〉는 동경국립박물관 소장 대도의 주룡문이다. 주룡문의 바탕이 뚫려 있는 점은 옥전 M3호분 용봉문대도A와 유사하다. 용의 표현은 〈도15-1〉의 주룡문보다 간략한 편이며, 용의 머리가 약간 스쳐지나가는 구도이다. 창녕 교동 10호분 출토 장식대도의 주룡문과 공

---

56) 보고서에서는 이 대도의 환을 동제 주조품이라 기술하였다. 그러나 관련 사진 자료를 검토해보면, 환내 장식은 동지에 아말감으로 도금한 것임은 분명해 보이지만, 환은 鐵地일 가능성이 있다. 그 이유는 환의 표면에 주름이 있거나 마감이 조악하므로 아말감 도금이 아니라 금판을 씌운 것으로 보이기 때문이다. 환의 표면에 약간의 동녹이 존재하는 것은 환내 장식이 금동이기 때문일 수도 있다.

57) 보고서의 명칭이다. 옥전 용봉문대도A, 단룡대도, 용문대도 역시 마찬가지이다. 본장에서는 보고서의 명칭을 사용하고자 한다.

58) '筋交型'의 가장 큰 특징은 두 용의 신체 일부가 겹치는 것인데, 본 예는 그와 다르다.

도15. 가야 대도의 주룡문 사례(1.옥전 M3호분. 2.동경국립박물관 소장품)

통하는 요소가 엿보인다.

〈도15〉에 제시한 가야의 주룡문은 백제의 주룡문과 다소 차이가 난다. 그렇지만 현재까지 중국, 고구려, 신라의 대도 자료에서 이와 유사한 사례를 찾기 어려우므로 가야 주룡문의 계보를 일단 백제에서 찾고자 한다. 앞에서 여러 번 언급한 바 있는 옥전 35호분 대도의 주룡문은 비록 잔존상태가 불량하지만 수촌리 1호분 대도의 주룡문과 유사하다. 이 무덤의 연대에 대하여 보고자는 옥전 M3호분보다 한 단계 이른 시기로 편년하였는데[59], 필자도 그러한 상대편년에 동의하며 5세기 중엽 혹은 그보다 조금 늦은 시기의 연대를 설정하고자 한다. 이 대도는 병두금구에도 용문이 시문되어 있어 수촌리 1호분이나 용원리 12호석곽묘 대도와는 차이를 보인다. 따라서 백제에서 완제품이 이입된 것으로 보는데 어려움을 준다. 병두금구의 용문은 다음 단계의 자료인 옥전 M3호분 대도로 이어져 가야적인 특징으로 자리매김 하게 된다. 이와는 달리 무령왕릉 출토 대도의 주룡문과 가야 대도의 주룡문은 차이가 현

---

59) 조영제 외, 1999, 앞의 책, 145~146쪽.

저하여 직접적인 계승관계를 설정하기 어렵다. 무령왕릉 출토품이 시기적으로 후행하는 것이어서 당연히 그럴 수도 있겠지만, 무령왕릉과 평행기의 자료인 옥전 M4호분이나 M6호분 대도의 환두주룡문이 옥전 M3호분의 도안을 계승하고 있다는 점에 주목한다면, 무령왕릉 단계의 환두주룡문 도안은 가야로 전해지지 않았던 것 같다.

한편, 일본열도 출토품 가운데는 무령왕릉 환두주룡문과 유사한 사례가 있다. 카이호우즈카고분[海北塚古墳](도16-1·3)[60)]과 이치스가[一須賀]

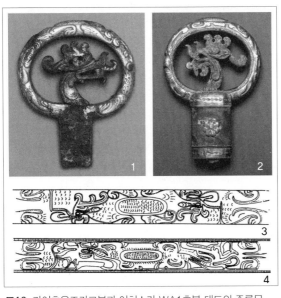

WA1호분 출토품 (도16-2·4)[61)]이 그것이다. 카이호우즈카고분 대도의 환은 주조품이며 동지에 아말감도금한 것이다. 환두주룡문은 무령왕릉 대도의 주룡문에 비해 간략화되어 있지만 기본적인 도안은 비슷하다. 용의 머리모양과 위치, 오른쪽 앞

도16. 카이호우즈카고분과 이치스가 WA1호분 대도의 주룡문

---

60) 梅原末治, 1937, 「攝津福井の海北塚古墳」, 『近畿地方古墳墓の調査』 2, 日本古文化研究所.
新納泉, 1982, 앞의 논문, 124쪽, 第6圖-(2).
大阪府立近つ飛鳥博物館, 1996, 앞의 책, 44쪽.

61) 大阪府敎育委員會, 1970, 『河南町東山彌生集落的發掘調査槪報』.
新納泉, 1982, 앞의 논문, 124쪽, 第6圖-(3).
大阪府立近つ飛鳥博物館, 1996, 앞의 책, 18쪽.

발을 왼쪽 앞발 뒤쪽으로 옮겨 표현한 점 등이 그러하다. 환내 단룡장식은 별도로 만들어 홈에 끼워 넣었는데 이러한 기법은 가야 대도의 특징이다. 즉, 이 대도의 제작에는 백제적인 요소와 가야적인 요소가 혼재되어 있다.[62] 이치스가 WA1호분 대도의 환은 동지에 얇은 금판을 씌워 만든 것이다. 역시 무령왕릉 대도의 도안을 잇고 있지만 카이호우즈카고분 대도의 경우보다도 더 간략화가 진행되었다. 일본열도에서 출토되는 대도의 환두주룡문은 매우 다양하다.[63] 그 가운데는 가야와 연결지을 수 있는 것, 무령왕릉 대도에서 계보를 찾을 수 있는 것, 그리고 그것이 열도적인 도안으로 바뀐 것 등 다양하다.

4. 맺음말

이상에서 백제 장식대도의 환두주룡문 사례를 모아 모식도를 작성하고 그에 대하여 약간의 검토를 진행하여 보았다. 그 결과를 간략히 요약하면 다음과 같다.

삼국시대 장식대도 가운데 환두에 두 마리의 용이 새겨진 사례가 있다. 이를 주룡문이라 부르는데, 대도의 제작시기나 제작지를 특정하는데 도움이 되는 요소이다. 그러나 이 무늬의 실측도면이 제대로 제시되어 있지 않아 연구의 진전에 어려움을 주어 왔다. 따라서 이 글에서 백제 장식대도에 조각된 환두주룡문 4례의 모식도를 제시하고 그 자료에 기준하여 백제 환두주룡문의 변천과정에 대하여 살펴본 다음, 이 문양의 계보 및 주변국으로의 전파양상에 대하여 아울러 검토하였다.

백제의 환두주룡문 가운데 가장 이른 시기의 자료는 공주 수촌리 1호분 출토품이다. 둥근 고리의 좌우에 각 1마리씩의 대향하는 용이 있고 중간에서 머

---

62) 이것이 일본열도 출토 용봉문대도의 주요한 특징 가운데 하나이다.
63) 大谷晃二, 2006, 앞의 논문, 157쪽.

리와 몸 일부를 왼쪽으로 급격히 틀어 서로 부딪히지 않도록 도안한 것이다. 천안 용원리 12호석곽묘와 동 1호석곽묘, 무령왕릉 출토품 사이에 도안의 다양성이 살펴진다. 이러한 다양성은 대도의 위계차 내지 제작의 시기 차이에 기인한 것이라 추정하였다.

백제 주룡문의 계보를 서진(西晉) 금공품에서 찾아보았으며, 그 전제로서 낙랑 장인의 이주 가능성을 상정해보았다. 주룡문의 도상과 시문기법에 주목하여 보면, 백제의 주룡문은 5세기 중엽 이전에 가야로 전해졌음을 알 수 있다. 그것이 토대가 되어 5세기 후반 경, 옥전 M3호분 출토품을 지표로 하는 가야적인 용봉문대도 문화가 전개될 수 있었고 신라와 왜로 완제품 혹은 제작기술이 전파되었다. 한편, 현재까지의 자료에 국한하여 살펴본다면, 무령왕릉 대도의 주룡문은 가야로는 전해지지 않고 일본 열도로 직접 전파되어 열도 내 장식대도 문화의 전개에 큰 영향을 끼친 것으로 이해할 수 있다.

제3장
무령왕릉 대도

1. 머리말

1971년 무령왕릉(武寧王陵)이 발굴되었고 문화재관리국은 발굴조사 보고서를 간행하였다.[1] 단 하룻밤만의 짧은 발굴이었기에 출토 유물의 정확한 위치나 출토 양상에 대한 파악이 어려웠고 사진과 약실측도를 토대로 연구실에서 유구 배치도가 만들어졌으며 보존처리가 완전하게 이루어지지 않은 상태에서 유물에 대한 실측도가 작성되었다. 이처럼 조사와 보고에 한계가 존재함에도 불구하고 이 무덤에서 지석(誌石)이 출토됨에 따라 무덤의 주인공이 백제 제25대 무령왕 부부임을 알 수 있게 되었다.

이러한 점 때문에 그간 국내외 연구자들의 관심이 집중되어 다양한 관점에서 연구 성과가 제출되기에 이르렀다. 필자는 과거 국립공주박물관에 근무하면서 무령왕릉 내부에 대한 재실측과 소장유물에 대한 정리작업에 참여할 기

---

1) 문화재관리국, 1973,『무령왕릉 발굴조사보고서』.

회가 있었다. 당시 필자의 눈길을 사로잡은 유물 가운데 하나가 바로 환두대도(環頭大刀)였다. 이 대도는 중국 남조 양(梁)에서 제작, 백제 무령왕에게 사여(賜與)한 물품으로 보는 견해[2]가 제기되어 있었기에 고고자료를 역사적으로 해석할 수 있는 유효한 자료로 인식되었기 때문이다.

2. 발굴조사보고서의 기술

왕릉이 발굴된 후 약 2년 반 만에 발굴조사보고서가 간행되었다. 그 보고서에는 왕의 유해부에서 출토된 환두대도에 대하여 다음과 같이 설명하고 있다.

"全長 약 82cm, 柄長 22cm. 王의 左側에 놓여 있었으며 柄頭가 銙帶와 거의 同高位置에 있었다. 柄頭는 金銅으로 만든 環內單龍頭이며 鷄冠과 같은 三頭長尾의 뿔의 끝이 鐶內側에 接하고 내민 혀의 끝이 역시 鐶에 닿고 있다. 鐶에는 一身兩頭의 龍이 머리를 下向하여 浮刻되어 있다.

이 鐶과 접하는 柄上端에는 銀製透彫의 裝飾帶가 있으며 거기에 4개의 六角龜甲形과 그 안에 각 한 마리씩의 鳳凰이 배치되어 있는데 그 모습은 慶州 飾履塚 출토의 飾履에 나온 文樣과 酷似하다.

이 文樣帶 아래에는 좁은 지그재그文樣帶가 돌고 柄主部는 表面에 連珠文 같은 銀線을 빽빽이 감았고 下端에는 다시 龜甲鳳凰文帶 그리고 지그재그文帶로 마무리되고 있는데 이 마지막 지그재그文帶는 鏤金細工으로 된 金製이다.

칼집의 나무는 썩어서 거의 남아 있지 않으나 黑漆片들이 붙어 있고 바닥에 닿았던 面에는 칼집中心線을 斷面半圓形으로 접은 幅 0.7cm의 金板이 한 줄기 있고 그 위를 다시 X形透作銀장식을 못으로 박아 덮고 있다. 鞘尾裝飾은 銀板製이며 이 部分에서의 칼집 斷面은 扁平八角形이다.

이러한 龍頭鐶頭刀는 漢, 三國, 六朝初期의 素鐶 또는 三葉形鐶의 다음을

---

2) 町田章, 1976, 「環刀の系譜」, 『研究論集』 Ⅲ, 奈良文化財研究所.
穴澤咊光·馬目順一, 1976, 「용봉문환두대도 시론」, 『백제연구』 7, 충남대학교 백제연구소.

이어 5世紀부터 나타나는 形式이며 單龍環刀는 우리나라에서는 發見例가 稀少하나 日本에서는 盛行한 形式이다."[3]

보고서의 이 같은 기술은 1970년대 학계의 수준을 감안하면 무령왕의 대도가 가진 특징을 간명하게 잘 요약한 것으로 보인다. 다만 조사보고서 발간으로부터 40년 이상의 세월이 흐른 현재의 관점에서 보면 소략하기도 하고 관찰 상의 오류도 살펴진다. 이 설명문에서 보이는 몇 가지 문제점을 지적해 보면 다음과 같다.

첫째, 환(環)에 조각된 용을 '일신양두(一身兩頭)'로 파악한 점이다. 이에 대하여 이미 1976년 이후의 대도연구에서 환에 조각된 용이 두 마리임을 지적하고 있다. 저자도 유물실측과정에서 그러함을 확인하였다. 서로 반대방향에 위치한 용 두 마리가 환을 따라 진행(상승)하면서 중간을 넘어 반대편 중간위치에서 머리를 멈추었다. 위치상으로 보면 두 마리 용의 몸은 절반가량 겹칠 것으로 예상되지만 실제는 그렇지 않다. 즉, 각기 몸을 왼쪽으로 급격히 틀어 서로 부딪히지 않고 비켜 지나간다. 이러한 구도 때문에 좌우의 앞발은 각기 동일 측면에 조각하였다.

둘째, 손잡이부분[把部, 柄主部]을 설명하면서 "표면에 연주문같은 은선을 빽빽이 감았고"라고 기술하였다. 그러나 이 부분에 대한 보존처리작업 결과 은선 뿐만 아니라 금선도 교대로 감겨 있음이 확인되었다.[4]

셋째, 초미금구(鞘尾金具)의 재질을 은판으로 기술하였으나 이 대도는 특이하게도 은판장식의 끝에 동판을 덧붙이고 못 2개를 박아 완성한 것이다.

넷째, 칼집 표면의 능형문 식금구(伏金具, 伏板) 부착위치가 적절한지에 대한 의문이다. 보고서에서는 칼집장식을 설명하면서 "바닥에 닿았던 면에는

---

3) 문화재관리국, 1973, 앞의 책, 23쪽.
4) 길쭉한 금선과 은선 1가닥씩을 연접시켜 여러 바퀴를 돌려 감아 황금빛의 금선과 백색의 은선이 교대로 감겨진 효과를 낸 것이다.

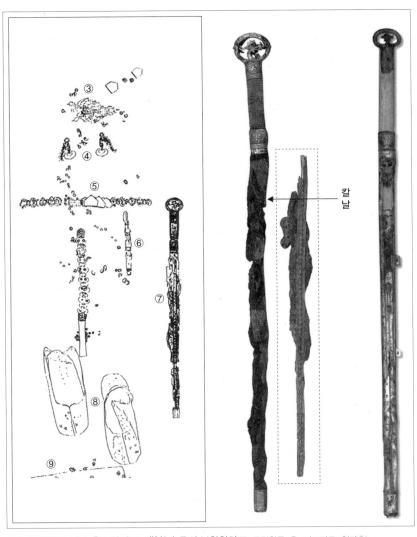

도1. 무령왕릉 대도 출토위치(좌), 鞘飾金具의 부착위치(중 : 무령왕릉, 우 : 비교자료–천마총)

칼집 중심선을 단면 반원형으로 접은 (중략) 못으로 박아 덮고 있다.”고 하였다. 이 기술(記述)을 믿는다면 무령왕 환두대도의 금속제 칼집장식은 보고서의 출토 도면처럼 위로 노출된 것이 아니고 바닥면을 향해 있었던 것으로 볼 수 있다. 여기서 대도 실측도(도1-좌)를 살펴볼 필요가 있다. 대도의 실측도는 용머리가 왼쪽[5]을 향하도록 배치하고 칼집표면의 능형문 장식금구를 그 위에 올려 그렸다. 그런데 이 대도가 이러한 모습으로 출토되었다면 단룡(單龍) 혹은 단봉대도(單鳳大刀)의 일반적인 형태와는 차이가 있다. 경주 천마총 출토 단봉대도의 경우 봉의 부리는 칼날의 방향과 일치하며, 칼집 표면에 장식한 자도(子刀)나 금속제 장식품의 위치도 봉이 오른쪽을 볼 때 칼집의 윗면에 부착된다.(도1-우) 이러한 부착방향은 일본열도 출토 대도에서도 마찬가지로 확인된다.

이 금구의 부착위치를 보고서 내용대로 인정할 경우 무령왕은 생전 이 대도를 오른쪽 허리에 패용하고 왼손으로 뽑아 사용한 것으로 생각할 여지가 생겨난다. 최근 도면에 충실하여 이 대도를 복원한 사례가 있는데 왼손잡이용으로 복원되었다. 그러나 필자는 다음의 몇 가지 근거 때문에 이 복원안에 의문을 가지게 되었다.

먼저 대도는 왕의 왼쪽 허리부위에서 출토되었다는 점(도1-좌)을 지적할 수 있다. 물론 사자(死者)를 성장(盛裝)하는 과정에서 의례적으로 왼쪽 허리부위에 부장한 것으로도 이해할 수는 있겠지만 삼국시대 대도의 부장양상에 대한 연구[6]를 참고한다면 부장위치에 나름대로의 의미가 존재했을 것으로 추정된다. 아울러 이러한 대도는 실용품이라기보다 의장용품이므로 굳이 소유자가 왼손잡이인지 오른손잡이인지에 따라 별도로 만들었다기보다는 통상의 예와 동일하게 제작하였을 것이다.

또 하나 고려해야할 점으로 〈도3〉에서 볼 수 있듯이 환내(環內) 용이 우측을 향했을 때(칼날도 같은 방향) 용의 목 아래쪽에 비운문(飛雲紋)+화형장식(花形裝飾)이 보인다. 이 같은 장식이 베풀어진 쪽이 전면일 가능성이 높을

---

5) 도면을 보는 사람의 입장에서는 오른쪽이다.
6) 이주헌, 1994, 「삼국시대 영남지방 대도부장양상에 대한 연구」, 경북대학교 석사학위 논문.

운기문 위의 화형 보주

칼날 · 전면

말아서 접합한 부분

칼날 · 후면

도2. 무령왕릉 대도 전후면의 재획정

것 같다. 또한 병연금구에 연접된 책금구(責金具)는 금판상 장식을 둥글게 말아 한 쪽에서 붙여 완성하였는데, 그 접합부의 문양이 조금 조악하다. 이러한 접합부는 아마도 전면에서 잘 보이지 않는 부분에 배치했을 가능성이 있는 바, 〈도2〉의 우측 사진처럼 환내 용이 우측을 향했을 때 위로 드러난 면이 후면일 것으로 추정하고 싶다.

3. 제작의장과 기법

무령왕의 환두대도는 발굴조사 후 몇 차례에 걸쳐 보존 처리되면서 조금씩 원래의 모습을 찾아가고 있다. 그러나 환두에는 아직 녹이 많이 남아 있어 문양파악에 어려움이 있다. 현재의 잔존상태에 기준하여 각 부분별로 설명하면 다음과 같다. 칼 몸체는 환두와 병(柄), 도신(刀身)으로 구성되며, 칼집은 초구(鞘口), 초신(鞘身), 초미(鞘尾)에 금구를 부착하였다. 본격적인 검토에 앞에 무령왕릉 대도를 지표로 하는 용봉문대도 각부의 명칭에 대하여 간략히 정리해 보면 다음과 같다.

용봉문대도의 세부를 지칭하는 명칭은 〈표1〉에서 볼 수 있듯이 연구자마다 다양하다.

표1. 용봉문대도의 세부 명칭 비교[7)]

구분	町田 (1987)	早乙 (1992)	穴澤 外 (1993)	大谷 (2006)	金宇大 (2011)	구자봉 (2005)	김도영 (2012)	본서
A	環頭	環頭	把頭	–	環頭部	環頭部	환두부	환두부
B	柄	柄	把	–	–	把部	–	병부
C	–	–	–	–	刀身部	–	–	도신부
D	鞘	–	鞘	–	鞘	鞘部	–	초부
①	外環	環	環	環部	外環	外環	외환	환
②	中心飾	–	柄頭	中心飾	中心飾	環內裝飾	환내장식	환내상
③	筒金具	筒金具	把筒金	柄緣	把頭金具	柄頭金具	병연금구1	병두금구
④	柄間	柄間	把	柄間	把間	柄板	병부	파
⑤	鞘口金具	鞘口金具	鞘口金具	鞘口	鞘口金具	鞘口金具	병연금구2	병연금구 초구금구
⑥	柄元	柄元筒金	把緣金具	柄元	–	柄緣金具	–	병원금구 (鉏)

---

7) 町田章, 1986, 「環頭大刀二三事」, 『山本淸先生喜壽記念論集 −山陰考古學の諸問題』.
   早乙女雅博, 1992, 「6. 若干の考察」, 『修理報告 有銘環頭大刀』, 東京國立博物館.

구분	町田 (1987)	早乙 (1992)	穴澤 外 (1993)	大谷 (2006)	金宇大 (2011)	구자봉 (2005)	김도영 (2012)	본서
⑦	鐔(鍔)	–	鐔	–	–	鐔	–	심
⑧	–	–	伏金	鞘飾金具	鞘飾金具	鞘側金具	–	초식금구
⑨	–	刀身	–	–	–	刀身	–	도신
⑩	鞘尾金具	–	鞘尾金具	鞘尾	鞘尾金具	鞘尾金具	–	초미금구

첫째, 환두대도 자루 끝의 둥근 장식을 무엇이라 부를까 하는 점이다. 보통 둥근 고리, 그 속의 동물장식, 병부 쪽으로 이어진 슴베까지를 아울러 환두 혹은 환두부라 부른다. 다만 이를 파두(把頭)라 부르는 연구가 있다.[8] 전자는 이 부분이 칼 전체의 머리에 해당함을 강조하는 표현이고, 후자는 이 장식을 손잡이의 일부분으로 판단하는 것 같다. 모든 연구자가 둥근 고리를 환이라 부르는 점에서는 일치하지만 앞에 외(外)자를 붙이거나 뒤에 부(部)자를 붙이기도 한다. 고리 속 동물장식을 부르는 용어 또한 다양하다. 중심식이라 부르는 경우가 많고 환내 장식, 환내 용두 혹은 봉수(鳳首), 환내 용이라 부르기도 한다. 본서에서는 〈도3〉의 A를 환두부(莖 포함), ①을 환, ②를 환내 용 혹은 환내 봉이라 부르고자 한다.

둘째, 환두대도 손잡이를 지칭하는 용어이다. 〈도3〉의 B, ③, ④, ⑥이 해당한다. B를 파(把), 병(柄), 파부, 병부라 부른다. ③에 대해서도 다양한 명칭으로 부른다. 파통금(把筒金), 통금구(筒金具), 병연(柄緣), 파두금구(把頭金具), 병두금구(柄頭金具), 병연금구(柄緣金具) 등이다. 국내 학계에서는 병두금구라는 용어의 사용례가 많으므로 본고에서는 병두금구라 부르고자 한다. ④에 대해서는 파, 병간(柄間), 파간(把間)이라는 표현이 사용되고 있는데 본고에서는 병의 특정부분임을 나타내기 위해 파라 부르고자 한다. 필자는 과거 ⑥을 심(鐔)이라 표현했으나 〈도1〉에 제시한 무령왕릉 대도의 경우 심보

8) 穴澤咊光·馬目順一, 1993, 「陜川玉田出土の環頭大刀群の諸問題」, 『古文化談叢』 30(上), 九州古文化研究會, 370~378쪽.

다는 칼코등이[鐔]가 적절할 것 같다. 학
계에서는 파연금구(把緣金具), 병원(柄
元), 병원통금(柄元筒金), 병연금구(柄緣
金具)라 부른다.

셋째, 칼집을 지칭하는 용어이다. 〈도3〉
의 D, ⑤, ⑧, ⑩이 해당한다. 다수의 연
구자들이 D를 초(鞘) 혹은 초부(鞘部),
⑧을 초식금구(鞘飾金具), ⑩을 초미금
구(鞘尾金具)라 부르고 있으므로 본고
에서도 그 용어를 사용하려 한다. 논란
이 되고 있는 것은 ⑤의 명칭이다. 그것
은 용어의 문제일 뿐만 아니라 이 장식
이 병부의 일부인지, 혹은 칼집의 일부인
지 검토의 여지가 있기 때문이다. 필자가
전고에서 이를 병연금구(柄緣金具)라 불
렀던 것은 유물 관찰 당시 ⑤와 ⑥이 강
고히 결합된 것으로 보았기 때문이다. 판
상의 금제 책금구(責金具)나 은제장식의
단면이 칼코등이와 마찬가지로 8각형을
띠고 있어 칼집이 부식되면서 위로 밀려
올라간 것이라고 생각하기는 어렵다.[9]

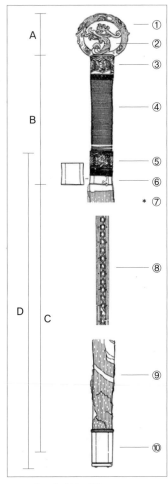

도3. 대도의 세부 명칭

9) 무령왕릉에서 출토된 대도의 경우 把에 감겨진 금속제 선과 鐔가 바로 연접되어 있음
    에 비하여 초구금구는 그 표면에 겹쳐져 있다. 만약 이 장식을 본디부터 이와 같이 조
    립하여 손잡이 하부 장식으로 활용하려 했다면 굳이 금속제 선과 상당부분 겹치게 만
    들 필요는 없었을 것 같다. 왜 이런 양상을 보이는지 향후 재검토의 기회를 가져보고
    싶다. 합천 옥전 M3호분 출토 용봉문환두대도 2점에서도 이와 같은 양상을 확인할
    수 있다.

따라서 이 금구를 초구금구라 부르기 어렵다. 물론 초구금구가 확실한 사례도 존재하므로 대도에 따라서 칼집 입구 장식이 분명한 것은 초구금구로, 그렇지 않은 것은 병연금구라 부르고자 한다.

1) 환두

⑴ 환에 조각된 쌍룡(雙龍)

환두는 횡타원형의 환과 고리 안쪽에 조각된 용으로 구분된다. 전술한 것처럼 환에는 두 마리의 용이 표현되어 있다. 설명의 편의를 위하여 용이 오른쪽을 보고, 비운문이 표면을 향한 상태를 전면(도4)으로 설정하고자 하며, 모든 도상의 설명은 환두가 상, 초미금구가 하로 배치된 상태를 기준으로 한다.

오른쪽에 배치된 용(이하 용A)부터 보면, 이 용은 환의 우측 하변에 꼬리와 뒷다리를 두었고 중간 높이까지는 환 전체(특히 背)를 용의 몸으로 표현하였지만, 그 위쪽부터 몸을 좌측으로 틀어 환의 측면(전면)과 배(背) 절반부

위에 상반신과 머리를 조각하였다. 용두는 배에서 보았을 때 전체 외곽은 조각되었으나 이목구비 등 얼굴은 절반만 묘사하였다. 새겨진 얼굴은 왼쪽얼굴이다. 벼슬[冠毛]이나 뿔[角] 등은 배부를 지나 후면까지 일부 넘어갔다. 용은 입을 벌렸고 혀[舌]는 길쭉하게 돌출되었으며,

도4. 무령왕 대도의 환두 실측 위한 문양 확인작업

문화재보존과학센터, 2012, 『문화재와 X선 필름 자료집』I, 207쪽의 사진14-상단, 208쪽의 사진16-중단.

끝부분이 조금 넓어지면서 오른쪽 위(背)로 휘었다. 마치 서기처럼 표현되었다. 이빨[齒]은 2개이며 윗 이빨이 더 앞쪽에 배치되었다. 귀[耳]는 특히 강조되었다. 눈 바로 아래에서 시작된 돌출선이 눈 뒤쪽에서 삼각형에 가까운 귀로 연결된다. 눈은 앞의 위쪽이 조금 각지고 뒤는 둥글다. 앞쪽에 ᄉ자상으로 홈을 팠다. 눈 위쪽에 2개의 벼슬[冠毛]과 1

도5. 환 상측면(좌), 환두 전면 세부(우)

개의 뿔을 이어서 표현하였다.[10] 이는 환내의 용(이하 용C)과 조금 다르다.

---

10) 이 장식 전체를 벼슬 혹은 뿔로 추정하기도 하고 위로 솟은 장식을 벼슬로, 뒤로 뻗어 있는 장식을 뿔로 이해하는 연구가 있다. 이 글에서는 세부적인 설명의 편의를 위하여 후자의 설명을 수용하고자 한다.

穴澤咊光·馬目順一, 1976, 앞의 논문.

大谷晃二, 2006,「龍鳳文環頭大刀硏究の覺え書き」,『財團法人大阪府文化財センタ−·日本民家集落博物館·大阪府立彌生文化博物館·大阪府立近つ飛鳥博物館 2004年度 共同硏究成果報告書』.

즉 환내의 용은 벼슬을 3개 가지고 있기 때문이다. 턱[顎]의 가장자리에 침선을 1줄 새겼고 상하악(上下顎)이 만나는 곳에는 역C자형 무늬를 2개 새겼다. 턱과 목의 경계에는 2개의 갈기[頸毛]를 표현하였는데 내부에 각 3줄과 2줄의 선문을 새겼다. 턱수염[顎毛]은 공간이 좁기 때문인지 하악의 선단에 붙였다.(도5-우)

용신은 매우 굴곡지며 팽팽한 볼륨감을 보여준다. 목덜미에서 시작하여 뒷발에 이르기까지 6개 이상의 현저할 굴곡을 주었고 특히 발을 조각하면서 주변을 깊게 파냄으로써 볼륨감을 배가시켰다.(도6) 왼쪽 앞발과 오른쪽 앞발 사이에 역C자상의 깊은 홈이 나 있다. 이 홈의 정확한 용도는 알 수 없지만 혹 오른쪽 앞발의 위치가 공간 때문에 뒤쪽으로 밀려 새겨졌다는 의미인지도 모르겠다. 용의 몸에는 비늘[鱗]이 촘촘히 새겨져 있으며 미부(尾部)에서 두부(頭部)로 향하면서 U자상으로 새겼다. ∩자상으로 새겨진 문양과는 시문 범위가 다르며 서로

도6. 환에 조각된 용신(상)과 용두(하)

다른 용을 표현한 것이다.[11)]

용의 발[足]은 전후 각 2개씩 4개인데 그 표현기법이 매우 역동적이다. 주어진 공간을 최대한 살리면서 왼발을 앞쪽으로 조금 전진시켰다. 앞발 2개는 모두 환의 한쪽 측면(전면)에 새겼다. 왼쪽 앞발은 환의 맨 위쪽[頂部]에, 오른쪽 앞발은 더 우측에 새겼다. 뒷발은 환의 우측 하부에 새겼는데 주변을 많이 깎아내고 조각하였다. 발가락에는 ∩자상의 문양을 시문하였으며 끝에 무늬가 새겨지지 않은 부분이 발톱을 표현한 것 같다. 뒷발 사이에 있는 용신은 왼쪽으로 조금 휘었다.

전면에서 보아 좌측에 배치된 용B는 용A와 거의 동일한 도안이다. 후면에서 보면 용B의 조각기법은 전면과 동일하며 용A와 마찬가지로 우측에 배치되어 있다. 다만 전면의 경우 하부에 비운문과 화형장식이 넓게 조각되어 있어 용신의 문양 일부는 표현되지 않았다.

환 정부(頂部)의 배면(背面)에는 횡타원형의 홈이 있고 그 속에 용B의 신부가 조각되어 있다. 이 홈을 만든 의도는 분명치 않지만, 장대한 용신의 일부를 생략하였다는 표현이거나 혹은 용A와 용B의 오른쪽 앞발 위치를 왼쪽 앞발의 뒤쪽으로 옮겨 표현한 것과 관계가 있을지도 모르겠다.[12)]

(2) 환내 용

환내에는 이 대도의 중심문양인 용두와 용신의 일부(이하 용C)가 표현되어 있다. 먼저 전면부터 설명하면 다음과 같다.

용두는 횡타원형의 환 내부 전체를 가득 채우고 있다. 용두 위에는 3개의 벼슬[冠毛]과 1개의 뿔[角]모양이 장식되어 있다.(도7) 벼슬모양의 장식은 초문처럼 앞쪽으로 휘었고 내부에는 각각 3줄씩의 선문을 새겼다. 집선문 아래

---

11) 반대편 용의 입장에서 보면 역시 ∪자상이 된다.
12) 오른쪽 앞발을 표현하면서 반타원형의 홈을 각 1개씩 팠는데 이 양자가 두 방향에서 합쳐지면 횡타원형의 공간이 되지 않을까 한다.

에 횡선이 한 줄 새
겨져 있지만, 이는
문양이라기보다는
조각 및 시문을 위
한 구획선으로 보인
다. 이 선이 끝나는
지점에 역C자문을
3개 새겼다. 뿔모양
장식은 뒤쪽으로 가
면서 아래쪽을 향하
다가 둥글게 위로
말렸으며 끝은 환

도7. 무령왕릉 대도 전면 문양 표현과 실측도

의 복부에 붙어 있다. 이 벼슬모양장식 아래쪽에 눈[眼]이 조각되어 있고 두
장식 사이에 구멍이 뚫려 있다. 눈은 앞이 둥글고 뒤로 가면서 좁아지는데 눈
의 형태에 맞추어 홈을 냈고, 내부 한 가운데에 끝이 둥근 끌로 찍어 내어 눈
동자를 표현하였다. 눈 바로 아래에는 돌출된 선이 있어 뒤로 길게 이어지며
귀로 연결된다. 귀는 마름모꼴에 가깝고 뒤로 이어진 뿔모양 장식에 붙어 있
다. 입은 벌렸으며 상하 각 1개씩의 이빨이 드러나 있다. 혀는 마치 갈고리처
럼 위로 휘었고 우측 환의 복부에 붙어 있다. 상악은 코[鼻] 부위에서 위로 솟
았다가 선단에서 급격히 위로 솟구쳤다. 하악도 중간에서 꺾이며 다시 선단
에서 급격히 ⊂자상으로 휘었다. 하악 선단부 표면에는 벼슬 혹은 턱수염처
럼 2개의 선으로 구획하고 안에 1줄의 선문을 새겼다. 이는 후면과는 다른 점
이다. 상하악이 만나는 지점 아래쪽에는 턱수염[顎毛]이 표현되어 있고 그 뒤
쪽에 곡선적인 3중의 갈기[頸毛]가 새겨져 있다. 갈기 아래쪽은 조금 더 깎아
내어 목덜미를 표현하였고 그 아래쪽은 차츰 굵어진다. 용신은 좌측(용두 방
향)을 향하여 둥글게 휜다.

수년 전 이 대도를 새롭게 보존처리하면서 전면 하부의 비운문과 화형장식이 노출되었다. 비운문은 용의 갈기처럼 3겹인데, 좌측에서 우측으로 진행하면서 곡옥의 곡선처럼 둥글게 휘어 끝이 하나로 모였다. 이 문양의 위에는 화형장식이 표현되어 있다. 이파리모양 장식은 5개이며 그 안쪽에 둥근 선문이 3중으로 새겨져 있다. 선문과 엽문 사이에는 짧은 선 13개를 둥글게 새겼다. 3중의 원문이 보주(寶珠)라면 빛으로 볼 수 있고, 꽃의 자방(子房)이라면 꽃술일 가능성도 있다.

후면의 기본형은 전면의 반전이지만 세부표현에는 차이가 있다.(도8) 먼저 짧게 솟은 벼슬모양장식의 내부에 베풀어진 선문이 전면에 비하여 길다. 눈은 부식되어 눈동자의 표현이 분명하지 않지만 주름상의 흔적이 남아 있어 전면과는 다른 모습이다. 그리고 갈기 아래쪽에 약간의 여백을 두고 용A의 왼쪽 뒷발 부근까지 몸체의 비늘이 표현되어 있다. 귀는 전면에 비하여 조금 길다. 상하악의 가장자리에는 1줄의 선문을 새겼는데 전면처럼 수염모양의 문양이 없다. 턱수염과 목의 갈기 표현은 비슷하다.

환두 경(莖)의 형태 및 도신과의 결합방법을 확인하기 위하여 X선 촬영을 시도하였지만 금판과 은판이 겹쳐 있는 관계로 광량이 부족하여 소기의 성과를 거두지 못하였다. 다만 환과 환내 도상이 일체로 주조된 경우 환두 경은 동일재질로 함께 주조한 예가 많음을 고려한다면 본 대도의 환두 경은 동제일 가능성이 있을 것 같다.

⑶ 구도와 제작기법

용봉문대도 관찰시 중요한 착안점으로 용과 봉의 도상을 들고 있다. 그 가운데 환에 표현된 문양을 주요한 속성으로 삼아 형식분류를 진행하기도 한다. 이에 대한 선구적인 연구에 의하면, 환에 베풀어진 반육조(半肉彫)의 쌍룡문에 대하여 3분하고 있다. 즉, 환을 위에서 보았을 때 2마리의 용이 서로 반대방향으로 머리와 목을 틀어 엇갈리게 표현한 것을 '근교형(筋交型)', 측면에서 보아 두 마리의 용이 서로 상대의 꼬리를 삼키러 향하는 모습을 '식합

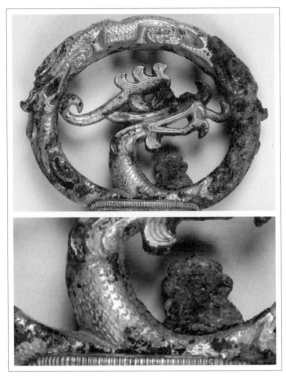

형(喰合型)', 측면에서 보아 두 마리의 용이 마주보며 입을 벌리고 있는 것을 '대향형(對向型)'으로 구분하였다.[13] 이러한 구분은 현재까지도 많이 받아들여지고 있다. 근래에는 이에 더하여 '완주형(完周型)', '배중합형(背中合型)', '무두형(無頭型)'을 추가하는 연구도 있다.[14] 이러한 연구는 무령왕의 환두대도를 식합형 I

도8. 환두 후면(상), 환내 용 세부(하)

식으로 분류하였다.

  그러나 이 대도를 자세히 관찰한 결과 이러한 선행연구에 약간의 의문이 들었다. 즉, 이 대도는 기본적으로 '근교형'으로 불리는 대도와 유사한 구도를 가지고 있다는 점이다. 백제의 대도 가운데 '근교형'으로 파악할 수 있는 자료가 공주 수촌리 1호분에서 출토된 바 있다. 이 대도의 환두주룡문에 대하여 그간 알려진 사진과 도면자료[15]를 종합하여 모식도를 그려보면 〈도9〉

---

13) 穴澤咊光·馬目順一, 1976, 앞의 논문, 250쪽.

14) 大谷晃二, 2006, 앞의 논문, 157~158쪽.

15) 국립공주박물관, 2009.12.3, 「보도자료 -공주 수촌리 출토 환두대도에서 금판장식 최

도9. 무령왕릉 대도 주룡문 모식도

와 같다. 환의 표면에는 대향의 용 두 마리가 조각되어 있다. 하부에 꼬리와 뒷발이, 상부에 앞발과 머리가 배치되었다. 측면에서 환을 보았을 때 둥근 고리의 중앙을 따라 가면서 용의 몸체가 살펴지는데 맨 아래에는 꼬리가 있고 위로 올라가면서 연속 ∩자 모양으로 몸체를, 좌우에는 뒷발과 앞발 2개씩을 차례로 표현하였다. 환의 정부에 가까워지면서 두 마리의 용은 각각 목을 왼쪽(용의 자세에서 볼 때)으로 틀어 서로 충돌하지 않고 비켜 지나간다. 이는 기존연구에서 '근교형'으로 칭한 것과 기본적인 특징이 일치한다. 이 대도가 출토된 무덤의 연대를 4세기 중엽으로 보는 견해[16]와 4세기 말~5세기 초로 보는 견해[17]가 있다. 어느 쪽을 택하더라도 '근교형' 도안의 대도 가운데 가장 이른 시기의 자료임에 분명하다. 무령왕의 대도는 바로 수촌리 1호분 대도와 도안상 연결될 수 있을 것 같다. 다만 약 1세기 가량의 시차와 주인공의 신분차 때문에 어느 정도의 차이가 생겨났을 것으로 추정된다.

양자를 비교해보면 무령왕의 대도는 환의 좌우에 용의 뒷발이 있고 환의 배면을 따라 용신이 표현된 점은 '근교형'과 같다. 다른 점이라면 반대편 용신이 길어지면서 용두가 정부를 훨씬 더 지나 멈추고 있다는 점이며 이 때문에 용신의 중위에서부터 왼쪽으로 몸을 틀어 반대편 용과 스쳐지나가도록 표

초 확인-」.

16) 박순발, 2005, 「공주 수촌리고분군 출토 중국자기와 교차연대문제」, 『충청학과 충청문화』 4, 충청남도역사문화원.

17) 이훈, 2005, 「수촌리고분군 출토 백제마구에 대한 검토」, 『충청학과 충청문화』 4, 충청남도역사문화원.

현한 것이다. 이러한 구도에서 용의 앞발 2개를 모두 측면에 배치한 것이다. 따라서 '식합형'이라는 용어의 이미지와는 차이가 있다. 따라서 본서에서는 '근교형'에서 변화한 제 형식 가운데 하나로 파악해두고자 한다.

이와 아울러 기존 연구에서도 잘 지적하고 있듯이 이 대도의 환과 환내 용은 일체형으로 주조된 것이다. 표면의 조각을 확대하여 관찰한 바, 몇 개소에서 밀랍주조의 흔적을 찾아볼 수 있었다. 즉, 일부 선문과 어린문(魚鱗紋)이 마치 화상을 입은 것처럼 일그러져 있음을 확인한 것이다. 이를 통해 보면 환두에 새겨진 문양은 주조 후 시문 혹은 후가공한 것이 아니며 밀랍에 조각도를 이용하여 정교한 문양을 새겼던 것으로 볼 수 있다.

2) 병부

(1) 병두금구, 병연금구[18]

이 금구는 봉황문이 표현된 금은판과 거치문이 베풀어진 금판, 그리고 금제 각목대(刻目帶)로 구성된다. 제작기법을 중심으로 설명하면 다음과 같다.

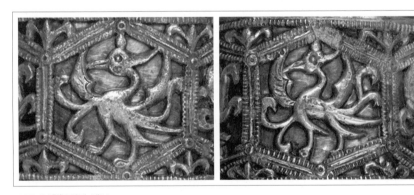

도10. 봉황문양판 세부

---

18) 이 대도는 병두금구와 병연금구의 제작기법이 동일하므로 함께 설명하여도 무방할 것 같다.

봉황문양판의 구성은 조금 복잡하다.(도10) 저면에 금판을 깔고 그 위에 문양판을 덧대었다. 금판은 횡으로 감아 접합하였으며 병두금구의 경우 인부쪽에서 겹쳤다. 감은 방향은 시계방향이다. 병

도11. 환두와 병두금구의 접합부 세부

두금구는 환두 쪽으로 금판을 조금 더 여유롭게 남겨 병부 측면(환두 쪽에서 보이는 면)의 목질을 감쌌다. 이렇게 접었을 때 생기는 주름을 없애기 위하여 일부를 가위로 오려냈다.(도11)

봉황문양판은 투조된 것으로 알려져 왔다. 투조란 금속판의 표면에 원하는 문양을 그린 다음 끌을 이용하여 뚫어 표현하는 기법이다. 그런데 이 문양판은 투조라기 보다는 개별로 만든 무늬를 땜이나 단접으로 이어 붙여 투조의 효과를 낸 것이다.

전체 문양의 뼈대는 귀갑문(龜甲紋)이다. 전후면 등 넓은 두 면은 정육각형으로 구획하였지만 배부와 인부은 상대적으로 좁은 공간에 봉황문양을 표현하기 위하여 팔각형에 가까운 구획을 하였다. 구획을 위한 직선은 모두 별도로 만들어 땜으로 접합하였고 그 접합점에 원점문을 넣었다. 각 선 가운데 위쪽 테두리와 내부의 테두리는 중앙에 1줄의 선문을 돌출시키고 그 좌우의 돌출된 선에는 각목문을 빼곡히 베풀었다. 그러나 맨 아래쪽 테두리는 중앙의 돌출선 없이 각목대 2줄만으로 장식하였다.

귀갑문 내부에는 1마리씩의 봉황을 배치하였다. 봉황은 모두 우측[19] 즉 인

---

19) 보는 사람의 입장에서는 왼쪽방향이다.

부 쪽을 향하고 있다. 부리는 조금 아래쪽을 향하며 끝이 뾰족하고, 두 날개는 힘차게 날갯짓하듯 수직으로 세웠다. 봉황의 왼쪽 날개 뒤쪽에는 수평으로 꼬리를, 그 위쪽에는 초문 혹은 서기와도 비슷한 장식을 부가하였다. 그런데 이 표현은 각 봉황마다 조금씩 차이가 있다. 전면에 표현된 봉황의 오른쪽 날개 하부에는 한 가닥만 있지만 인부 쪽 측면의 봉황에는 두 가닥이 있다. 후면의 봉황은 꼬리 윗부분의 장식이 한 가닥이며 오른쪽 날개에 단사선을 넣어 날개의 세부를 표현하였다. 이처럼 기본 도안은 각 면이 동일하지만 세부적인 동작이나 묘사에서 다양함을 보여준다. 상하에 삼각형상으로 남겨진 곳에는 삼엽상의 인동초 문양을 채웠다. 봉황의 몸 가운데 뾰족한 부리와 목, 날개 등은 망치로 두드려 볼륨감을 살렸다. 끝이 대나무 단면처럼 원권상(圓圈狀)을 띠는 끌로 찍어내 눈을 새겼다.

병두금구는 봉황문양판의 윗부분 가장자리를 따라가면서 금제각목대(책금구 혹은 緣金具)를 감아 고정하였다. 이 각목대나 투조판을 측면에서 보면 환의 둥근 단면을 따라가면서 U자상을 이룬다.

도12. 누금장식된 금대 세부

병두금구와 병연금구의 하부에는 거치문이 베풀어진 책금구가 있다.(도 12) 그러나 일반적인 책금구와는 달리 너비가 넓고 화려하므로 여기서는 금판장식이라는 용어를 사용하고자 한다. 바닥에 금판을 깔고 그 위에 여러 가지 장식을 부착하였다. 상하로 각목대와 무문의 금대(金帶, 단면 방형)를 횡으로 1개씩 붙여 구획하였고 그 내부 공간에 금선을 거치상으로 붙였고 다시 삼각형의 공간 속에 금선을 ∧∨모양으로 잘라 접합하였다. 그리고 금선의 가장자리를 따라가면서 0.5mm 내외의 크기를 가진 금립(金粒)을 조밀하게 붙여 장식하였다. 이 금판장식 2개는 동일한 너비와 규격을 보이고 있다. 바닥의 금판이 펼쳐진 상태에서 세공을 한 후 단면 팔각의 뼈대에 끼운 다음 금선으로 접합부의 표면에 거치상의 무늬와 금립을 붙였던 것으로 보인다.[20] 접합부 쪽은 열이 가해지면서 각목대와 금대가 일부 녹아 뭉그러져 있다.(도 12-하) 접합부는 패용 시 잘 보이지 않는 면에 위치시켰던 것 같다. 병두금구는 도신 쪽 측면에, 병연금구는 후면에 접합부를 배치하였다.

(2) 파(把)

파의 단면은 병부의 모든 금구와 마찬가지로 편(扁)팔각형이며 배부 쪽이 인부 쪽에 비하여 조금 더 넓다. 각목된 은사와 금사 1줄씩을 함께 잡고 시계방향으로 감아 내려가면서 파의 표면을 장식하였는데, 은사와 금사가 교대로 배열되는 효과를 내었다. 표면에서 보면 각기 28회 정도 감겨 있지만 X선 사진으로 보면 병연금구로 감싼 부분에도 각 5회씩 감은 흔적이 확인되므로 전체적으로 보면 각 33회씩 감아 완성하였음을 알 수 있다. 시작되는 부분의 각목대 끝은 목병에 박아 고정한 것처럼 보인다. 각 선의 위쪽 가장자리는 조금 둥글며, 금속선의 표면에는 끝을 수직으로 세워 일정간격으로 타격, 매우 균일한 무늬를 새겼다.(도13)

---

20) 이러한 작업에는 고열이 수반되므로 木柄에 부착한 상태에서는 작업하기 곤란하다. 그 때문에 사전에 완성한 후 도신 쪽으로부터 끼워 넣어 조립하였던 것 같다.

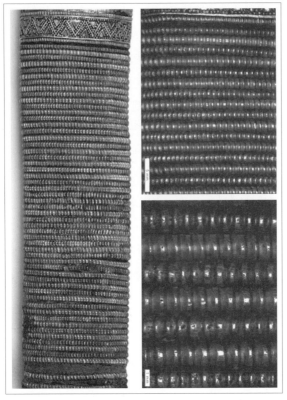

이처럼 파의 표면에 금속선을 감은 대도는 삼국 모두에서 확인되지만 주로 백제-대가야의 용봉문대도에 유례가 많다. 경주의 식리총이나 호우총에서도 확인되나 이를 '신라적'인 것으로 보기는 어렵다. 신라의 전형적인 예는 삼루(三累)와 삼엽대도(三葉大刀)에서 확인되듯 어린문 장식의 금속판을 감은 다음 금은사로 꿰

도13. 파(좌)의 각목대 세부(우)

매는 기법이 일반적이기 때문이다.

(3) 칼코등이[鐔]

병연금구와 도신 사이에 은제 편팔각형 금구가 장식되어 있다. 이 금구는 병연금구와는 구별되며 초구금구도 아니다. 이를 칼코등이로 볼 수 있을 것 같다. 전술한 것처럼 병연금구와 일부 겹쳐 있다. 은판을 횡으로 감아 만들었지만 잔존상태가 불량한 부분이 있어 어느 곳에서 접합하였는지 분명하지 않다. 인부 쪽 측면으로 은판을 접어 목병이 보이지 않도록 감쌌다.(도14)

⑷ 금은색의 대비

병부 장식 가운데 눈여겨볼 필요가 있는 부분이 금은색을 적절히 대비시켜 표현하였다는 점이다. 특히 병두금구·병연금구는 금판 위에 은제 문양판을 덧대어 줌으로써 문양의 효과를 배가시켰다. 은판 위에 금제 문양판을 덧대지 않은 것은 금도금된 환두의 문양이 중심문양이기 때문

도14. 칼코등이(상 : 후면, 하 : 인부와 배부 쪽)

일 것으로 보이며, 환두에는 금색, 병부에는 은색을 강조하려는 장인의 디자인 감각이 투영된 결과로 해석하고 싶다. 이러한 기법은 파부의 제작 시 금은사를 교대로 감은 점에서도 더욱 잘 살펴진다. 파부에서 금은색을 대비시킨 대표적인 예로 창녕 교동 10호분 출토 대도가 있다.

3) 도신과 초금구

도신은 파손이 심하여 정확한 규격을 파악하기 어렵다. 동경국립박물관 소장 유명환두대도(有銘環頭大刀)처럼 상감명문이 존재하는지의 여부를 파악하기 위하여 X선 촬영을 한 후 필름을 다각도로 검토하였지만 상감흔적은 확인되지 않았다.

도신 가운데 주목되는 부분은 도신이 시작되는 곳에 남아 있는 목질흔이다. 심에서 가까운 곳에 목질흔이 가지런하게 남아 있다. 마치 칼집이 일부 흘러내리고 그 상태로 칼집이 썩으면서 목질이 부착된 양상이다. 이 부분이 초의 상단이라면 이 대도의 경우 초구금구가 원래부터 없었을 가능성이 있다. 이처럼 초구금구가 없는 장식대도로 전술한 창녕 교동 10호분 출토

도15. 칼집 장식금구(좌)와 세부(우)

대도를 들 수 있다.

칼집의 전면(표면)을 장식하는 금구는 초식금구(鞘飾金具) 또는 복판(伏板)으로 불린다. 이 대도의 초식금구는 특히 화려하다.(도15) 맨 아래에 길쭉한 반관상(半管狀)의 금판장식을 붙이고 그 위에 은제장식을 덧대었다. 은제장식은 좌우에 사선과 평행선(각목)이 베풀어진 은대가 배치되고 그 안쪽에 은제 각목대를 땜으로 접합하여 만든 능형장식을 배치하였다. 이 금구를 칼집

도16. 초미금구(상 : 후면, 하 : 측면 및 하부)

에 고정하기 위하여 한쪽에 각 34개씩의 구멍을 뚫고 소형의 금제 원두정(圓
頭釘)을 박아 칼집에 고정하였다.

초미금구는 2개의 부분으로 구성되어 있다.(도16) 즉, 상부는 은판을 절곡하여 만든 팔각형의 금구이다. 배부 쪽이 인부 쪽보다 조금 넓으며, 배부 쪽에서 단접하였다. 하부에는 목심동판피(木心銅板被)의 금구가 부착되어 있다. 바닥면에는 원두의 동정 2개를 박아 목초(木鞘)에 부착하였다. 저면에 직물흔이 남아 있다. 발굴조사보고서에서는 흑칠의 흔적에 대하여 언급하고 있지만 현재는 많이 남아 있지 않고 불명한 점이 있어 추후 자연과학적 분석이 필요한 부분이다. 대도의 측면에 직물이 부착되어 있다. 대도와 직접적으로 관련된 것인지 분명하지 않다.

4. 맺음말

이상에서 무령왕의 대도에 대하여 제작의장과 제작기법을 중심으로 약간의 설명을 시도해 보았다. 그 내용을 요약하면 다음과 같다.

첫째, 출토 상태에 대한 발굴조사보고서의 기술과 대도의 장식으로 보면 현재까지 알려진 초식금구의 부착위치에 오류가 존재할 가능성이 있다. 둘째, 환의 쌍룡문은 두 용의 상반신이 서로 스쳐지나가는 소위 '근교형'의 연장선상에 있으며 '식합형'이라는 용어가 적절치 않음을 지적하였다. 셋째, 환내 용의 표면에 실납법으로 범을 만들었음을 보여주는 흔적이 남아 있으므로 모든 문양은 밀랍에 조각하였음을 알 수 있었다. 넷째, 병두금구와 병연금구의 은제문양판에 표현된 귀갑문과 봉황문, 인동문 등은 모두 별개로 만들어 땜이나 단접으로 접합한 것이며 전형적인 투조와는 다른 기법임을 알 수 있었다. 다섯째, 파와 병연금구, 심의 결합상태로 보면 원래 넓은 금속판으로 만든 초구금구는 존재하지 않았던 것 같다. 여섯째, 이 대도의 제작의장 가운데 금은색의 대비가 눈에 띠며 당대의 미감을 잘 보여주는 대목이다.

제2부 | 가야의 장식대도

제 2 부
가 야 의
장식대도

제1장
지산동고분군 대도의 검토

1. 머리말

　고령은 대가야의 고도이다. 대가야의 성립 시점은 분명하지 않으나 5세기 후반 이후의 기록에 비교적 뚜렷한 실체로 등장한다. 479년 남제(南齊)에 견사하여 보국장군본국왕(輔國將軍本國王)을 제수 받은 가라왕(加羅王) 하지(荷知)[1] 481년 고구려와의 전쟁에서 백제와 함께 참전하여 신라를 도운 가야, 법흥왕대 신라와의 혼인동맹을 맺은 가야가 그것이다.

　그 무렵 대가야가 지녔던 위상은 지산동고분군에 고스란히 투영되어 있다.[2] 지산동고분군은 도굴의 피해를 극심하게 입었으나 그 속에서는 대가야

---

1) 『南齊書』 권58 列傳39 東南夷
　「建元元年 國王荷知使來獻 詔曰 量廣始登 遠夷洽化 加羅王荷知款關海外 奉贄東遐 可授輔國將軍本國王」
2) 국립김해박물관, 2009, 『특별전 지산동고분과 대가야』.
　이희준 외, 2013, 『경북지역 가야역사문화유적 유네스코 세계문화유산 등재추진 학술연구』, 경상북도.

인의 삶을 보여주는 다양한 유물이 출토되었고 그 가운데 장식대도가 포함되어 있다. 유례가 많지는 않으나 대가야양식의 범주에 넣을 수 있는 특징을 갖추고 있다.

2. 대도의 출토 맥락

지산동고분군에서 출토된 장식대도로 구39호분 단룡대도(單龍大刀), 32NE-1호묘 단봉대도(單鳳大刀), 30호분 주변 I지구 3호 석곽묘 단봉대도, 44호분 장식대도 초금구편(鞘金具片)을 들 수 있다. 발굴조사를 통해 출토된

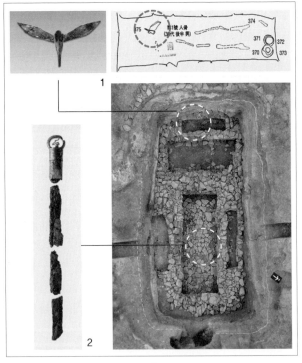

도1. 지산동 73호분 관식 및 대도 출토 위치(1.서순장곽, 2.주곽)

장식대도의 숫자는 적은 편이다. 도굴의 피해를 상대적으로 덜 입은 옥전고분군의 경우 다량의 장식대도가 출토된 바 있어[3] 대조를 보이고 있다.

73호분 주곽에서 장식대도 1점이 출토되었다.(도1) 73호분은 봉토 지름이 22~23m에 달하며 하나의 묘광 내에 주곽과 부곽이 T자상으로 배치되어 있다. 주곽과 부곽은 목곽이며 묘광과 목곽 사이에 할석이 충전되어 있다. 주곽의 길이는 4.97~5.01m, 너비는 2.07~2.15m이다. 묘광 내 서, 남, 북쪽에 각 1기씩의 순장곽이 배치되어 있다. 부곽 주변에 배치된 서순장곽의 내부공간은 길이 2.4m, 너비 0.72m 규모이다. 무덤 중앙부에서 30대 남성의 인골이 검출되었고 남동쪽 단벽부 가까이에서 피장자의 머리에 착장하였던 것으로 보이는 금동제 조익형 관식 1점이 출토되었다.

구39호분에서도 장식대도 1점이 출토되었다. 이 무덤은 봉토 지름이 49m에 달하는 대형분이다. 주곽은 봉토 정부(頂部) 8.4m 아래에 조영되어 있고 길이 9.8m, 너비 1.8m의 수혈식석곽이라 한다. 초반의 조사는 아리미츠 교이치[有光敎一]가 담당하였고 사이토 타다시[齋藤忠]가 이어받아 조사를 완료했다.[4] 서단(西端)에서 이식, 관모전립식이 출토되었고 동단(東端)에서 이식, 경식, 천이 출토된 점으로 미루어 복수의 인물이 묻혔음을 알 수 있다.[5] 보고서에는 서단 이식의 출토 모습, 동단 이식의 사진이 게재되어 있어[6] 개략적인 특징을 살펴볼 수 있는 정도이다. 이 무덤에서는 이외에도 은제 관모전립

---

3) 조영제, 1992, 「신라와 가야의 무기·무구」, 『한국고대사논총』 3, 가락국사적개발연구원.
   穴澤咊光·馬目順一, 1993, 「陜川玉田出土の環頭大刀群の諸問題」, 『古文化談叢』 30(上), 九州古文化研究會.
   町田章, 1997, 「가야의 환두대도와 왕권」, 『가야제국의 왕권』, 신서원.
4) 齋藤忠, 1940, 「昭和十四年に於ける朝鮮古蹟調査の槪要」, 『考古學雜誌』 30-1, 考古學會.
   有光敎一·藤井和夫, 2002, 「附篇 高靈 主山第39號墳發掘調査槪報」, 『朝鮮古蹟硏究會遺稿Ⅱ 公州宋山里第29號墳 高靈主山第39號墳發掘調査報告 1933, 1939』, 58쪽.
5) 有光敎一·藤井和夫, 2002, 앞의 책, 59쪽.
6) 有光敎一·藤井和夫, 2002, 앞의 책, 71쪽의 도판7.

현실 인골 및 유물출토상태

도2. 복암리 3호분 5호석실 장식대도 출토 위치와 상태

식, 청동제등(靑銅製鐙)[7], 영부금동안복륜(鈴附金銅鞍覆輪), 이형금동제품, 미(弭), 철촉 30점이 들어 있는 금동제 호록(胡籙), 다수의 토기, 경식, 연주형 이식, 은제 천(釧), 환두대도, 금동제 대금구가 출토되었다.

구39호분 단룡대도는 벽석에 세워 걸쳐진 채 출토되었는데[8], 보고자는 이를 추장 시 석실 안을 정리하는 과정에서 생겨난 것으로 해석했다.[9] 이와 비교할 수 있는 자료가 나주 복암리 3호분 5호석실에서 출토된 바 있다. 연도 쪽 현실 모퉁이에서 규두대도(圭頭大刀) 1점이 세워진 채 출토되었다.[10] (도 2) 이 자료로 보면 추가장 시 공간을 확보하기 위하여 대도를 세워 놓은 것이라기보다는 대도 부장방식의 한 유형을 보여주는 것이 아닐까 한다.

---

7) 보고서에는 靑銅製鐙이 출토된 것으로 기록되어 있으나 발굴기간 중에 보도된 『每日申報』기사에는 靑銅製鐙라 하였다.
「燦然! 任那文化. 高靈서 發掘된 珍品百五十餘點. 今後도 繼續하야 發掘」, 『每日申報』 1939.7.5, 4쪽.

8) 齋藤忠, 1940, 앞의 글, 81쪽.

9) 有光敎一・藤井和夫, 2003, 앞의 책, 60쪽.

10) 국립문화재연구소 외, 2001, 『나주 복암리 3호분(사진)』, 268쪽.

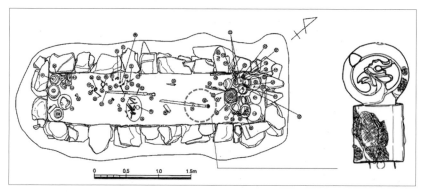

도3. 지산동 30호분 주변 I지구 3호 석곽묘 대도 출토 위치

32NE-1호묘는 32호분 북쪽에 인접해 있으며 석곽의 일부를 32호분 봉토가 덮고 있어 32호분에 선행하는 무덤으로 볼 수 있다. 석곽의 길이는 3.32m, 너비 0.65~0.7m이다. 수혈식석곽이며 북단벽 쪽에 제사용 기물을 얹기 위한 석조(石俎)[11]가 마련되어 있다. 대도는 중간 부위에서 칼날 끝이 남쪽을 향한 채 출토되었다. 무덤 주인공의 왼쪽 허리춤에 패용되었던 것 같다.

30호분 주변 I 지구 3호 석곽묘는 석곽의 길이 3.4m, 너비 0.75m 규모이다. 각종 토기와 함께 차양주, 등자, 축소모형철기 등의 유물이 출토되었다.[12] 2점의 대도 모두 석곽의 중앙부에 위치하나 단룡대도의 환두부는 북단벽쪽 토기 밀집 부위에 근접해 있다.(도3) 허리에 패용한 것으로 보기에 어려움이 있다. 그밖에 44호분에서는 장식대도가 부장되었음을 보여주는 금동제 초금구편이 출토된 바 있으나 교란토에서 수습된 것이라 정확한 부장 위치는 알 수 없다.[13]

---

11) 최종규, 2014, 『철상집 I -장송-』, 357쪽.
12) 박승규 외, 2004, 『고령 지산동고분군 I 』, 영남문화재연구원, 54쪽.
13) 박천수, 2009, 「5~6세기 대가야의 발전과 그 역사적 의의」, 『고령 지산동44호분 -대가야왕릉-』, 경북대학교박물관 외, 334쪽.

3. 양식의 발현과 소유방식

지산동고분군에서 출토된 장식대도 가운데 구39호분 단룡대도, 73호 주곽 단봉대도, 30호분 주변Ⅰ-3호 석곽묘 단봉대도, 32NE-1호묘 단봉대도의 특징을 서술한 다음 기왕의 연구 성과[14]를 참고하며 제작지 문제에 대해 살펴보고자 한다.

첫째, 구39호분 단룡대도이다. 이 대도는 병두금구의 귀갑문(龜甲紋), 파부(把部)의 투조은판(透彫銀板)이 백제 무령왕릉 대도[15]와 유사한 측면이 있어 백제산일 가능성이 제시되었다.[16] 필자도 그와 같이 생각한 적이 있었지만 구39호분 대도에 대해 정밀하게 관찰한 결과, 대가야 대도의 여러 특징이 확인되므로 대가야 공방에서 제작된 것으로 인식하게 되었다.[17] 이 대도의 제작기법에 대한 상세한 검토는 별고를 준비 중이므로 그에 할애하기로 하고 여기서는 주요 특징만을 간략히 기술해두려 한다.

환의 소지는 철로 주조한 것이며 중공(中空)일 가능성이 있고 별도로 만든

---

14) 구자봉, 2005, 「삼국시대의 환두대도 연구」, 영남대학교 박사학위논문.
   김도영, 2014, 「삼국시대 용봉문환두대도의 계보와 기술전파」, 『중앙고고연구』 14, 중앙문화재연구원.
   우병철, 2014, 「삼국시대 장식대도의 특성과 계보」, 『무기·무구와 농공구·어구』, 한일교섭의 고고학-삼국시대-연구회 외.
   穴澤咊光·馬目順一, 1993, 「陜川玉田出土の環頭大刀群の諸問題」, 『古文化談叢』 30(上), 九州古文化研究會.
   大谷晃二, 2006 「龍鳳文環頭大刀研究の覺え書き」, 『財團法人大阪府文化財センタ-·日本民家集落博物館·大阪府立彌生文化博物館·大阪府立近つ飛鳥博物館 2004年度共同研究成果報告書』.
   金宇大, 2011, 「裝飾附環頭大刀の技術系譜と傳播」, 『古文化談叢』 66, 九州古文化研究會.
15) 이한상, 2007, 「무령왕의 환두대도」, 『무령왕릉 분석보고서Ⅱ』, 국립공주박물관.
16) 최종규, 1992, 「제라야의 문물교류 -백제금공Ⅱ-」, 『백제연구』 23, 충남대학교 백제연구소, 71쪽.
17) 이한상, 2010, 「대가야의 성장과 용봉문대도문화」, 『신라사학보』 28, 신라사학회, 322~323쪽.

철판으로 내면이 막혀 있다. 문양은 철지에 주출된 것이며 문양 구획선 결절점에 둥근 홈이 있고 그곳에 동이 감입되어 있다.[18] 동 감입부분을 제외한 전면에 얇은 금판을 덧씌워져 있다. 구획선 내에는 원문

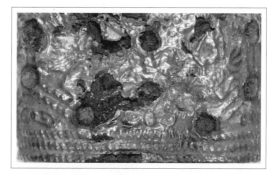

도4. 지산동 구39호분 대도의 병두금구 세부
(鐵地에 鑄出된 문양과 鍍金, 銅 嵌入)

과 화문이 표현되어 있다. 환내상(環內像)은 주조 후 아말감 도금한 단봉이며 별조, 결합된 것이다. 머리 위쪽의 뿔 역시 따로 만들어져 접합된 것이다. 병두금구의 제작기법 역시 환과 유사하다. 즉, 철판에 문양을 주출한 다음 문양 결절점에 동을 감입하였고 그 후 금판을 덧씌워 도금하는 기법이 구사되었다.(도4) 귀갑문 구획 내에 날개를 편 봉황문이 시문되어 있다. 파부의 사격자문은 은판에 투조된 것이어서 X자문 부품이 땜질로 연접되어 있는 무령왕릉 대도의 초금구와는 차이가 있다.

이와 같은 제작기법은 천안 용원리 1호석곽묘[19]나 무령왕릉 환두대도 등 백제 장식대도의 제작기법과는 다른 점이다. 백제 대도의 경우 환뿐만 아니라 환내 도상까지 일체로 주조한 것이어서 차이가 있다. 지산동 구39호분 대도의 특징 가운데 또 다른 것은 병두금구의 제작기법이다. 철로 주조한 것이며 가장자리의 각목대(刻目帶)도 철지에 주출된 것이다. 무령왕릉 대도는 금사를 이용하여 고정한 것이다. 신라의 대도 가운데는 환과 병두금구 사이에

---

18) 전고에서는 유리를 감입한 것으로 추정해보았으나 금번 재검토해본 바 유리 감입 흔적은 확인하지 못했다. 잔존상태로 보면 감입된 銅은 丸이 아니라 오목한 圓板이었던 것 같다.

19) 이남석, 2000, 『용원리고분군』, 공주대학교박물관 외, 55쪽.

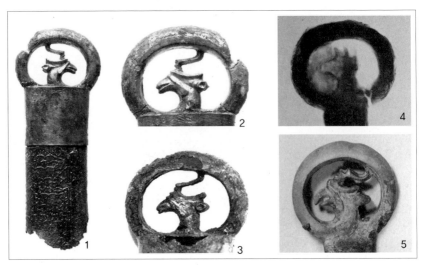

도5. 지산동 73호분 대도(1, 2)와 비교자료(3.중촌리, 4.지산동 32NE-1호석곽, 5.30호분 주변 I-3호묘)

금동제 주조품을 끼워 넣은 사례가 확인되고 있어 특이하다.[20] 향후 연구가 필요한 부분이다.

따라서 구39호분 장식대도는 대가야에서 제작된 것으로 볼 수 있다. 지산동고분군에서는 발굴되지 않았지만 옥전 M3호분 출토 장식대도는 구39호분에 선행하는 단계에 이미 대가야양식을 갖춘 장식대도 문화가 성립해 있었음을 알려준다.[21]

둘째, 지산동 73호분 주곽 단봉대도이다.(도5-1 · 2) 이 대도의 환두는 금동제이며 환에는 아무런 장식이 없지만 내부에는 봉황이 표현되어 있다. 봉황은 입을 다문 형상이고 귀가 표현되어 있지만 머리 위의 뿔은 한 가닥만 있어 지산동 30호분 주변 I-3호 석곽묘 대도와 다르다. 산청 중촌리 3호분 북

---

20) 권윤미, 2014, 「금관총 출토 '이사지왕'명 환두대도」, 『고고학지』 20, 국립중앙박물관, 41쪽.
21) 이한상, 2013, 「합천 옥전 M3호분 용봉문대도의 환부 제작공정」, 『고고학탐구』 14, 고고학탐구회.

토광 출토 대도[22]와 유사하다. 병부에는 어린문[23]이 베풀어져 있다. 이 대도의 어린문은 신라 대도의 그것과 유사하며 은판의 결합에 꺾쇠가 사용되었다. 가야대도의 경우 금못으로 고정하는 것이 일반적임을 고려하면 대도의 제작에 신라적 요소가 수용된 것으로 볼 수 있다.[24] 그러나 환두의 도상과 제작기법으로 보아 신라산으로 볼 수는 없다. 환두가 주조로 제작된 점은 백제적이다. 따라서 백제적인 요소와 신라적 요소가 혼재되어 확인되므로 가야 공방에서 제작된 것으로 이해하는 것이 어떨까 한다. 물론 외래 장인의 관여도 고려할 수 있다.[25]

셋째, 30호분 주변 I -3호석곽묘 단봉대도이다.(도5-5) 이 대도는 환두가 동제 주조품이고 환내상은 단봉이며 환과 일체로 주조되었다. 봉황은 입을 조금 벌렸고 뿔 상단은 돌출되어 환과 연접되어 있다. 천안 용원리 1호석곽묘 환내상과 연결되는 의장이다. 기법이나 도상으로 보면 백제산일 가능성이 있다.

넷째, 32NE-1호묘 단봉대도이다.(도6-1) 이 대도의 환두에는 은입사로 초문이 시문되어 있다. 대가야권역에서는 옥전 70호분 출토품[26]이 유사하며 백제에서는 천안 화성리 A지구 1호묘[27], 공주 수촌리 7호분 대도[28]와 비교할 수 있다. 환내상은 단봉이고 뿔의 돌출부가 3개이다.(도5-4) 삼국시대 대도

---

22) 신라대학교박물관, 2004, 『산청 중촌리고분군』, 32쪽의 도면23.

23) 穴澤咊光·馬目順一, 1979, 「日本·朝鮮における鱗狀紋裝飾の大刀」, 『物質文化』 33, 物質文化研究會.

24) 이한상, 2006, 「장식대도로 본 백제·가야의 교류」, 『백제연구』 43, 충남대학교 백제연구소, 69·70쪽.

25) 함안 마갑총 상감대도에서도 이와 유사한 특징이 확인된다. 금은을 활용한 상감기법은 백제적이며, 파부의 제작에는 신라와 가야적인 기법이 함께 구사되어 있다. 국립창원문화재연구소 외, 2002, 『함안 마갑총』, 49·127쪽.

26) 조영제, 1988, 『합천 옥전고분군 I -목곽묘-』, 경상대학교박물관 외, 23쪽.

27) 김길식 외, 1991, 『천안 화성리백제묘』, 국립공주박물관.

28) 충청남도역사문화연구원 외, 2013, 『공주 수촌리고분군 I 』, 89쪽.

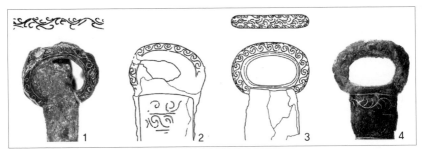

도6. 지산동 32NE−1호석곽 대도(1)와 비교자료(2.수촌리 7호분, 3.화성리 A−1호묘, 4.용원리 5호석곽)

의 상감기술은 누금세공기법만큼이나 어렵고 고급스러운 기법이었을 것 같다. 천안 화성리, 동 용원리 5호석곽묘와 12호석곽묘, 공주 수촌리 1호[29]와 7호분 대도의 존재로 보면 백제가 그 출발점인 것 같으며 5세기를 전후한 시기에 아라가야권으로 1차 파급되고, 6세기를 전후한 시기에 대가야권으로, 다시 신라로 전파된 것 같다.[30]

지산동고분군에서 출토된 금속장신구, 장식내도와 공동 양식을 띠는 것이 고령, 합천, 함양, 산청, 의령, 남원, 장수, 곡성, 순천, 함안, 고성, 창원, 진주 등지에서 출토된 바 있다. 대가야양식 금공품은 고령과 합천에 집중되며 의령, 진주, 산청, 함양, 남원, 장수, 곡성, 순천, 고성, 함안, 창원 등 가야의 권역에 속하였던 여러 지역에서 산발적으로 출토된다. 고분군으로 보면 지산동과 옥전에 집중되는 현상이 살펴진다. 유구의 연대는 5세기 전반부터 6세기 중엽까지 약 1세기 이상에 걸치지만 중심연대는 5세기 후반~6세기 전반이다.

그 외에 신라의 왕도 경주, 고령에서 가까운 신라의 지방 몇 곳에서 대가야산 장신구와 장식대도가 출토되었는데 이는 공반유물로 보면 가야권에서 출토되는 것과는 이입의 맥락이 다를 것 같다. 당시의 국세로 본다면 경주에서

29) 충청남도역사문화연구원 외, 2007, 『공주 수촌리유적』, 145쪽.
30) 이한상, 2004, 「삼국시대 환두대도의 제작과 소유방식」, 『한국고대사연구』 36, 한국고대사학회.

출토되는 대가야양식 유물의 경우 대가야가 신라에 공헌한 물품으로 보는 것이 자연스럽다.

금속장신구와 장식대도의 분포권을 대가야의 영역으로 치환할 수는 없다. 대가야 영역인지 혹은 세력권인지, 혹은 별개 정치체가 공유하고 있음을 보여주는 것인지 현재까지의 연구 성과를 가지고 특정하기 어렵기 때문이다. 대가야양식 토기의 분포까지 포함시켜본다면 다음의 네 유형으로 구분해 볼 수 있다.

첫째, 특정 시기의 유구에서 대가야양식 일색의 토기류가 출토되고 중심묘역에 금공품이 부장되는 유형이다. 왕도인 고령 일원의 고분군은 당연히 이 유형에 속한다. 그리고 합천 옥전고분군, 동 반계제고분군, 의령 경산리고분군, 산청 생초리고분군, 함양 백천리고분군, 남원 월산리와 두락리고분군의 경우 대가야양식 토기의 전기종이 출토되고 있고 장식대도를 비롯한 금공품이 출토되고 있어 본 유형으로 분류할 수 있다. 다만, 고령에서 멀어질수록 현지에서 생산된 토기의 점유율이 점증한다. 둘째, 특정 시기의 유구에서 대가야양식 토기류가 집중적으로 출토되고 중심묘역에 이식 등 간단한 금공품이 부장되는 유형이다. 이러한 특징은 위의 첫째 유형과 유사하다. 그렇지만 토기류의 기종 구성이 단순하며, 고령양식 유물의 존속기간이 한 세대 정도로 짧은 것은 다른 점이다. 금강 상류와 섬진강유역 고분군이 본 유형에 해당한다. 여수 운평리 M2호분에서는 현지산 대가야양식 토기, 대가야양식 이식, 신라양식 이식이 공반되었다. 이식의 경우 모두 도굴갱 출토품이다. 셋째, 아라가야나 소가야의 토기문화권에 대가야양식 유물이 부분적으로 포함되어 있는 유형이다. 이 유형은 몇 가지 아유형으로 세분할 수 있다. 산청 중촌리고분군이나 함안 도항리고분군의 사례처럼 소가야양식 유물이 집중적으로 부장된 무덤에 대가야양식 유물이 단발적으로 끼어든 경우가 있고, 진주 수정봉 옥봉고분군이나 고성 율대리고분군의 사례처럼 특정 고분에서만 대가야양식 유물이 집중적으로 부장되는 경우도 있다. 넷째, 신라권에 속하는 창녕·경산·경주지역의 고분군에서 신라양식 유물과 함께 대가야양식 금공품이 출토되는 유형이다. 창녕 교동 10호분 장식대도, 경산 교촌리고분 이식, 경주 식리총 장식대도가 대표적인 사례이다.

위 4가지 가운데 마지막 유형의 분포권은 당연히 대가야의 영역으로 볼 수는 없다. 교역이나 외교관계를 통해 전해졌을 공산이 크다. 다만, 첫째~셋째 유형에 대한 해석에서 다소 논란이 있을 수 있다. 사서에 단편적으로 남아 있는 역사기록과 결부지어 살펴본다면 첫째와 둘째 유형의 분포권을 대가야의 영역이라 추정해볼 수 있다. 이에 대해 유물에서 확인되는 양식의 분포권을 정치체의 공간적 범위라 단정하기 어렵다는 비판이 있을 수 있다. 첫째와 둘째 유형의 경우 묘제, 토기, 금공품, 철기 등 고고학 자료 전체에 걸쳐 매우 유사한 특징을 공유하고 있으며, 특히 군사적 긴장감이 만연해 있었을 5세기대 영남지역의 정치상황을 함께 고려한다면 교역권, 문화권으로 한정시켜 해석하기는 어렵다.

그러면 셋째 유형을 대가야의 영역으로 볼 수는 없을까. 현재까지의 고고학적 발굴 및 연구 성과에 따르면 이 유형은 아라가야 및 소가야양식 유물의 분포권에 포함된다. 그럼에도 불구하고 위에서 언급한 넷째 유형과는 달리 대가야양식 유물이 다량 부장된 사례가 복수로 발견된다.

4. 맺음말

장식대도를 비롯한 대가야양식 금공품의 제작지를 대가야로 보고 소유의 확산이 이루어지는 계기를 대가야의 성장과 관련지어 해석한다면 당연히 그 중심에 위치하였을 대가야 왕은 금공품 사여의 주체로서 존재했을 것이다. 479년 남제에 견사한 가라왕 하지, 481년 고구려와의 전쟁에서 백제와 함께 참전하여 신라를 도운 가야의 왕, 법흥왕대 신라와 혼인동맹을 맺은 가야국 왕은 대가야의 왕을 지칭하고 있으므로 외교와 전쟁을 수행할 수 있을 정도의 통합된 왕권의 존재는 쉽게 상정할 수 있다.

제2장
옥전 35호분 대도의 제작기법

1. 머리말

서기 5~6세기 무렵의 가야 사회에는 화려한 금공문화가 존재했다. 계보는 백제에서 찾아볼 수 있지만 곧 가야공방에서 가야양식이라 부를 수 있는 특색 있는 금공품을 제작하였다. 단기간에 가야양식 금공품을 탄생시킬 수 있었던 것은 이미 완숙의 경지에 올라있던 제철기술이 토대가 되었기에 가능했다. 가야 금공기술의 수준을 잘 보여주는 것이 바로 장식대도이다. 금은 등 귀금속으로 장식된 이 대도에는 가야 사람들이 상서롭게 여겼을 각종 도안이 표현되어 있을 뿐만 아니라 주조, 단조, 투조, 조금, 땜질, 조립, 색채대비 등 다양한 공예기법이 구사되어 있다. 여러 종류의 장식대도 가운데 용봉문대도의 격이 가장 높은데, 가야 최고 지배층의 묘역에서 제한적으로 출토된다.

가야 용봉문대도에 대한 연구는 이미 상당히 진행되었다. 특히 합천 옥전 고분군에서 여러 점의 용봉문대도가 출토된 시점을 획기로 하여 가야 장식대도에 대한 연구가 크게 진전되었다.[1] 가야유적에서 출토된 용봉문대도의 제작지를 둘러싸고 다소 논란이 있지만[2], 필자는 옥전 M3호분 단계 이후의 대도는 대부분 가야 제작품일 것으로 보고 있다.[3] 기왕의 제 연구에서 주목한 것은 환두주룡문, 병두금구와 초구금구의 문양, 파의 제작기법 등이며 특히 도상의 변화에 관심이 집중되었다.[4]

본 절에서 주로 다루는 합천 옥전 35호분 출토 용봉문대도[5]는 공주 수촌리 1호분이나 천안 용원리 12호석곽 출토품과 유사한 기법으로 제작된 것이어서 백제로부터 완제품이 반입된 것이거나 직접적인 기술전파에 의해 제작되었을 가능성이 있는 자료이다. 따라서 이에 대한 검토는 가야 용봉문대도 초현기의 양상을 파악하는데 매우 중요할 것이라 판단하였다.

1) 조영제, 1992, 「신라와 가야의 무기·무구」, 『한국고대사논총』 3, 가락국사적개발연구원.
   조영제, 2007, 『옥전고분군과 다라국』, 혜안.
   조영제, 2015, 「옥전고분군 출토 대도에 대한 일고찰」, 『故손명조선생 추모논문집 우정의 고고학』, 진인진.
2) 金宇大, 2011a, 「裝飾附環頭大刀の技術系譜と傳播」, 『古文化談叢』 66, 九州古文化硏究會.
3) 이한상, 2010, 「대가야의 성장과 용봉문대도문화」, 『신라사학보』 18, 신라사학회.
4) 穴澤咊光·馬目順一, 1993, 「陜川玉田出土の環頭大刀群諸の問題」, 『古文化談叢』 30(上), 九州古文化硏究會.
   町田章, 1997, 「가야의 환두대도와 왕권」, 『가야제국의 왕권』, 신서원.
   구자봉, 2005, 「삼국시대의 환두대도 연구」, 영남대학교 박사학위논문.
   大谷晃二, 2006, 「龍鳳文環頭大刀硏究の覺え書き」, 『財團法人大阪府文化財センタ-·日本民家集落博物館·大阪府立彌生文化博物館·大阪府立近つ飛鳥博物館 2004年度共同硏究成果報告書』.
   박천수, 2009, 「5~6세기 대가야의 발전과 그 역사적 의의」, 『고령 지산동44호분 -대가야왕릉-』, 경북대학교박물관 외.
   김도영, 2012, 「삼국시대 용봉문환두대도의 제작기술론적 접근」, 경북대학교 석사학위논문.
5) 조영제 외, 1999, 『합천 옥전고분군Ⅷ -5·7·35호분-』, 경상대학교박물관, 92~95쪽.

2. 금공기법

옥전 35호분에서는 모두 3
점의 대도가 출토되었다. 이
중 피장자의 오른쪽 허리 부
위에서 출토된 대도가 바로
용봉문대도이다.(도1) 이 대도
의 특징에 대해서는 발굴조사
보고서에서 이미 상세한 기술
이 이루어졌고, 후속 연구에서
상세한 검토가 진행된 바 있
다. 이 대도에 대한 선행연구
의 성과를 검토하면서 이 대도
에 구사된 금공기법에 대하여
살펴보고자 한다.

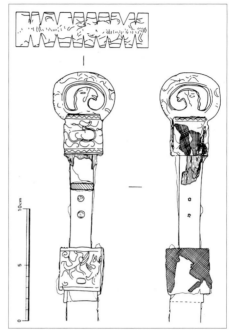

도1. 옥전 35호분 대도 실측도(부분)

① 보존과학자의 관찰기록(1989)

"環頭部의 形態는 長楕圓形이고 단면은 반원형이며 확실히 알 수 없는 문
양이 銀象嵌되어 있고 環頭內의 鳳凰머리 장식에도 銀象嵌되어 있다. X-ray
필름 상에 나타난 鳳凰머리장식은 環頭部 製作時 함께 제작되었을 것(ⓐ)으
로 추정된다. 柄頭金具는 幅이 3.6cm로 양쪽에 線紋을 넣고 두 줄의 線紋안
에 波狀紋을 象嵌하였다. 金具의 中央에도 銀象嵌이 되어 있으나 紋樣은 정
확히 알 수 없다. 銀象嵌이 되어 있지 않은 곳에는 鐵녹에 덮여 있는 얇은 金
箔이 일부분 나타나 있어 金具의 表面에 金箔과 銀象嵌이 함께 장식되었을
것(ⓑ)으로 추정된다. 柄部와 刀身部의 연결은 서로 겹치게 한 뒤 두 개의 못
으로 리벳팅하여 接合하였고(ⓒ) 鞘口金具 밑에는 柄緣金具가 刀身쪽으로
0.8cm 드러나 있다. 기타 다른 環頭大刀에 있는 責金具나 鞘尾金具 등은 남

아 있지 않다."[6]

② 穴澤咊光 · 馬目順一 논문(1993)
"35호묘의 예는 철제 단봉환두대도(전장 80.4cm)로 환내에 치졸한 鳳首를
배치하고 環, 鳳首, 把筒金, 鞘口金具 상에 銀象眼과 부분적으로 金箔을 장
식하고 있다.(ⓓ) 環頭와 把筒金의 象眼文은 가장자리가 連續波狀文(퇴화된
雲氣文)과 일종의 雲氣文인 것 같지만 붕괴가 현저하여 詳細는 不明이다. 鞘
口金具 상의 象眼文은 퇴화된 拙劣한 連續鳳凰文이다. 이 刀의 類例는 경북
고령 지산동 32NE-1호분, 山形縣 山形市 大之越古墳, 宮城縣 丸森町 台町
古墳, 埼玉縣 皆野町 稻荷塚古墳, 靜岡縣 由井町 室ケ谷1號墳 등으로부터
출토되었다. 옥전 35호분 刀는 분명히 보다 정교하게 만들어진 대도를 銀象眼
이라고 하는 비교적 간단한 기법으로 모방한 작품(ⓔ)일 것이다."[7]

③ 발굴조사보고서(1999)
"環은 斷面 半圓形의 철테(직경 0.8cm)를 이용하여 橫楕圓形으로 만들고
表面에 銀絲로 象嵌하였는데 문양은 정확하지는 않으나 龍文일 것으로 추정
된다. 環頭는 環과 一體로 만들었는데 單鳳일 것으로 생각되며(ⓕ), 눈(眼)과
같은 鳳頭의 여러 부분은 銀象嵌으로 형태를 묘사하였으나 분명하지는 않다.
柄部에는 上下에 金具를 감았는데, 柄頭金具는 얇은 金銅板 위에 옻칠을 하
고 銀絲를 嵌入하여(ⓖ) 龍文을 새겨 넣었으며 양쪽 가장자리에는 文樣帶를
만들고 波狀文을 施文하였다. 鞘口金具는 柄頭金具와 마찬가지로 얇은 金銅
板 위에 옻칠을 하고 銀絲를 嵌入하여 鳳凰文을 새겨 넣었으나 文樣이 다소
조잡한 느낌을 주며, 양쪽 가장자리에는 文樣帶를 만들었으나 文樣을 施文하
지 않고 빈 공간으로 두었다. 그런데, 이 金具의 刀身쪽 가운데에는 작은 長方
形의 구멍(0.7×0.4cm)이 뚫려 있는데 이것의 용도는 알 수 없다. 本刀의 製
作은 刀身과 柄部, 環頭部를 모두 一體로 만든 것처럼 보이지만 環頭部만은
별도로 鑄造해서 결합했을 가능성(ⓗ)이 높다. 그러나 결합부와 결합의 상태에
대해서는 柄頭金具 때문에 잘 관찰되지 않는다. 身部에는 칼집의 木質, 柄部

6) 이오희 외, 1989, 「옥전고분군 출토 환두대도의 과학적 보존복원」, 『보존과학연구』
   10, 문화재연구소, 97쪽.
7) 穴澤咊光 · 馬目順一, 1993, 앞의 논문, 377~388쪽.

에는 木柄의 木質이 부분적으로 銹着되어 있으며, 柄部에는 木柄을 고정시키기 위해 2개의 圓頭釘이 박혀 있다.(ⓘ)"[8]

위에서 제시한 ①~③항은 각기 옥전 35호분 대도를 보존처리하면서 관찰한 내용, 상세정보가 알려지지 않은 상태에서 이 대도의 특징과 비교자료를 제시한 논문, 그리고 발굴조사보고서의 기술 내용이다. 대도의 현상을 설명한 부분이 많아 큰 오류는 없다. 위 3항의 내용을 비교하면서 몇 가지 보완이 필요한 사항을 언급해보면 다음과 같다.

첫째, 환내(環內) 봉(鳳)의 제작기법이다. 위 ⓐ와 ⓕ의 서술과 X선 사진(도2)[9]을 살펴보아도 환내 봉을 별도로 만들어 조립한 것으로 보기는 어렵기 때문에 일체주조(一體鑄造)로 보아 무리가 없다. 다만 근래의 한 연구에서 ⓗ의 서술을 '중앙장식은 별주(別鑄)로 만들었을 가능성이 크다고 언급되어 있으며'라고 해석한 바 있다.[10] 얼핏 보면 ⓕ와 ⓗ의 서술이 상충되는 것처럼 보인다. 그러나 문맥을 자세히 검토해보면 보고서 작성자는 외환과 환내

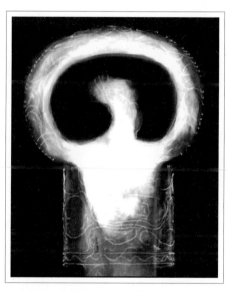

도2. 옥전 35호분 대도 환두부 X선 사진

---

8) 조영제 외, 1999, 앞의 책, 93~94쪽.
9) 문화재보존과학센터, 2012, 『문화재와 X선 필름 자료집 I』, 203쪽.
10) 김우대, 2011b, 「제작기법을 중심으로 본 백제·가야의 장식대도」, 『영남고고학』 59, 영남고고학회, 97쪽의 각주 21.

봉, 그리고 병부 쪽으로 연결되는 슴베까지를 합쳐 환두부라 이해한 것 같으며 그것을 일체로 주조한 다음, 도신에서 병부 쪽으로 돌출된 슴베와 겹친 다음 못으로 고정하였을 것이라 추정한 듯하다. 이어 ⓘ에서는 병부에서 관찰되는 2개의 원두정(圓頭釘)을 환두와 도신을 결합하기 위한 것으로 파악하지 않고 목병(木柄)을 고정하기 위한 용도라 설명하였다. 측면 X선 사진이 없어 더 이상의 검토는 어렵다. 다만 삼국시대 대도 병부에서 확인되는 원두정은 환두부와 도신부를 결합하는데 사용되므로 이 역시 그렇게 볼 수 있지 않을까 한다.

둘째, 환과 병두금구(도3-우)의 장식기법이다. ⓑ에서는 '금구의 표면에 금박과 은상감이 함께 장식되었을 것'으로 보았다. 그것은 보존처리 과정에서 금박과 은상감기법이 확인되었기 때문이다. 다만 더 구체적인 제작기법에 대한 언급은 없다. ⓓ에서는 '은상안(銀象眼)과 부분적으로 금박을 장식하고 있다.'라고 지적하고 있어 기본적으로 ⓑ의 견해를 수용하였다. 그러나 ⑧는 새로운 견해이다. 즉, '얇은 금동판에 옻칠을 하고 은사를 감입하여'라는 표현이 그것이다. 전통적인 금공기법에서 이와 같은 공정을 상정하기란 어렵다. 다만 평탈기법(平脫技法)처럼 입사(入絲) 후 칠을 도포하고 재차 필요한 부분의 칠을 제거함으로써 문양을 강조하였을 수는 있다. 그러나 구체적인 근거를 가지고 있지는 않다. 이 대도는 현재 보존처리가 완료된 상태이다. 보존처리보고서를 살펴보면 녹 제거-탈염-건조-방청처리-경화처리-상감표출-접합복원-고색

도3. 옥전 35호분 대도 세부

처리과정[11]을 단계적으로 거쳤기 때문에 육안으로 옻칠의 흔적을 확인하기
란 쉽지 않다. 보고서에서 옻칠이라 기술한 근거가 무엇인지 서술되어 있지
는 않다. 다만, 철에 금박을 붙이는 여러 가지 방법 가운데 하나가 옻칠을 이
용하는 것이므로 향후 자연과학적 방법으로 분석할 기회가 있다면 재검토할
필요가 있다.

④ 이한상 논문(2010)

"35호분 單鳳大刀는 鐵地에 金箔을 붙이고 銀入絲로 문양을 표현한 것이
다. 환내에는 단봉으로 추정되는 도상이 있다. 은입사로 눈 등 세부를 표현하
였으나 잔존상태가 나쁘다. 환에는 은입사로 용문이 베풀어져 있다. 병연금구
1에는 용문이, 병연금구2에는 봉황문이 표현되어 있다. 용의 몸 등 문양부위는
조금 더 돌출되도록 주조하였고 은입사로 문양을 강조하였으며 조금 낮은 바
탕에는 금박을 붙여 장식하였다.(ⓙ) 용문의 상하에는 두 줄의 평행선문 사이
로 파상문을 은입사 기법으로 새겨 넣었다."[12]

"옥전 35호분 대도는 환과 병연금구에 용 문양을 주출한 후 은입사로 문양
을 강조하고 한 단 낮은 바탕에 금박을 붙여 장식한 것이다. 이러한 기법은 공
주 수촌리 1호분, 천안 용원리 12호석곽 대도에도 구사되어 있어 주목된다. 이
처럼 대가야 용봉문대도 가운데 이른 시기의 자료는 백제 용봉문대도와 유사
도가 높다.(ⓚ) 절대연대로 보아 5세기 전반까지 소급해볼 수 있는 자료가 포
함되어 있다."[13]

⑤ 김우대 논문(2011)

"龍鳳B群 大刀는 龍院里12號石槨墓의 例가 百濟로부터 出土된 것 이외에
는 전부 大加耶에서 出土되었다. 그러나 前述한 玉田35號墳에서 出土된 龍
鳳B群大刀에서 龍院里1號石槨墓와 同 12號 石槨墓 大刀에 보이는 金板壓

---

11) 문화재연구소 보존과학연구실, 1990, 「옥전고분군 출토 금속유물의 보존복원처리」,
  『합천 옥전고분군Ⅱ -M3호분-』, 343~347쪽.
12) 이한상, 2010, 앞의 논문, 329쪽.
13) 이한상, 2010, 앞의 논문, 337쪽.

着技法을 確認할 수 있는 점 때문에 龍鳳B群大刀의 製作技術系譜는 百濟에서 구할 수 있다.(ⓛ) (중략) 龍鳳B群大刀 가운데 金板壓着技法이 確認되는 玉田35號墳 例와 같은 資料에 대해서는 百濟에서 製作되었을 可能性이 크므로(ⓜ) 이것들의 製作地 檢討에는 愼重을 기할 필요가 있다."[14]

"용원리 1호석곽묘 출토 예의 외환은 동에 두 마리 용을 입체적으로 鑄出한 후 상감으로 輪廓을 표현하며 낮아진 부분에 매우 얇은 금판을 붙였다. 이 금판은 동제 地金 표면에 작은 구멍을 무수히 뚫어 표면을 거칠게 한 후 그 위에 압착시키는 방법으로 붙여져 있다.(ⓝ) 이와 같은 기법은 천안 용원리12호석곽이나 합천 옥전 35호분에서 출토된 용봉I군 대도에서도 확인되고 일본열도에서는 山形縣 大之越古墳 출토 용봉I군 대도나 兵庫縣 宮山古墳 출토 銀錯貼 金環頭大刀, 熊本縣 江田船山古墳 출토 龍文素環頭大刀에서도 확인할 수 있다.(ⓞ) 앞에서 본 중앙장식의 형식학적 조열로 미루어 용원리1호석곽묘 출토 예를 용봉Ⅱ군 대도의 最古例로 상정한다면 이 금판 압착기술은 백제 기술로 인정할 수 있을 것이다."[15]

⑥ 이한상 논문(2012)

"(용원리 12호석곽묘 대도) 鐵製 環과 그 내부에 龍紋을 鑄出한 다음 돌출부에 銀入絲하여 문양을 강조하고, 한 단 낮은 바탕에 金箔을 붙여 색채대비를 꾀하였다.(ⓟ)"

"(용원리 1호석곽묘 대도) 청동으로 鑄造한 후 부분적으로 金과 銀을 鍍金하여 완성한 것이다. 環은 橫楕圓形이다. 환 내부에 구슬을 물고 있는 鳳의 머리와 목이 표현되어 있는데 環과 一體로 鑄造된 것이다. 환의 표면에는 두 마리의 용이 陽刻되어 있다. 쌍룡문의 바탕을 이루는 여백에는 금도금, 용의 몸은 은도금하였다. 환내의 鳳頭를 보면 눈, 귀, 턱수염에 부분적으로 金鍍金되어 있다. 그런데 금도금된 부분을 관찰하면 뾰족한 끌로 찍어 빼곡하게 홈을 낸 것을 볼 수 있다. 이것에 대하여 '금판 압착기법'이라 지적하며 금의 접착력을 높이려는 시도로 파악한 견해가 있다. 그러나 필자는 본 사례의 경우 銅地에 아말감 도금일 가능성이 있으므로 금박의 접착력을 높이기 위한 목

---

14) 金宇大, 2011a, 앞의 논문, 115쪽.
15) 김우대, 2011b, 앞의 논문, 96~97쪽.

적보다는 魚子紋처럼 여백 표현기법 가운데 하나일 가능성을 고려하고자 한다.(ⓖ)"[16]

"(수촌리 1호분 대도) 環에 龍紋을 鑄出한 다음 銀入絲로 문양을 강조하고, 한 단 낮은 바탕에 金箔을 붙여 장식한 것이다. 이러한 기법은 천안 용원리 12호석곽묘와 합천 옥전 35호분, 일본 姬路市 宮山古墳 第2主體部 출토품에서도 확인할 수 있다.(ⓡ) 이처럼 수촌리 1호분 대도와 加耶-倭의 대도는 제작의장을 공유하고 있으며, 그 배경을 外交 혹은 交流라는 틀로 설명할 수 있겠다."[17]

위에서 제시한 ④~⑥항의 논문은 발굴조사보고서가 간행된 지 10년 이상의 세월이 흐른 다음 발표된 견해들이다. 필자가 ④항의 논문에서 ⓙ와 ⓚ와 같은 견해를 제기하게 된 계기는 2009년 12월경에 마련되었다. 당시 국립공주박물관은 공주 수촌리 1호분[18] 대도의 단층 X선 사진(도4) 촬영 결과를 토대로 향후 보존처리의 방향을 설정하고자 회의를 개최하였고 필자는 그 자리에 검토위원 자격으로 참석하였다. 정밀한 사진을 관찰하던 중 용원리 12호석곽묘, 옥전 35호분 대도와 동일한 장식기

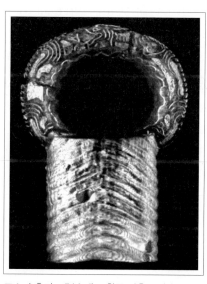

도4. 수촌리 1호분 대도 환두 단층 X-선 사진

---

16) 이한상, 2012, 「백제 대도의 환두주룡문 검토」, 『고고학탐구』 12, 고고학탐구회, 26쪽.
17) 이한상, 2012, 앞의 논문, 35쪽.
18) 충청남도역사문화연구원·공주시, 2007, 『공주 수촌리유적』.

법이 구사되었음을 인지하게 되었다.[19] 즉, '용의 몸 등 문양부위는 조금 더 돌출되도록 주조하였고 은입사로 문양을 강조하였으며 조금 낮은 바탕에는 금박을 붙여 장식하였다.'라는 관찰 결과를 얻게 되었다. 그리고 수촌리 1호 분의 연대가 옥전 35호분에 선행할 가능성을 고려하여 이러한 기법을 백제 대도의 특징이라 인식하였다.[20] 그리고 그 견해는 ⑨와 ⑤로 이어졌다.

⑤항의 논문(ⓙ~ⓝ)에서는 이러한 기법을 '금판압착기법'[21]이라 표현하면 서 백제적인 것으로 파악하였다. 특히 용원리 1호석곽묘[22] 대도에도 금판압 착기법이 구사된 것으로 보았다. ⓜ처럼 일본의 야마가타현[山形縣] 다이노 코시고분[大之越古墳][23], 효고현[兵庫縣] 미야야마고분[宮山古墳][24], 구마모 토현[熊本縣] 에다후나야마고분[江田船山古墳] 출토품[25]에도 유사한 기법 이 구사되어 있음을 지적하였다. 용원리 1호석곽묘 대도의 제작기법과 관련 하여 필자는 ⑨에서 수촌리 1호분이나 용원리 12호석곽묘 대도처럼 철제품 일 경우 아말감도금이 불가하므로 금박을 부착하였지만, 본 사례는 바탕금속 이 동이므로 그 표면에 아말감으로 도금하는 것이 보다 효율적이었을 것이라 추정하였다. 그런데 최근 이 대도의 도금에 대하여 상세히 재검토하는 과정 에서 ⑨에 제시한 필자의 관찰에 오류가 있었음을 발견하고 이 기회를 빌려

---

19) 국립공주박물관, 2009.12.3, 「보도자료-공주 수촌리 출토 환두대도에서 금판장식 최 초 확인」.

20) 이한상, 2010, 앞의 논문, 335~338쪽.

21) '金箔을 壓着하여 物理的으로 固定한 것으로' 본 견해를 수용한 것이다.
尾崎誠, 2005, 「銀錯貼金環頭大刀の科學的調査」, 『開館記念特別展 宮山古墳』, 姬路市 埋藏文化財センター, 30~31쪽.
다만 '금판압착기법'이란 표현은 바탕에 금판을 붙이는 기법에 한정되는 것이며, 이 표현을 강조하면 돌출된 문양과 그에 조합된 은입사기법의 중요도가 부각되지 않게 된다. 따라서 '문양돌출주조+입사+금박압착'이라는 보다 복합적인 표현이 필요하다.

22) 이남석, 2000, 『용원리고분군』, 공주대학교박물관.

23) 山形縣教育委員會, 1979, 『大之越古墳 發掘調査報告書』, 16쪽의 설명과 도판15.

24) 尾崎誠, 2005, 앞의 논문, 30쪽.

25) 菊水町史編纂委員會, 2007, 『菊水町史 江田船山古墳編』, 91쪽.

수정하고자 한다. 용원리 1호석곽묘 대도 환두부의 제작공정을 '동으로 주조→후가공→금도금 예정 부위에 끌로 홈 내기→도금(금, 은)' 정도로 상정할 수 있다. 이 가운데 논란의 여지가 있는 것이 '끌로 홈 내기'와 '도금'공정이다. 〈도5〉에서 볼 수 있듯이 끌로 홈 내기를 한 곳은 전체에서 한 단 낮은 곳이며 대부분 금도금되어 있다. 끌의 끝은 대롱 모양이었던 것 같으며 홈은 〈도5〉의 우측 사진처럼 무질서하다. 그리고 금도금의 범위와 정확히 일치하지 않는 경우도 있다. 이에 주목하여 전고에서는 끌로 홈 내기와 금박 부착 공정이 일관된 순서로 진행되지 않았을 것이라 생각하였고 동녹이 극심함에도 불구하고 도금층이 들뜨지 않고 원상을 유지하고 있음을 강조한 바 있었다. 그러나 〈도5〉의 좌측 사진처럼 금박이 들떠 있는 부분이 관찰되므로 금박 부착의 가능성이 있음을 알게 되었다.

그렇다면 은도금을 어떻게 했을까 하는 점이 새로운 문제로 대두된다. 동지에 은박을 입히는 것과 금박을 입히는 방법은 유사할 것이며 오히려 금박 도금이 쉬울 것으로 보이는데 보다 어려워 보이는 은박 도금 시에는 동지에 홈을 내지 않았다. 육안관찰 결과로 보면 은박의 두께가 금박의 두께보다 상당히 두꺼워 보여 도금기법에 차이가 있는 것 같다. 실체 현미경 관찰 혹은

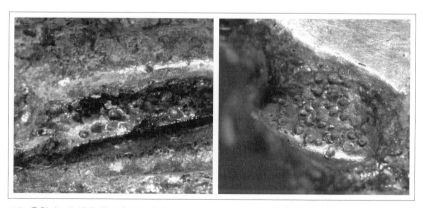

도5. 용원리 1호석곽 대도의 도금상태

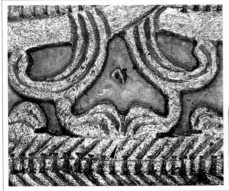

도6. 합천 옥전 M3호분 용문대도 투조 은판 세부(좌:柄頭金具. 우:環)

도7. 옥전 M3호분 용문대도의 금박붙임 세부

자연과학적 분석 데이터가 없는 상황이라서 행론에 어려움이 있지만 〈도6〉과 〈도7〉에 제시한 합천 옥전 M3호분 용문대도의 사례에서 힌트를 얻을 수 있을 것 같다. 옥전 M3호분 용문대도의 경우 철지에 주룡문과 각목대(刻目帶) 투조은판을 덧씌운 다음 여백에 금박을 부착하였다.[26] 이에 비해 용원리 1호석곽묘 대도의 경우 동지에 주룡문이 새겨진 상태에서 그 표면에 보다 얇은 은박을 입힌

---

26) 옥전 M3호분 龍紋大刀의 경우 金箔을 鐵地에 붙인 다음, 보다 두꺼우면서도 下邊이 날카로운 走龍紋 透彫 銀板으로 가장자리를 눌러 고정하는 기법이 사용되었다. 용원리 1호석곽묘 대도의 경우에도 이와 유사한 기법이 구사되었을 가능성이 있다. 그렇지만 은박이 얇아 고정의 효과가 어느 정도였을지 의문이다. 金箔의 가장 자리가 銀箔의 하부로 끼워져 들어가 있는 것처럼 보이는 곳도 있다.

것이다. 은박에 여백부를 미리 투조한 다음 환의 표면에 감쌌거나, 혹은 먼저 은박을 표면 전체에 감싼 다음 금도금할 여백부의 은박을 부분적으로 제거하였을 수도 있다. 이 때 은박이 형태를 제대로 유지하도록 환 내면 전체와 가장자리에 덧씌워진 은박판과 땜으로 접합하였을 가능성이 있다. 이러한 가능성이 인정될 수 있다면 은박판과 금박판 사이에도 1~2곳 정도씩 땜질로 고정하였을 수도 있다. 다만 옥전 35호분 대도의 경우 철지이므로 금박을 땜으로 고정하기는 어려웠을 것이고 칠 등 다른 방법이 활용되었을 것으로 추정하고자 한다.

이처럼 ⑤항의 논문 ⓝ에서 제시한 관찰 내용은 정확한 것 같다. 다만 용원리 1호석곽묘 출토품을 고령 지산동 73호분[27], 지산동 I -3호분 대도[28] 보다 이른 시기의 자료라 단정할 수 있는지는 의문이다.

이상에서 연구사 검토를 겸하면서 옥전 35호분 대도에 구사된 금공기법에 대하여 살펴보았다. 이 대도의 여러 금공기법 가운데 특히 문양 표현기법이 주목된다. 즉, 철로 주조하여 기본 형태를 만들면서 주요 문양을 돌출시킨 다음, 돌출된 부위에 은사를 감입하여 문양의 세부를 표현하였고, 한 단 낮은 바탕 면에 금박을 붙여 색채대비를 꾀한 점이 그러하다. 이와 같은 기법은 수촌리 1호분 등 보다 더 이른 시기의 백제 대도에서도 확인된다. 따라서 이 대도는 백제에서 제작된 것이거나 백제의 직접적인 기술전파에 근거하여 제작된 것으로 추정할 수 있다. 이와 같이 다소 복잡한 공정을 거친 것은 이전 시기의 입사기법이 가진 한계를 극복하려는 의도 때문인 것 같다. 즉, 문양에 볼륨감을 주고 색채대비를 통해 문양의 가시성을 높이려 한 것이다.

---

27) 조영현, 2008,「고령 지산동 제73·74·75호분 발굴조사 -구조와 축성방식-」,『영남고고학회·구주고고학회 합동고고학대회 발표집 한일교류의 고고학』.
28) 영남문화재연구원, 2004,『고령 지산동고분군 I 』.

3. 문양 도상과 표현기법

1) 환두부

옥전 35호분 용봉문대도의 여러 부위 가운데 환내에 장식된 단봉문(單鳳紋)은 가시성이 가장 높았을 것이다. 〈도8〉의 사진에서 볼 수 있듯이 동제품에 비하여 문양의 정교함이 떨어진다. 부리는 일부 파손 가능성을 배제할 수 없지만 급격한 곡선을 이루며 아래쪽으로 꺾여 있다. 정수리 쪽과 부리 사이에는 2줄의 은사가 감입되어 있다. 눈은 횡으로 길쭉한 타원형이다. 아래로는 수염을 표현한 것으로 보이는 문양이 있다. 목덜미 쪽에는 상하로 길쭉하게 금박이 부착되어 있다. 문양 표현기법은 환, 병두금구와 동일하다.

환내 봉의 주위를 둥글게 감싸고 있는 환의 표면에는 주룡문이 양각되어 있다. 이를 환두주룡문이라 부른다. 이 문양은 용봉문대도의 주요 특징 가운데 하나이다. 그런데 환두주룡문 도상은 국가별, 시기별로 차이가 존재한다. 보고서의 도면, 관련 사진(도8), 실견 결과를 토대로 그려본 모식도가 〈도10〉이다. 실물의 유존상태가 불량하여 문양 관찰에 어려움이 있었다. 그 때문에 정밀도는 다소 낮으나 전체적인 도상을 이해하는 데는 참고가 될 수 있겠다.

〈도9〉에서 볼 수 있듯이 두 마리의 용이 대향하는 모습으로 조각되어 있다. 둥근 고리의 좌우에 각 1마리씩의 용이 뒷다리를 아래쪽(도신쪽)에 두고 둥근 고리의 표면을 타고 승천하는 것과 비슷한 자세이다. 세차는 있지만 각 용의 표현은 좌우대칭이다. 각 용은 왼쪽으로 머리를 틀어 서로 부딪치지 않도록 도안되어 있다. 용의 머리는 큼지막하며 입을 벌렸고 뿔, 귀, 턱수염 등이 표현되어 있

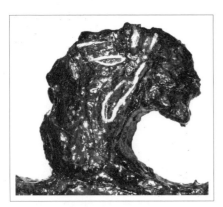

도8. 옥전 35호분 대도의 환내 봉 세부

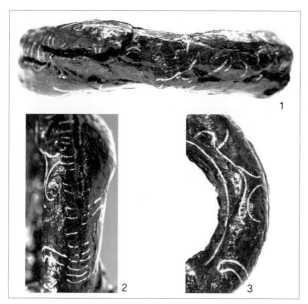

도9. 옥전 35호분 대도의 환두주룡문 세부

다. 용의 등에는 호상(弧狀)의 은사(銀絲)가 감입되어 있다. 왼쪽 앞발은 짧고 오른쪽 앞발은 길다. 앞발이 반대 쪽 용의 입을 향한다. 왼쪽 앞발의 뒤쪽으로는 갈기, 오른쪽 앞발의 주위에는 몸에 연결하는 띠가 부가되어 있다. 왼쪽 뒷발은 마치 용의 꼬리처럼 간략히 표현되어 있고 오른쪽 뒷발에서 발가락은 보이지 않는다. 좌우 발의 길이와 위치를 다르게 표현하여 역동감을 주었다. 이러한 구도는 한성기 백제 용봉문대도의 환두주룡문과 유사하다.

〈도11〉은 옥전 35호분 대도와 동일한 문양 표현기법이 구사되어 있는 공주 수촌리 1호분, 에다후나야마고분[29], 천안 용원리 12호석곽묘 출토 대도의

---

29) 보고서에는 "대향하여 서로 만나려는 龍 두 마리를 조각하였고 銀象嵌되었다. 일부 金이 遺存한다. 肉眼으로 金色을 띠는 小塊가 附着되었는데, 螢光X線 측정결과 Au/Ag 0.079의 數値를 나타내므로 金은 조금 混入된 것으로 생각되며 水銀에 관해서는 不明이다."라는 관찰기록이 실려 있다.

도10. 옥전 35호분 대도의 환두주룡문 모식도

환두주룡문을 모아본 것이다.

　첫째, 전체구도이다. 좌우에 각 1마리씩의 용이 있으며 중간에서 머리와 몸 일부를 왼쪽으로 급격히 틀어 서로 부딪히지 않도록 조각하였다. 선행연구에서 분류한 '근교형'에 속한다.[30] 세부적으로 보면 수촌리 1호분 대도의 용은 목을 급격히 꺾었기 때문에 옥전 35호분 대도에 비하여 목이 더욱 곡선적이다.

　둘째, 발의 위치와 자세이다. 수촌리 1호분 대도의 용문은 좌우의 뒷발이 비슷한 위치에 자리하고 왼쪽 앞발은 앞으로, 오른쪽 앞발은 뒤를 향하게 배치되어 있다. 그것은 반대 쪽 용의 머리가 앞으로 많이 전진되어 있는 구도 때문일 것이다. 에다후나야마고분 대도는 이와 다소 다르다. 왼쪽 앞발은 자신의 턱 밑에 두고 있어 수촌리 1호분 대도와 비슷하지만 오른쪽 앞발은 앞으로 뻗어 반대 쪽 용의 머리 쪽으로 향하도록 조각되어 있다. 뒷다리 부위는 파손된 부분이 있어 애매하지만 대체로 보면 두 다리 모두 후면을 향한 것으로 볼 수 있어 수촌리 1호분 대도와 유사하다. 용원리 12호석곽묘 대도의 용은 앞 뒷발 4개 모두 앞쪽을 향하고 있는데, 여타 3례에 비하여 형식화된 것

　　菊水町史編纂委員會, 2007, 앞의 책, 91쪽(龍文素環頭大刀).
　　〈도12-우〉의 모식도는 위 보고서 〈도2-12〉의 8에 색조를 넣어본 것이다. 보고서에 은상감 문양은 묘사되어 있지 않아 세부적인 도안을 파악하기는 어렵다.
30) 穴澤咊光 · 馬目順一, 1976, 「용봉문환두대도 시론」, 『백제연구』 7, 충남대학교 백제연구소, 250쪽.

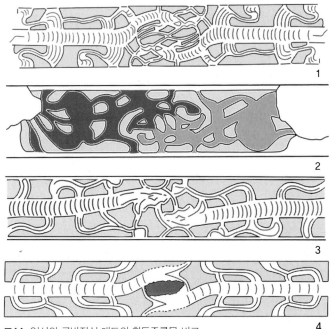

도11. 입사와 금박장식 대도의 환두주룡문 비교
(1.수촌리 1호분, 2.에다후나야마고분, 3.옥전 35호분, 4.용원리 12호석곽묘)

같다. 문양 표현기법도 간소하다.

셋째, 세부 표현기법이다. 4례 모두 용이 입을 벌리고 있으며 그 가운데 수촌리 1호분과 에다후나야마고분 대도의 용 입에서는 서기가 나오는 것처럼 표현되어 있다. 수촌리 1호분 대도의 경우 용 발가락 부분에 3줄의 은사가 감입되어 있다. 옥전 35호분 대도의 경우 발가락에 2줄의 은사가 감입되어 있고 용원리 12호석곽묘 대도에는 발가락의 세부 표현이 없다. 수촌리 1호분 대도 용의 등에 입사된 문양은 위쪽을 향하여 팽창하듯 호선을 이루고 있음에 비하여 옥전 35호분과 용원리 12호석곽묘의 경우 그 반대방향으로 배치되어 있다.

위에서 언급한 것처럼 4례의 도안을 살펴보면, 〈도11-1〉과 〈도11-2〉가, 〈도

11-2〉와 〈도11-3〉이, 〈도11-3〉과 〈도11-4〉가 계기적으로 속성을 공유하고 있음을 알 수 있다. 공반유물에 근거하여 수촌리 1호분을 5세기 2/4분기, 용원리 1호석곽묘와 동 12호석곽묘를 5세기 중엽 경으로 편년한 바 있으므로 위의 변화양상에 주목한다면 옥전 35호분 대도는 5세기 전반에서도 중엽에 가까운 연대를 부여할 수 있겠다.

2) 병두금구와 초구금구

〈도12〉의 좌측 모식도에서 볼 수 있듯이 옥전 35호분 대도의 병두금구에는 전후면에 각 1마리씩의 용문이 시문되어 있다. 용은 진행방향에서 머리를 급격히 틀어 후면을 바라보는 모습이다. 신체 각 부위에는 은사를 감입하여 문양을 강조하였다. 머리, 발, 뿔, 귀가 표현되어 있다. 상하에는 2줄의 횡선 사이에 파상문을 시문하였다. 용의 몸에 감입한 은사의 색조를 고려한다면, 용문양부위는 철지를 그대로 노출시키지는 않고 보다 어둡게 색 처리하여 바탕에 부착된 금박과 색채의 대비를 이루게 함으로써 용문양이 도드라져 보이는 효과를 노렸을 것이다.

이와 유사한 색채 대비기법은 앞 장에서 서술한 옥전 M3호분 용문대도의 환두부에서도 살펴볼 수 있다. 또한 세부기법에서는 차이가 있지만 색채대비의 효과를 노린 사례로 같은 대도의 병두금구(도12의 우측 모식도)를 들 수 있다. 이 경우는 금판을 바탕에 깔고 그 위에 쌍룡문이 투조된 은판을 겹치는

도12. 옥전 35호분(좌)과 옥전 M3호분 대도(우)의 병두금구의 문양 모식

기법이다. 동일한 기법은 백제 무령왕의 용
봉문대도와 고창 봉덕리(鳳德里) 1호분 4호
석실 출토 용봉문장식 원두대도(圓頭大刀,
도13)[31]에서도 살펴볼 수 있다.

도13. 봉덕리 1호분 4호석실
대도 세부

〈도12〉의 좌측과 우측 모식도를 비교해보
면, 모두 배경으로 금색이 선택되었고 은색
은 문양의 세부 혹은 중심문양 전체를 표현
하는데 활용되었다. 제작공정이라는 측면에
서 보면 후자가 진전된 기법처럼 보이지만
투여된 금의 양이 더 많았을 것이다. 좌측의
경우 가장자리에 파상문을, 우측의 경우 능
삼문(稜杉紋, 交互斜線紋)[32]을 시문하였다.
무령왕 대도에서는 별도의 각목대를 돌려
묶듯이 고정하고 있어 차이가 있다. 그간 무
령왕릉 출토품을 제외하고는 백제유적에서
병두 혹은 초구금구에 용봉문이 투조로 표현된 사례가 없어 옥전 M3호분 용
문대도의 계보를 추적하는데 어려움이 있었지만 고창 봉덕리 1호분 4호석실
출토 대도에서 유사한 기법이 확인되었으므로 이러한 기법의 계보를 백제에
서 찾을 수 있게 되었다. 봉덕리 대도의 파 아래에 장식된 금구가 병연금구인
지 초구금구인지 아직 단정할 수 없다. 그렇지만 금판을 바탕에 깔고 그 위에

---

31) 이문형 · 옥창민, 2009, 「고창 봉덕리1호분」, 『제33회 한국고고학 전국대회 발표문』.
32) 그간의 마구 연구에서는 이 문양이 옥전 M3분 단계부터 유행한 대가야적인 요소임을
지적해왔다.
김두철, 2001, 「대가야고분의 편년 검토」, 『한국고고학보』 45, 한국고고학회, 188쪽.
諫早直人, 2009, 「대가야권 마구 생산의 전개와 그 특질」, 『고령 지산동 44호분』, 경북
대학교박물관 외, 566~568쪽.

도14. 옥전 35호분 대도의 초구금구 문양

쌍룡문[33])과 능삼문이 베풀어진 은판을 겹치는 기법이 백제 대도에서도 확인되었다는 점은 향후 장식대도 연구에 중요한 시사점을 던져준다.

초구금구의 상하단에는 은사를 1줄씩 감입하였고 그 내부에는 날개를 펼친 채 마주보고 있는 두 마리의 새를 표현하였는데 봉(鳳)인 것 같다. 봉의 크기와 자세는 서로 다르며 중간 아래쪽에 횡장방형의 구멍이 뚫려 있다.(도14) 문양의 표현기법은 병두금구와 동일하다.

4 . 맺음말

이상에서 살펴본 것처럼 합천 옥전 35호분에서 출토된 용봉문대도는 가야 대도 가운데는 매우 특이한 존재이다. 특히 문양의 표현기법이 한성기 백제 대도와 유사하여 주목된다. 문양 표현의 공정을 단계화하여 보면 다음과 같다. 첫째, 철로 주조하여 기본 형태를 만들면서 용이나 봉황 등의 문양을 돌출시켰다. 둘째, 돌출된 부위에 은선을 새겨 넣어 문양의 세부를 표현하였다. 셋째, 한 단 낮은 바탕 면에 금박을 부착시켰다. 이와 같이 다소 복잡한 공정을 거친 것은 이전 시기의 입사기법이 가진 한계를 극복하려는 의도 때문인 것 같다. 즉, 문양에 볼륨감을 주고 색채대비를 통해 문양의 가시성을 높이려 한 것으로 보인다. 이와 같은 기법은 수촌리 1호분 등 더 이른 시기의 백제

---

33) 두 마리의 용두가 X자 모양으로 교차하는 도상이며 옥전 M3호분 용문대도에 표현된 쌍룡문처럼 머리를 교차한 다음 후면을 바라보는 도상은 아니다.

장식대도에서도 확인된다. 따라서 이 대도는 백제에서 제작된 것이거나 백제의 직접적인 기술전파에 근거하여 제작된 것으로 추정할 수 있다. 환두주룡문의 도상과 문양표현기법에 기준하여 보면 옥전 35호분 대도는 공주 수촌리 1호분 대도보다는 늦은 시기의 자료이고 천안 용원리 1호석곽묘와 동 12호석곽묘 대도보다는 고식이라 판단된다. 절대연대로 보면 5세기 2/4분기~중엽 경의 연대를 부여할 수 있다.

---

* 최근 일본의 금속공예연구가 스즈키 츠토무[鈴木勉]씨가 필자의 논고에 대해 신랄한 비판을 가하였다. 옥전 M3호분 용문대도에 대한 필자의 관찰에 오류가 있다는 점을 지적하면서 필자의 연구방법론 전체에 문제가 있다고 언급하였다. 유물을 실제로 복원제작해본 결과 필자의 연구와 다른 결과가 나왔다는 점, 한국인 제자들이 필자의 연구에 문제가 있다고 이야기한 것에 근거하였다. 이와 같은 비판 가운데 비학술적 부분에 대해서는 대응할 가치가 없지만 팩트와 관련한 문제는 추후 다른 지면에서 상세히 다루어 보고자 한다.(鈴木勉, 2015,「朝鮮半島三國時代の彫金技術 その17 -李漢祥 '陜川玉田M3號墳龍鳳紋大刀の環部製作工程'への批判」,『文化財と技術』7, 工藝文化研究所)

제3장
옥전 M3호분 대도의 제작기법

1. 머리말

합천 옥전고분군은 양직공도(梁職貢圖)와 일본서기(日本書紀)에 기록된 다라(多羅)의 지배층 묘역일 가능성이 있다.[1] 1985년 이래 최근에 이르기까지 여러 차례에 걸쳐 조사가 진행되어 150여 기의 무덤이 발굴되었다. 다수의 무덤이 도굴의 피해를 입었지만 가야의 그 어느 고분군보다도 화려한 유물이 출토되었다. 그중 가장 눈에 띠는 무덤은 M3호분이다. 이 무덤은 반지상식의 수혈식석곽묘(竪穴式石槨墓)로, 석곽의 형태는 장방형이며 격벽이 있어 주곽과 부곽이 구분된다. 석곽의 길이는 10.6m, 너비는 2.7m 규모이다.[2]

M3호분에서는 대도와 장검이 14자루나 출토되었다. 대도는 13점이고 그 가운데 용봉문대도 4점이 포함되어 있다. 이 4점의 대도는 주조철부(鑄造鐵

---

1) 조영제, 2007, 『옥전고분군과 다라국』, 혜안.
2) 조영제 · 박승규, 1990, 『합천 옥전고분군 II』, 경상대학교박물관.

斧)를 깔아 만든 관대 위와 그 주변에서 출토되었다.(도1) 후술할 용봉문대도 A[3)]가 피장자의 패용대도(佩用大刀)였던 것으로 추정된다.

이 일군의 대도에 관해서는 이미 많은 연구가 진행된 바 있다. 제작지를 둘러싸고 여러 논의가 진행되었는데 대가야산으로 보는 연구가 많다. 근래에는

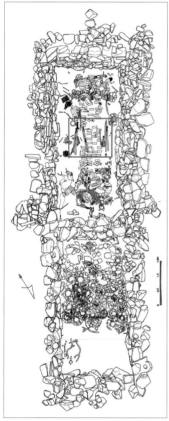

도1. 옥전 M3호분 대도 출토위치

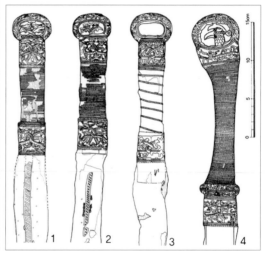

도2. 옥전 M3호분 출토 용봉문대도
(1.용봉문대도A 2.용봉문대도B, 3.용문대도, 4.단봉문대도)

3) 옥전 M3호분에서 출토된 4점의 龍鳳紋大刀는 여러 가지 이름으로 불린다. 발굴조사 보고서에서는 '龍鳳文環頭大刀A' '龍鳳文環頭大刀B' '單鳳環頭大刀' '龍文裝環頭大刀'라 명명하였다. 전 3자는 환내에 각기 용봉과 단봉장식이 있어 그것을 명칭에 부가시켰고 '龍文裝環頭大刀'의 경우 환내에 장식이 없으나 환의 走龍紋에 기준하여 이름을 붙인 것이다. 후속연구에서 연구자마다 다양한 명칭으로 부르고 있으나 필자는 원 보고서의 명칭에 기준하되 명칭을 좀 더 간명하게 줄여 龍鳳紋大刀A, 龍鳳紋大刀B, 單鳳紋大刀, 龍紋大刀라 부르고자 한다.

재질, 도금기법, 조립방식, 도안 등에 대하여 종합적으로 검토하면서 대가야 대도의 특징을 정리한 연구도 제출되어 있다.[4]

옥전 M3호분 용봉문대도를 조사할 수 있었기에 여기서는 그 성과 가운데 일부를 소개하고자 한다. 특히 주룡문이 시문된 환을 어떻게 만들고 문양을 어떻게 표현하였는지, 그리고 도금기법과 조립방법은 어떠한지에 주목하고자 한다.

2. 부품구성과 조립

1) 부품 구성

〈도2〉와 〈도3〉은 옥전 M3호분 출토 용봉문대도 4점의 도면이다. 이 4점은 주룡문의 구도, 문양표현기법, 부품의 구성에서 일정한 공통점과 차이점을 함께 가진다. 각 대도별 환부의 부품구성

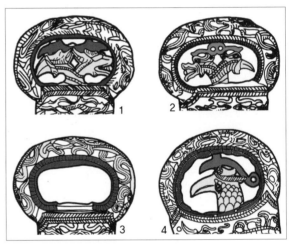

도3. 옥전 M3호분 용봉문대도의 환부 모식

4) 조영제, 1992,「신라와 가야의 무기 · 무구」,『한국고대사논총』3, 가락국사적개발연구원.
    穴澤咊光 · 馬目順一, 1993,「陝川玉田出土の環頭大刀群の諸問題」,『古文化談叢』30(上), 九州古文化硏究會.
    町田章, 1997,「가야의 환두대도와 왕권」,『가야제국의 왕권』, 신서원.
    구자봉, 2005,「삼국시대의 환두대도 연구」, 영남대학교 박사학위논문.
    이한상, 2010,「대가야의 성장과 용봉문대도문화」,『신라사학보』18, 신라사학회

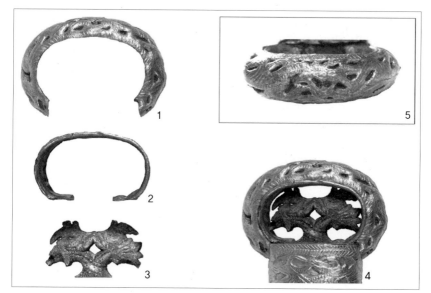

도4. 옥전 M3호분 용봉문대도A의 환부 부품과 조립

과 조립문제에 대해 서술하고자 한다.

⑴ 용봉문대도A(도2-1, 3-1)

이 대도의 환부는 〈도4-1~3〉처럼 몇 개의 부품으로 구성되며 아래에서 설명하는 순서대로 조립, 완성된 것이다. 각 부품의 형태적 특징은 다음과 같다.

주룡문환(도4-1) : 소지금속은 철이다. 단면은 '∩'형이다. 표면에 주룡문이 표현되어 있다.[5] 용의 몸은 약간의 볼륨감을 지니며 돌출되었고 여백은 투공처럼 뚫려있다. 주연을 따라가며 사선문이 조밀하게 시문되어 있다. 그 위에 얇은 금판이 씌워져 있다.

金宇大, 2011, 「裝飾附環頭大刀の技術系譜と傳播」, 『古文化談叢』 66, 九州古文化研究會.
김도영, 2012, 「삼국시대 용봉문환두대도의 제작기술론적 접근」, 경북대학교 석사학위논문.
5) 玉田 M3호분 龍鳳紋大刀 4점의 環部走龍紋에 대한 고찰은 後稿로 미루고자 한다.

세장방형판(도4-2) : 주룡문환의 아래쪽에 부착하여 막음 판으로 기능하게 한 것이다. 세장방형의 판을 둥글게 휘어 만들었다. 소지금속의 재질은 철이다. 금판을 씌워 장식하였다. 문양은 표현되어 있지 않다.

환내 용봉(도4-3) : 용두봉수(龍頭鳳首)가 머리를 교차하는 도상이다. 두툼한 환조(丸彫)이며 머리 위쪽에 얇은 판상의 뿔 모양 장식이 연결되어 있고 아래쪽에는 기부(基部) 결합용 촉이 만들어져 있다. 재질은 불명이나 동지에 아말감(amalgam) 도금한 것 같다.[6]

(2) 용봉문대도B(도2-2, 3-2)

이 대도의 환부는 〈도5-1~3〉처럼 몇 개의 부품을 별도로 만들어 땜질, 결합, 삽입 등의 방법으로 조립된 것이다.

주룡문환(도5-1) : 현재까지의 자료만으로 단면의 형태를 추정하기는 어

도5. 옥전 M3호분 용봉문대도B의 환부 부품과 조립

6) 東京國立博物館 소장 有銘環頭大刀의 環內龍의 경우 XRF 조사결과 金과 水銀이 검출되어 銅地에 水銀아말감技法으로 도금했음이 밝혀졌다.
東京國立博物館, 1992,『修理報告 有銘環頭大刀』.

도6. 호우총 대도의 환내 용 조립(2)과 환 단면(3)

려우나 막음 판이 존재하고 동경국립박물관 소장 유명환두대도(有銘環頭大刀, 도19-2)나 옥전 M3호분 단봉대도의 X선 사진(도7-5)으로 보면 용봉문대도A나 경주 호우총(壺杆塚)[7] 대도(도6-3)처럼 단면 '∩'형일 가능성이 있다. 표면의 문양을 살펴보면 〈도5-4〉와 같이 대향하는 주룡문이다. 소지금속은 철인 것 같다. 주연에는 사선의 각목문이 시문되어 있다.

세장방형판(도5-2) : 용봉문대도A의 경우와 마찬가지로 주룡문환의 아래쪽에 부착하여 막음 판으로 기능하게 한 것이다. 세장방형의 판을 둥글게 휘어 만들었다. 소지금속의 재질은 역시 철이다. 측면에 각목문이 시문되어 있다.

환내 용봉(도5-3) : 용두봉수형이며 재질은 불명이나 동지에 아말감도금한 것 같다. 머리 위쪽에 판상의 뿔 모양 장식이 부가되어 있다. 아래쪽은 자세히 관찰하기 어려우나 기부에 끼워 넣기 위한 촉이 만들어져 있을 것 같다.

(3) 단봉문대도(도2-4, 3-4)

이 대도의 환부는 〈도7-1~3〉에서 볼 수 있듯이 몇 개의 부품을 별도로 만들어 조립, 완성한 것이다.

주룡문환(도7-1) : 〈도7-5〉의 X선 사진을 참고해보면 단면은 '∩'형일 가

---

7) 국립대구박물관, 2007, 『특별전 한국의 칼』, 80쪽 사진129.
   이외에 상세한 정보는 함순섭 測 '호우총 환두대도 실측도(미공간)' 참조.

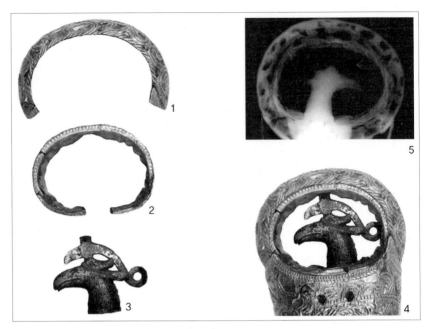

도7. 옥전 M3호분 단봉문대도 환부 부품과 조립

도8. 옥전 M3호분 단봉문대도의 주룡문(세부)

능성이 있다. 문양은 위 2례와 마찬가지로 대향하는 주룡문인데 뒷발 2개는 앞을 향하고 오른쪽 앞발은 뒤를 향하고 있어(도8) 특이하다. X선 사진으로 보면 본 예 역시 용봉문대도A와 마찬가지로 문양여백부가 뚫려있음을 알 수 있다. 녹으로 보면 소지금속의 재질은 철인 것 같다.

세장방형판(도7-2) : 용봉문대도A·B와 마찬가지로 주룡문환의 아래쪽에 부착하여 막음 판으로 기능하게 한 것이다. 측면에는 각 목문이 조밀하게 시문되어 있다. 금판의 밀착도가 낮기 때문인지 금판이 연속 호선의 굴곡을 이룬다.

환내 봉(도7-3) : 단봉이며 목에는 어린문이 조밀하게 새겨져 있다. 눈 위쪽에는 별조의 뿔 모양 장식을 붙였는데 위쪽이 환의 막음 판에 끼워져 있다. X선 사진에서 볼 수 있듯이 환내 봉의 하부에는 촉이 만들어져 있다.

⑷ 용문대도(도2-3, 3-3)

이 대도의 환부는 〈도9-1~4〉에서 볼 수 있듯이 여러 개의 부품을 조립하여 완성한 것이다.

소지환(도9-1) : 소지금속은 철이다. 막음 판의 존재와 부식양상으로 보면 단면은 중공(中空)일 가능성이 있지만, 문양표현기법으로 보아 중실(中實)일 가능성도 배제하기 어렵다. 향후 X선 사진을 촬영하여 관찰하는 등 상세한 후속연구가 필요한 부분이다. 본서에서는 일단 중공일 가능성에 무게를 두고 논지를 전개하고자 한다.

주룡문투조은판(도9-3) : 은판에 주룡문을 도안한 다음 여백을 뚫어냈다. 이어 소지환 위에 올려 그 굴곡에 맞게 굴곡을 가다듬었다. 용의 세부는 선조

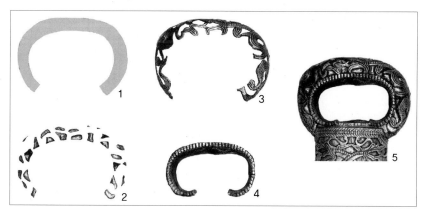

도9. 옥전 M3호분 용문대도 환부 부품과 조립

도10. 용문대도 환부 각목대와 막음 판 세부

기법을 구사하여 표현했다.[8]

　여백장식금판(도9-2) : 주룡문투조은판의 비어있는 부분, 즉 용문의 여백에 부착한 금판이다. 투조은판에 비해 얇다. 여백에 따라 크기와 모양이 다양하다.

　각목대와 세장방형판(도9-4) : 세장방형판과 각목대는 별도로 만들어 접합한 것이다.(도10) 은제 각목대에는 끌로 찍어낸 문양이 매우 선명하다.(도10-우) 전후 2줄의 각목대 사이에 낀 세장방형판은 철지에 얇은 은판을 씌운 것이다. 이 부품의 양단 사이에 원래 환내 용봉장식이 부착되어 있었을 가능성을 제시한 연구[9]도 있었고, 이를 '환두부 기부의 요(凹)상 흔적'이라 칭하면서 백제대도의 특징이라 지적한 연구[10]도 있다.

　2) 조립공정

　위에서 언급한 여러 부품을 어떻게 조립했을까 하는 문제에 대하여 검토하면 다음과 같다. 옥전 M3호분 출토 4점의 용봉문대도 가운데 용봉문대도A와

---

8)　보다 구체적으로는 언급하면 毛彫에 가깝다.
9)　구자봉, 2005, 앞의 논문, 87쪽.
10)　김우대, 2011, 앞의 논문, 97~98쪽.

B, 단봉문대도는 조립방식이 유사했을 것으로 보이므로 묶어서 I 류로, 용문대도는 전 3자와는 차이가 있으므로 이를 2류로 구분하여 설명하고자 한다.

⑴ I 류

환 제작 : 용봉문대도A의 주룡문은 철지의 표면에 주출된 것이 확인되므로, 주출 후 금판을 씌워 부품을 완성한 것으로 보인다. 용봉문대도B와 단봉문대도의 경우도 철지의 표면에 주룡문이 주출된 것일 가능성이 있다. 다만 병두금구에서는 철지 위에 주룡문이 시문된 동판을 붙이고 그 위에 보다 얇은 금판을 감싸 도금한 사례가 확인되므로, 이 기법이 주룡문환에 적용되었을 가능성도 배제하기 어렵다. 이와 같은 과정을 거쳐 중공의 주룡문환이 완성되었을 것이다. 주룡문환과 세장방형판 제작의 선후관계는 알 수 없지만, 조립할 때는 주룡문환에 둥글게 휘어진 세장방형판을 덧대어 환부를 완성하였을 것이다.(도11-1 · 3)

환내 용봉 결합 : 이 장식의 윗부분을 세장방형판 정부에 끼운 다음, 아래쪽 경(莖)을 기부 홈에 꽂아 완성하였을 것이다.(도12) 정부에 고정하는 것과 기부에 고정하는 것 사이의 선후 관계는 알기 어렵다. 이 역시 기부 쪽 X선

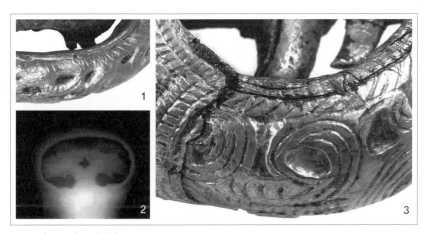

도11. 각 부품의 조립양상(1 · 2.용봉문대도A, 3.단봉문대도)

도12. 용봉문대도A의 환내 용봉 조립

사진을 상세히 촬영하여 관찰한다면 보다 분명히 알 수 있을 것 같다. 기왕에 알려진 X선 사진(도7-4·11-2)[11]에서도 해상도가 선명하지 않지만 방형의 경이 기부의 요(凹)면에 끼워져 있어 경주 호우총 대도(도6-우)와 유사한 방식임을 알 수 있다. 그런데 별도의 고정 장치가 없기 때문에 위쪽으로 밀려올라올 수 있는 구조이다. 따라서 윗부분에도 고정한 것 같다.

(2) Ⅱ류

환 제작 : 소지환(素地環)의 하부에 세장방형판을 덧대어 중공의 환을 만든다. 그런데 잔존양상으로 보면 이 시점에는 세장방형 철판에 은판이 씌워져 있지 않았던 것 같다. 왜냐하면 각목대보다 은판이 나중에 씌워졌을 가능성이 있기 때문이다.

주룡문투조은판과 각목대 접합 : 투조은판을 소지환 위에 겹친 다음 두드려 붙이며 밀착시킨다. 이 때 문양이 찌그러지는 것을 방지하기 위하여 나무로 만든 망치를 사용했을 것 같다. 이어 주연에 각목대를 돌린 다음 주룡문투조은판과 땜으로 고정한다. 〈도13-우〉 사진에서 볼 수 있듯이 땜질흔적을 도구로 지워 매끈하게 만들었다.

금판 부착 : 주룡문투조은판과 소지환을 겹쳤을 때 생기는 여백에 미리 재단해놓은 금판을 부착한다. 투조판을 소지환의 상면에 올려 곡선화하는 과정에서 크기나 형태가 다소 변형될 수도 있으므로 소지환 위에 투조판을 올

---

11) 문화재보존과학센터, 2012, 앞의 책, 206쪽 사진13, 209쪽 사진17-中.

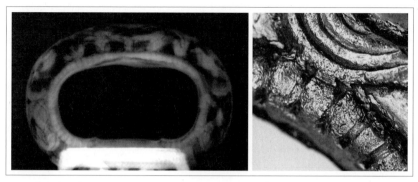

도13. 용문대도 각목대와 세장방형판, 투조판과의 접합

린 다음 여백을 계측하여 금판을 재단했을 수도 있다. 작업의 효율성을 고려할 때 후자 쪽 가능성이 보다 높을 것 같다. 금판 부착 위치를 표시해놓은 다음 투조판을 떼어내고 금판을 붙인 다음 투조판을 겹쳐 붙였을 것으로 추정하고자 한다. 이 때 금판은 가접합되었을 것이다. 투조판이 소지환에 밀착되면서 가장자리가 금판의 가장자리를 견고하게 압착하면서 고정하는 방식으로 조립하였다.

은판 도금 : 환의 막음 판일 것으로 보이는 철제 소지에 얇은 은판을 감쌌고, 각목대와의 접점에 땜으로 접합하였다.

3. 주룡문 표현과 도금방법

1) 주룡문 표현기법

(1) 주조와 투조판

주조 : 옥전 M3호분 출토 용봉문대도 4점의 환부에는 대향의 주룡문이 표현되어 있다. 용봉문대도A · B, 단봉문대도에 묘사된 주룡문의 경우 잔존 흔적으로 미루어보면 얇은 금판에 직접 문양을 조금(彫金)한 것은 아니다. 바탕 금속에 주룡문이 시문되어 있고 그 표면에 금판을 덮어 마치 탁영(拓影)

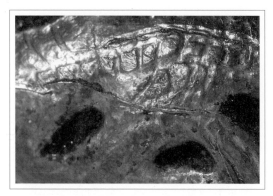

도14. 옥전 M3호분 용봉문대도A의 문양 세부

도15. 옥전 M3호분 단봉문대도의 문양 세부

하듯 문질러 문양을 드러낸 것이다.[12] 비록 정밀주조가 수행되었다고는 하지만 〈도14〉에서 볼 수 있듯이 용의 신체 특징을 표현하기 위하여 음각된 무늬가 뭉그러지기도 하고 표면에서 미세한 요철이 다수 관찰된다.

단봉문대도의 경우 문양이 더 깊고 선명하다.(도15) 이와 같은 차이는 형틀에 옮겨진 원본 문양의 정조(精粗)와 관련이 있을 것이다. 용봉문대도A의 용 표현은 얕으며 곡선적인

반면, 단봉문대도의 용 표현은 더 깊고 각이 져 있다. 또 하나 고려할 필요가 있는 것은 금판의 두께차이다. 용봉문대도A의 금판이 더 얇은 것 같다.

〈도16〉은 용봉문대도A의 병두금구 세부이다. 소지금속은 철판이며 그 위에 문양이 시문된 동판, 다시 그 위에 얇은 금판이 차례로 씌워져 있음을 볼 수 있다. 옥전 M3호분 용봉문대도의 환에서는 동판을 활용한 사례가 확인되

---

12) 옥전 M3호분 대도에서 볼 수 있는 이와 같은 기법적 특징에 대하여, 1990년대 초반 古代研究會 월례발표회에서 현 삼강문화재연구원 崔鍾圭 선생님의 지적이 있었다. 그 당시의 發表文(加耶의 金工)은 아직 公刊되지 않았다.

도16. 옥전 M3호분 용봉문대도A의 병두금구 문양표현기법 세부

도17. 창녕 교동 10호분(좌, 중)과 고령 지산동 구39호분 대도(우)의 문양표현기법

지 않으나 〈도17〉에 제시한 창녕 교동(校洞) 10호분 출토품[13]의 경우 그와 같은 기법이 구사되었을 가능성이 있다. 이 대도의 환(環) 곳곳에서 청동녹이 관찰된다. 주룡문의 돌출도가 현저하고 표면이 매끈하며 문양이 정교한 편이다. 더하여 〈도17〉의 중간 사진을 보면 용의 등 부분을 조금하면서 왼쪽 갈기 부위를 부분적으로 타격한 흔적이 남아 있다. 형틀을 만들기 위해 조각한 원본에 남겨진 흔적이라기보다는 도금한 다음 후가공한 흔적이거나 혹은 그 직전 단계의 흔적일 수 있다. 직전단계의 흔적이라면 동판에 새겨진 문양일 수 있다.

---

13) 穴澤咊光 · 馬目順一, 1975, 「昌寧校洞古墳群 -梅原考古資料を中心とした谷井濟一氏 發掘資料の研究-」, 『考古學雜誌』60-4, 日本考古學會.
   국립대구박물관, 2007, 앞의 책, 81쪽 사진131.

〈도17〉의 우측 사진은 고령 지산동(池山洞) 구39호분 대도[14]의 병두금구 세부이다. 도금이 벗겨져 소지금속인 철판이 노출되었다. 소지금속에 문양이 새겨져 있음을 볼 수 있다. 문양은 정교하지 않다. 이 대도의 경우 귀갑문(龜甲紋) 결절점에 홈이 마련되어 있고 그 곳에 동이 감입되어 있다.[15]

투조판 : 위 3점의 대도와는 달리 용문대도의 경우 주룡문의 윤곽은 투조, 세부는 조금으로 표현되었다. 은판은 금판에 비해 두꺼우며, 끌로 지판(地板)에 그린 여백이 제거되고 주룡문만 남았다. 용의 눈, 귀, 몸, 발과 발가락 등이 상세히 표현되어 있다. 〈도18〉의 아래쪽 사진에서 잘 드러나듯 조금이 세밀하다.

여백 처리 : 용봉문대도A의 경우 여백이 투공처럼 뚫려있어 특이하다. 이와 유사한 사례는 가야 대도에서 종종 확인된다. 발굴조사에서 출토된 사례는 드물지만 수집품 가운데

도18. 옥전 M3호분 용문대도의 주룡문 세부

---

14) 有光敎一·藤井和夫, 2008, 「附篇 高靈主山第39號墳發掘調査報告」, 『朝鮮古蹟硏究會遺稿Ⅱ』, 유네스코 東아시아문화연구센터 財團法人 東洋文庫.
국립대구박물관, 2007, 앞의 책, 79쪽 사진127.
15) 半球狀의 銅板 위에 琉璃가 嵌入되었을 가능성을 제시한 연구가 있으나 유물에서는 확인되지 않는다.

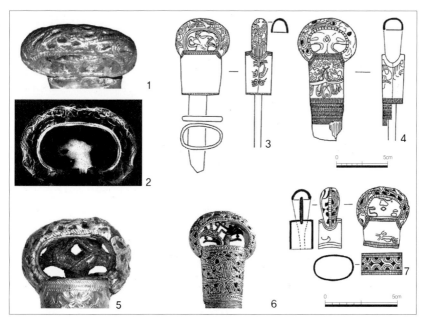

도19. 옥전 M3호분 용봉문대도A의 비교자료
(1·2.동경국립박물관, 3·4.아타카 collection, 5.국립중앙박물관, 6.리움, 7.아츠타신궁)

여러 점이 있다. 〈도19-1·2〉는 동경국립박물관 소장 유명환두대도이다.[16] 한반도 출토품으로 전하며 수리 시 자연과학적인 분석, 명문판독, 주룡문의 도상 검토가 진행되었다. 〈도19-3·4〉는 아타카[安宅] 컬렉션 대도이다.[17] 한반도 출토품으로 알려져 있다. 옥전 M3호분 용봉문대도A와 마찬가지로 환이 중공이고, 주룡문환의 단면이 '∩'형이며 하부를 단면 일자상의 금속판으로 막은 것이다. 〈도19-5〉는 출토지 불명의 국립중앙박물관 소장품이다. 옥전 M3호분 용봉문대도A와 유사하다.[18] 〈도19-6〉은 LEEUM 소장품이다. 안

16) 東京國立博物館, 1992, 앞의 책.
　　박천수, 2012,『일본 속 고대 한국문화』, 동북아연구재단, 298쪽.
17) 町田章, 1987,『古代東アジアの裝飾墓』, 同朋社, 118~120쪽.
18) 국립대구박물관, 2007, 앞의 책, 81쪽 사진132.

강 출토품이라 전하지만[19] 가야 고분 출토품일 가능성이 있다. 병두금구의 문양 여백까지 투공상으로 뚫려 있는 점이 특이하다. 〈도19-7〉은 일본 아츠타신궁[熱田神宮] 소장품이며 와카야마현[和歌山縣] 이와세센즈카고분[岩橋千塚古墳] 출토품일 것으로 보인다. 환의 횡경이 3.4cm에 불과한 소도이며[20] 열도에서 제작된 것 같다. 단봉문대도의 경우 〈도7-5〉의 X선 사진을 참고해 보면 주룡문이 주출된 소지금속의 문양 여백은 뚫려 있었을 가능성이 있다.

2) 도금기법

(1) 용봉문대도A · B와 단봉문대도 환의 도금

앞절에서 서술한 것처럼 위 3점의 대도는 주룡문환, 세장방형판, 환내 용봉 등의 부품으로 구성되어 있고 각 부품을 조립하여 환부를 완성한 것이다. 물론 도금작업은 부품 조립 이전에 진행됐다. 본 소절에서 검토하려는 것은 주룡문환에 베풀어진 도금기법이다. 도금은 전후면 대칭으로 진행되었는데 한쪽 측면의 도금 순서를 상정해보면 다음과 같다.

첫째, 금판 2매를 환의 전면 혹은 후면의 크기만큼씩 잘라낸다. 둘째, 금판의 장변[21]을 환의 척부(脊部) 중앙에 가접합한다. 셋째, 망치로 두드려 펴면서 소지금속의 표면 굴곡에 맞추며 도금범위를 넓혀 간다. 넷째, 하단부의 몇 곳은 상하로 잘라내어 주름이 생기지 않도록 고려한다. 다섯째, 주연 쪽에서는 이면으로 감싸 고정시키며 부품조립 시 세장방형판과 맞물리도록 하여 결속력을 강화시킨다. 이와 같은 방식으로 반대편에도 금판을 씌웠을 것이다. 그 때문에 옥전 M3호분 용봉문대도 3점에는 척부 중앙을 따라가며 2매의 금판 접점이 남게 된다.[22] 용봉문대도A는 척부 중앙의 금판 접합력이 약해지면

---

19) 호암미술관, 2001, 『황금의 미 -한국 미술 속의 금빛-』, 14쪽 사진25.

20) 町田章, 1987, 앞의 책, 117~118쪽.

21) 直線을 이루었다.

22) 도금 공정 후 추가적으로 열을 가한 경우 접합부의 일부가 녹아 붙은 곳도 있다. 이

서 들떠 있다.(도20) 이와 같
은 도금기법은 〈도21〉의 용봉
문대도B, 〈도22〉의 단봉문대
도에서도 동일하게 관찰된다.
용봉문대도B의 경우 측면에
칼집을 7군데 내어 겹쳤다. 옥
전 M3호분 용봉문대도 3점과
조금 다른 사례로 산청 생초
M13호분 용봉문대도[23]를 들
수 있다. 〈도23〉에 표시한 것
처럼 전후면에 각 4곳씩 모두
8곳에 칼집을 주어 접었다. 전
후면의 칼집이 엇갈리며 상하로

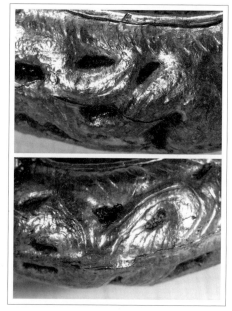

도20. 옥전 M3호분 용봉문대도A 환의 도금

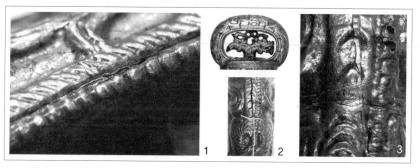

도21. 옥전 M3호분 용봉문대도B 환의 도금

흔적을 鑄造線으로 보면서 環을 合范으로 만들었을 것으로 보는 연구가 있다. 그러나
그 부분에 대하여 필자 역시 관심을 가지고 數回에 걸쳐 실물을 관찰한 바, 그것은 도
금 시 금판이 겹치면서 생겨난 흔적임을 확인할 수 있었다.
김도영, 2012, 앞의 논문, 53~54쪽.
23) 조영제 외, 2009, 『산청 생초 M12 · M13호분』, 경상대학교박물관 외.

도22. 옥전 M3호분 단봉문대도 환의 도금

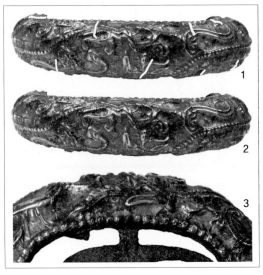

도23. 산청 생초 M13호분 대도 환의 도금

길쭉한 점이 특징이다. 그 대신 척부 중앙의 금판 겹침 흔적이 없다. 전후면에 칼집을 길게 냈기 때문에 1매의 금판만으로도 정교하게 도금할 수 있을 것으로 예상하고 도금을 시도한 것 같다. 옥전 M3호분 대도보다는 도금이 정교하지 않다.

지금까지 발굴된 가야의 용봉문대도 가운데는 환에 금판을 씌워 도금한 것이 다수를 점한다. 그 가운데 옥전 M3호분 출토 3점의 대도가 가장 이른 시기의 자료이다. 그런데 아직 백제의 용봉문대도에서 이와 동일한 기법이 활용된 사례를 찾아보기 힘들기 때문에 이와 같은 도금기법의 계보를 살피기 위해서는 향후 자료의 증가가 필요하다.

⑵ 용문대도 도금기법의 계보

옥전 M3호분 용문
대도의 경우 주룡문투
조은판의 여백에 다양
한 크기의 금판을 부착
한 점이 특징이다.(도
24) 이와 같은 도금기
법은 공주 수촌리 1호
분(도26-1 · 2)[24], 천
안 용원리 1호석곽(도
27), 동 12호석곽(도
26-3)[25] 등 한성기 백
제 고분 출토품에서 유
례를 찾아볼 수 있다.
가야에서는 합천 옥전
35호분 대도(도25)[26]
에서 확인된다. 무덤의
연대로 보면 백제의 3
례보다 옥전 M3호분이
후행하므로 이 기법의
계보를 한성기 백제 대

도24. 용문대도 환부 도금기법

도25. 옥전 35호분 대도의 주룡문과 도금기법

---

24) 충청남도역사문화연구원 · 공주시, 2007, 『공주 수촌리유적』.
  국립공주박물관, 2009.12.3, 「보도자료-공주 수촌리 출토 환두대도에서 금판장식 최초
  확인」.
25) 이남석, 2000, 『용원리고분군』, 공주대학교박물관.
26) 조영제 외, 1999, 『합천 옥전고분군Ⅷ』, 92~95쪽.

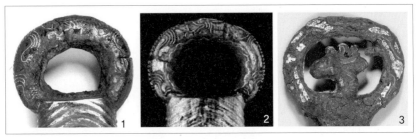

도26. 공주 수촌리 1호분(1, 2)과 천안 용원리 12호석곽묘 대도(3)의 도금기법

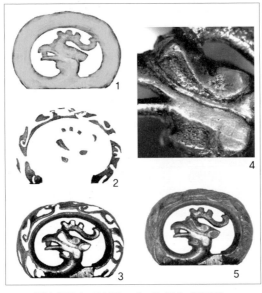

도27. 천안 용원리 1호석곽묘 대도의 환부 제작기법

도에서 찾아볼 수 있다. 특히 도금기법이란 측면에서 보면 〈도27〉에 제시한 천안 용원리 1호석곽 출토 대도와 기본적으로 일치한다.

천안 용원리 1호석곽 대도의 부품 구성 및 환부의 제작공정을 요약하면 '①동으로 주조(주룡문 주출) → ②후가공 → ③ 금도금 예정 부위에 끌로 홈내기 → ④ 금판 부착→⑤은판 씌움' 정도로 상정할 수 있다. 끌로 홈 내기를 한 곳은 전체에서 한 단 낮은 곳이다. 끌의 끝은 대롱 모양이었던 것 같으며 홈은 무질서하다. 금판 붙임의 범위와 정확히 일치하지 않는 곳도 있다. 옥전 M3호분 용문대도의 사례를 통해 용원리 1호석곽 대도의 도금공정을 추론해보면 〈도27〉과 같다.

첫째, 소지금속인 동환에 주룡문과 단봉문을 시문한다. 둘째, 얇은 금판에 주룡문의 여백을 그린 다음 오려 준비한다. 셋째, 금판을 부착할 주룡문 여백에 끌로 촘촘히 홈을 낸다. 넷째, 은판을 재단하여 주룡문의 형태, 단봉의 머리와 목, 환 내측의 세장방형판 등을 오려낸다. 작업과정에서 소지동환에 은판을 덧대어 크기나 굴곡 등을 맞춘다. 다섯째, 나무망치 등으로 두드리며 금판을 동환 표면에 부착한다. 이 때 아교 등의 접착제가 사용되었을 가능성도 있다. 여섯째, 여러 모양으로 오려낸 은판 가운데 단봉문과 환 내측의 세장방형판 등을 땜으로 부착하며 형태를 잡아간다. 이 때 금판의 가장자리를 은판의 가장자리가 눌러 겹치게 한다. 일곱째, 소지동환의 표면에 주룡문 모양의 은판을 씌우고 주연을 내측 세장방형판 주연에 땜으로 접합한다. 여덟째, 끌 · 망치 · 줄 등의 도구로 후가공하여 완성한다.

이와 같은 추정은 실제와는 다소 공극이 있을 수도 있겠으나 대도의 제작기법을 이해하는 데는 일정 정도 유효할 것 같다. 도금을 비롯한 제작공정 혹은 제작의장이라는 측면에서 보면 옥전 M3호분 용문대도는 백제적인 색채를 짙게 가지고 있다. 용문대도의 병두금구는 금판 위에 은제 투조판을 덧대어 색채대비 효과를 노린 의장을 갖추고 있다. 백제 무령왕의 용봉문대도와 고창 봉덕리(鳳德里) 1호분 4호 석실 출토 용봉문장식 원두대도(圓頭大刀)[27] 도 유사한 기법으로 제작되었다. 아직 자료가 부족하지만 현재까지의 자료에 한정해본다면 옥전 M3호분 용문대도는 백제로부터의 반입품일 가능성이 있다. 다만 주룡문의 도상 등에서 차이점 또한 분명히 존재하므로 제작지를 단정하기에는 어려움이 있다.

4. 맺음말

이상에서 합천 옥전 M3호분 출토 용봉문대도 4점의 환부 제작공정에 대하

---

27) 한성백제박물관, 2013, 『백제, 마한과 하나되다』, 69쪽.

여 검토한 결과 용봉문대도A·B, 단봉문대도 등 3점의 대도와 용문대도 1점 사이에는 제작의장과 공정에서 큰 차이가 존재함을 알 수 있었다.

먼저 용봉문대도A·B, 단봉문대도의 특징을 정리하면 다음과 같다. 첫째, 주룡문이 표현된 환의 단면은 '∩'형처럼 아래쪽이 트여 있다. 그 부위에 길쭉한 금속판을 덧대어 완성하였다. 둘째, 용봉문대도A는 주룡문의 여백을 투공상으로 뚫었는데 이러한 의장은 대가야에서 일정기간 유행하였다. 셋째, 주룡문 표현의 정조는 제작시점의 차이에 따른 도상의 변천을 보여준다기보다는 주조와 도금기술의 수준차에 기인한다. 넷째, 도금공정에서는 소지금속의 문양을 최대한 잘 드러내려 하였고 주름의 발생을 최소화하기 위하여 노력하였다. 다섯째, 선행연구의 지적처럼 환내 용봉은 환과 별주하여 조립한 것이다. 이와 같은 특징을 공유한 3점의 대도는 대가야적인 특색을 잘 갖추고 있어 대가야 공방에서 제작된 것으로 볼 수 있다. 다만 기술적 계보를 보여주는 자료는 아직 부족하다.

한편, 용문대도 1점은 위 3점의 대도와 차이가 현저하다. 환의 소지금속은 역시 철이지만, 주룡문을 투조한 은판을 환 위에 겹친 다음 여백에 얇은 금판을 붙여 색채의 대비를 주었다. 투조판은 주연의 각목대에 땜으로 접합되어 있다. 세부적으로는 다소의 차이가 있으나 제작의장이나 기법으로 보면 천안 용원리 1호석곽, 동 12호석곽, 공주 수촌리 1호분, 동 무령왕릉 대도와 유사한 특징을 공유한다. 따라서 백제로부터의 반입품일 가능성이 있다. 그렇지만 환두주룡문과 병두·병연금구의 도상에서 공극이 있으므로 제작지를 단정하기에는 어려움이 있다. 향후 보다 정교한 관찰, 분석을 통해 풀어야할 과제이다.

제4장
가야 장식대도의
분포와 의미

1. 머리말

1990년대 이후 고령, 함안, 김해, 고성 등 가야 고지의 유적발굴이 활기를 띠면서 가야의 물질자료에 대한 이해가 진전되었다. 그에 따라 가야의 역사와 문화에 대한 이해의 큰 틀이 세워졌다.[1] 그렇지만 최근에 들어서면서 고대사와 고고학계 모두 새로운 연구 성과가 눈에 띄게 줄어들었다. 고대사 학계의 경우 문헌사료가 워낙 영성하기 때문이며, 고고학계의 경우는 연구의 대상 자료가 폭발적으로 증가하면서 신 자료를 정리하고 새로운 관점을 가미하여 연구하기가 쉽지 않기 때문이다.

본 장에서는 가야고고학과 가야사연구의 접점을 찾아보고자 한다. 고고학

---

1) 김태식, 1993, 『가야연맹사』, 일조각.
   노중국 외, 1995, 『가야사연구』, 경상북도.
   이희준, 2003, 「합천댐 수몰지구 고분 자료에 의한 대가야 국가론」, 『가야고고학의 새로운 조명』, 혜안.

과 역사학은 연구의 주요 대상 자료가 다르고 연구방법론에서도 차이가 존재하지만 과거의 사회상을 복원한다는 점에서는 공통점을 지닌다. 특히 역사고고학 연구의 대상자료 가운데는 문헌기록의 내용과 부합하거나 문자자료가 함께 출토된 사례가 존재하며, 이 연구에서 다루는 대가야의 용봉문대도처럼 한 곳에서 제작된 물품이 여러 지역의 같은 시기 고분에서 출토되는 경우 이를 역사적인 관점에서 해석할 여지가 있다.

삼국시대의 용봉문대도는 무기로서의 기능뿐만 아니라 소유자의 사회적 지위를 보여주는 위세품(prestige goods)[2]적인 성격이 짙으므로 이를 분석하면 대도 소유자 사이에 개재된 정치적 관계나 대도가 활용된 시대적 배경 등 여러 가지 다양한 조명이 가능할 것이라 기대한다.

2. 분포의 양상

1) 고령 지산동고분군

지산동고분군은 대가야의 맹주였던 가라의 왕족·귀족 묘역이다. 산 능선 정상부를 따라가면서 대형분이 열을 이루며 군집되어 있다.[3] 그렇지만 대형분에 대한 조사가 매우 적어 장식대도의 출토 사례가 많지 않다.

발굴조사를 통하여 출토된 용봉문대도는 모두 4점이다. 지산동 구39호분 대도[4]는 주석실의 남쪽에서 출토되었다. 환두·병부와 도신 일부만이 남아

---

2) 콜린 렌프류·폴반(이희준 역), 2006,『현대고고학의 이해』, 사회평론, 362~363쪽.

3) 고령군, 1979,『대가야고분발굴조사보고서』.
   김종철, 1981,『고령 지산동고분군』, 계명대학교박물관.
   영남매장문화재연구원 외, 1998,『고령 지산동30호분』.
   有光敎一·藤井和夫, 2002,「附篇 高靈 主山第39號墳發掘調査槪報」,『朝鮮古蹟硏究會遺稿Ⅱ 公州宋山里第29號墳 高靈主山第39號墳發掘調査報告 1933, 1939』.
   경북대학교박물관 외, 2009,『고령 지산동44호분 -대가야왕릉-』.

4) 有光敎一·藤井和夫, 2002, 앞의 책, 58·76쪽.

있다. 환내 상은 봉황으로 추정된다.[5] 철로 주조
한 다음 금동판을 덧씌운 것이며 별도로 만들어
환의 기부에 끼워 넣었다. 환은 중공이며 표면에
귀갑문과 화문이 표현된 단면 ∩형의 부품 하변
에 단면 ―형의 부품을 덧대어 파이프 상으로 만
들었다. 문양은 주출한 철 표면에 도안되어 있고
그 위에 얇은 금동판과 금박을 차례로 덧씌웠다.[6]
귀갑문의 결절점(結節點)에는 돔을 감장하였던
둥근 홈이 남아 있다. 측면에서 관찰할 수 있는
각목문은 ∩자형 금구에 베풀어져 있다.

병연금구의 문양표현 및 제작기법은 환과 비슷
하다. 귀갑문으로 구획한 후 그 내부에 봉황을 1
마리씩 배치하였다. 이 금구의 상하에는 3줄의 각
목대가 표현되어 있는데 무령왕 대도처럼 별도로

도1. 지산동 구39호분 대도

만든 금속대가 아니라 철제 지판에 주조기법으로 문양을 표현한 것이다. 병
부의 중앙에 끼운 은판에는 능형문이 투조되어 있다.(도1)

국립대구박물관, 2007, 『특별전 한국의 칼』, 79쪽.

5) 용봉문대도의 環內, 環 표면, 柄頭金具에는 용이나 봉황 등 상상의 동물이 표현되어
있다. 용은 크게 벌린 입, 부릅뜬 눈, 머리 뒤쪽으로 길게 뻗은 귀, 벼슬 모양의 뿔, 네
발, 긴 꼬리 등을 특징으로 한다. 봉황은 뾰족한 부리, 날개, 두 다리가 주요 특징이다.
용과 봉황의 도상은 무령왕 대도에서 전형적으로 관찰된다. 환의 표면과 병연금구의
도상은 비교적 뚜렷하므로 용과 봉황을 구별하는데 어려움이 없다. 그렇지만 환내의
동물은 머리와 목의 일부만이 표현되어 있고 용과 봉황의 특징이 혼재되어 있는 경우
가 있어 동물의 종류를 특정하기 어려울 때가 있다. 향후 이에 대한 보다 심층적인 연
구가 필요하다.

6) 과학적 분석을 실시하면 金箔被인지 아말감도금인지 확인할 수 있겠으나 아직 분석
이 이루어지지 않아 알 수 없다. 다만 단면이 드러난 부분을 보면 금박이 돌출된 곳이
있어 이 글에서는 일단 금박피라 표현하였다.

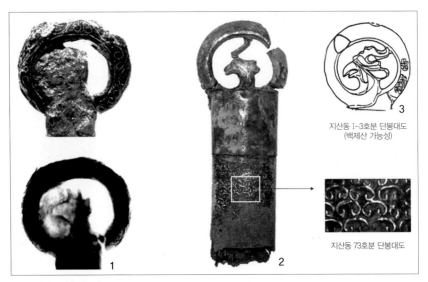

도2. 지산동고분군 대도(1.32NE−1호묘, 2.73호분, 3.I지구 3호묘)

　지산동 I 지구 3호석곽묘 대도[7]는 환두가 동제 주조품이고 못 2개로 철제 도신과 결합하였다. 봉황은 입을 조금 벌렸고 뿔 상단은 돌출되어 환과 연접되어 있다. 환에 아무런 장식이 없고 환이 환내 도상의 몸을 이루고 있는 일체주조형이다.(도2-3)

　지산동 73호분 대도[8]는 환두가 금동제이며 환 표면에는 역시 아무런 장식이 없지만 내부에는 봉황이 표현되어 있다. 봉황은 입을 다문 형상이고 머리 위의 뿔모양 장식은 한 가닥만 있어 지산동 I 지구 3호석곽묘 대도와 다르다. 산청 중촌리 3호분 북 토광묘 출토 대도[9]와 유사하다. 병부에는 인상문(鱗狀

---

7)　영남문화재연구원, 2004,『고령 지산동고분군 I』.

8)　조영현, 2012,『고령 지산동 제73~75호분(본문)』, 고령군 대가야박물관 · 대동문화재연구원.
　　국립김해박물관, 2009,『특별전 지산동고분과 대가야』, 80쪽.

9)　신라대학교박물관, 2005,『산청 중촌리고분군』.

文)[10]이 베풀어져 있다.(도2-2)

지산동 32NE-1호묘 대도[11]는 철제품이다. 환에는 은입사로 당초문이, 환 내에는 단봉이 표현되어 있다.(도2-1) 이외에 지산동 44호분 도굴갱에서 수 습된 금동제 장식판은 표면의 문양이 옥전 M3호분 대도 칼집 장식의 파상문 과 유사하다. 소편이긴 하지만 용봉문대도의 칼집을 장식하였던 부품으로 추 정해볼 수 있다.[12]

2) 합천 옥전고분군

옥전고분군은 『일본서기』 등 사서에 등장하는 다라의 지배층 묘역일 가능 성이 높다. 수차례에 걸쳐 진행된 옥전고분군에 대한 발굴조사의 성과는 대 부분 공간되어 가야고고학 연구에 기초적인 자료가 되고 있다.[13]

그간 옥전고분군에서 출토된 용봉문대도는 모두 8점이다. 그 가운데 4점 은 옥전 M3호분에서 출토되었다.[14] M3호분은 기 조사된 옥전고분군의 무덤 가운데 규모가 가장 큰 편이다. 발굴 전에 이미 도굴의 피해를 받았지만 내부 에서 수많은 유물이 출토되었다.[15]

---

10) 穴澤咊光 · 馬目順一, 1979, 「日本 · 朝鮮における鱗狀紋裝飾の大刀」, 『物質文化』 33, 物質文化硏究會.

11) 김종철, 1981, 앞의 책.

12) 박천수, 2009, 「5~6세기 대가야의 발전과 그 역사적 의의」, 『고령 지산동44호분 -대 가야왕릉-』, 경북대학교박물관 외, 603쪽 도6.
   문양이 형식화한 점은 지산동 44호분이 옥전 M3호분보다 늦은 시기에 축조되었기 때 문일 것이다.

13) 조영제, 2007, 『옥전고분군과 다라국』, 혜안.

14) 옥전 M호분 출토 용봉문대도의 제작기법에 대해서는 1995년에 이미 선구적인 검토 가 이루어진 바 있다. 당시 국립진주박물관에 재직 중이던 최종규 관장, 강경희 연구 원이 이 一群의 대도를 세밀하게 관찰하고 그 결과를 간명하게 정리하여 공개한 적이 있다.
   강경희, 1995, 「합천 옥전 환두대도」, 『박물관신문』 290, 국립중앙박물관.

15) 조영제 외, 1990, 『합천 옥전고분군Ⅱ』.

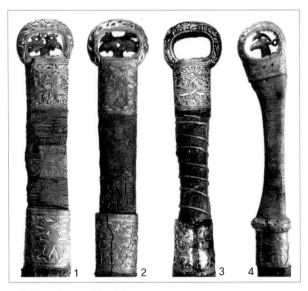

도3. 옥전 M3호분 용봉문대도

M3호 용봉문대도A[16](도3-2)는 거의 완형에 가깝다. 환내에는 용봉이 머리를 교차하는 도상이 표현되어 있는데 청동제 주조품이며 뿔모양 장식을 환에 끼워 고정하였다. 환은 철지금박피이며 단면 ∩형 장식 표면에 두 마리의 용문이 표현되어 있다. 용의 뒷발을 환의 좌우 하부에 배치하고 위로 상향하면서 정부에 도달하여 머리를 왼쪽으로 틀어 측면에 조각하였다. 용의 몸은 볼륨감이 있지만 표현이 정교하지는 못하다. 용의 몸 이외의 여백 부분은 투각상으로 뚫려 있다. 환은 지산동 구39호분 대도처럼 속이 비어 있고 단면 ∩형 금구 하변을 단면 ─형의 금구로 막아 완성한 것이다. 손잡이에는 은제 각목대(刻目帶)를 촘촘히 감았다. 손잡이의 상하에 배치한 병연금구에는 목을 교차한 쌍룡문이 표현되어 있다.

M3호 용봉문대도B[17](도3-1) 역시 완형에 가깝다. 환내에 용봉이 머리를 교차하는 도상이 표현되어 있다. 청동제 주조품이며 뿔모양 장식을 환에 끼워 고정하였다. M3 용봉문대도A에 비하여 문양이 정교하다. 환은 철지금박피

---

16) 조영제 외, 1990, 앞의 책, 44~48쪽.
17) 조영제 외, 1990, 앞의 책, 48~49쪽.

이고 두 마리의 용문[18]이 표현되어 있으며 용의 뒷발을 환의 좌우 하부에 배치하고 위로 상향하면서 정부에 도달하여 머리를 왼쪽으로 틀어 측면에 조각하였다. 환은 속이 비어 있고 단면 ∩형 금구를 단면 一형의 금구로 막아 완성한 것이다. 그런데 지산동 구39호분 대도의 환과는 달리 一형의 금구 측면에 각목문이 베풀어져 있다. 손잡이에는 은제 각목대를 촘촘히 감았다. 손잡이의 상하에 배치한 병두금구, 병연금구에는 목을 교차한 쌍룡문이 표현되어 있다. 칼집에는 파상문이 시문된 금동대가 부착되어 있다.

M3호 용문대도[19](도3-3)는 환내에 도상이 없고 환에는 두 마리의 주룡문이 베풀어져 있다. 기본 도상은 용봉문대도A, B와 유사하다. 용의 몸에는 은판을, 여백에는 금박을 씌웠다. 환의 단면은 속이 비어 있고 제작기법은 용봉문대도B와 같다. 측면에서 관찰되는 각목문은 단면 一형의 장식에 표현되어 있다. 이는 전술한 지산동 구39호분 대도나 후술할 옥전 M4·6호분 대도 등 6세기로 편년할 수 있는 대도의 특징과는 다른 점이다. 병연금구에 베풀어진 도상은 용봉문대도A, B와 비슷하지만 제작기법이 다르다. 즉, 금판을 바탕에 깔고 쌍룡문이 투조된 은판을 덧대어 문양 대비의 효과를 노렸다. 병부 중간의 각목대는 다른 대도와는 달리 느슨하게 감겨 있다.

M3호 단봉문대도[20](도3-4)는 외형이 조금 특이하다. 길이도 113.1cm로 다른 대도에 비한다면 약 30cm가량 길다. 병부의 한 쪽 면이 곡선을 이루며[21] 칼 코가 두툼한 원반상(圓盤狀)인 점이 그러하다. 환내의 단봉은 부리가 길

---

18) 町田章, 1997, 「가야의 환두대도와 왕권」, 『가야 제국의 왕권』, 신서원, 165쪽.
19) 조영제 외, 1990, 앞의 책, 51~52쪽.
　　보고서에서는 이 대도를 '龍文裝環頭大刀'라 칭하였다.
20) 조영제 외, 1990, 앞의 책, 49~51쪽.
21) 이러한 柄部는 국내 대도에서 유례를 찾기 어려운 것이고 일본 古墳時代 後期의 頭椎大刀와 소위 '折衷系 裝飾大刀'에서도 종종 확인된다.
　　穴澤咊光·馬目順一, 1977, 「頭椎大刀試論-福島縣下出土例を中心して」, 『福島考古』 1, 福岡縣考古學會.
　　橋本英將, 2006, 「折衷系裝飾大刀考」, 『古代武器研究』 7, 古代武器研究會.

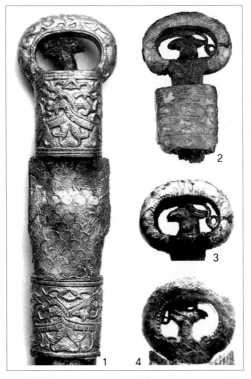

쭉하게 튀어 나와 있고 머리 위의 뿔 모양 장식을 통해 환 내측에 고정하였다. 이 장식은 동으로 주조한 후 금도금한 것이며 별도로 만들어 병부 쪽에 끼워 넣은 다음 못 2개를 박아 고정하였다. 환 쪽 병연금구의 문양은 쌍룡문이지만 상하의 폭이 좁고 윗부분이 환의 외형에 맞추어 재단되었다. 병부 중간에는 각목 은대가 치밀하게 감겨있다.

M4호분 대도A[22](도 4-4)는 도신이 결실되었

도4. 옥전 M6(1), M4호분(2, 3) 대도

고 환두만 출토되었다. 환두 내 장식은 단봉으로 추정되며 부리에 철지금장(鐵地金裝)의 띠를 돌려 감았다. 환은 횡타원형이며 은입사로 귀갑문을 표현하였다. 병연금구1은 얇은 은판을 돌려 감아 만든 것이며 테두리에는 각목상 장식이 베풀어져 있다.

M4호분 대도B[23]는 환두만 남아 있으며 환두 내 장식은 단봉이다. 부리는 약간 벌렸고 눈과 귀는 표현되어 있지 않다. 머리 위 뿔은 앞뒤로 길게 뻗어 있다. 환은 평면 타원형이며 표면에 주룡문이 베풀어져 있다. 옥전 M3호분 대

---

22) 조영제 외, 1993, 『합천 옥전고분군IV』, 경상대학교박물관, 32~35쪽.
23) 조영제 외, 1993, 앞의 책, 35·55쪽.

도처럼 주조 후 금박을 덧씌웠다. 문양의 세부표현은 정교하지 않다. 병연금구는 금동제이며 용문이 베풀어져 있다.(도4-2)

M6호분 대도[24]는 환 내부에 단봉장식이 별조 삽입되어 있고 환 표면에 2마리의 용문이 표현되어 있다. 2마리의 용은 각기 환의 아래쪽 가장자리에 뒷다리를 둔 채 몸을 위로 상향(上向)하다가 정점에서 머리를 왼쪽 측면으로 틀었다. 병부는 중앙에 인상문 장식의 은판, 그 상하에 용문장식의 병연금구를 연결하였다.(도4-1)

35호분 단봉대도[25]는 철지에 금박을 붙이고 은입사로 문양을 표현한 것이다. 환내에는 단봉으로 추정되는 도상이 있다. 은입사로 눈 등 세부를 표현하였으나 잔존상태가 나쁘다. 환에는 은입사로 용문이 베풀어져 있다. 병연금구1에는 용문이, 병연금구2에는 봉황문이 표현되어 있다. 용의 몸 등 문양 부위는 조금 더 돌출되도록 주조하였고 은입사로 문양을 강조하였으며 조금 낮은 바탕에는 금박을 붙여 장식하였다. 용문의 상하에는 두 줄의 평행선문 사이로 파상문을 은입사 기법으로 새겨 넣었다.

3) 기타

대가야의 지방 유력자 무덤으로 추정되는 산청 중촌리 3호분 북쪽 토광[26]과 산청 생초 M13호분[27]에서 각각 용봉문대도 1점씩 출토되었다. 중촌리 3호분 대도의 환내에는 한 마리의 봉황이 표현되어 있다. 이 장식은 동으로 주조한 후 도금한 것이다. 환에는 문양이 없으며 철지에 금동판을 덧씌웠다. 주조한 봉황의 머리를 단면 一자형의 동판에 접합한 다음 환에 고정하였다. 아

---

24) 조영제 외, 1993, 앞의 책, 89~91쪽.
25) 조영제 외, 1999, 앞의 책.
   국립대구박물관, 2007, 『특별전 한국의 칼』, 88쪽.
26) 신라대학교박물관, 2004, 『산청 중촌리고분군』.
27) 조영제 외, 2009, 『산청 생초 M12·M13호분』, 경상대학교박물관 외, 46~49쪽.

도5. 교동 10호분⑴, 생초 M13호분⑵, 도항리 54호분⑶,
중촌리 3호분⑷ 대도

마도 제작의 마무리 단계에 환-도상과 함께 도금한 것 같다. 봉황의 외형은 앞에서 서술한 지산동 73호분 단봉문 대도의 예와 유사하다. 병연금구는 무문의 은판을 감아 완성하였다.(도5-4)

생초 M13호분 대도의 환은 청동으로 주조한 다음 금박을 씌운 것이며[28] 표면에는 대향(對向)의 쌍룡문이 표현되어 있다. 용은 좌우에 한 마리씩 배치되었는데 각각 뒷다리를 아래쪽에 배치하고 위로 상승하면서 중앙에서 각각 왼쪽으로 머리를 틀었다. 문양은 지판에 돌출되게 표현되어 있다.[29] 환내 장식은 금동제이며 봉황의 특징을 보여준다. 머리 위의 뿔 모양 장식도 금동제이며 별도로 만들어 환과 봉황장식을 연결하는 기능을 겸하고 있다. 병두금구는 동판에 문양을 주출하고 그 위에 금박을 피복한 것이다. 몸을 교차한 쌍룡

---

28) 이 대도에 대해서는 실물을 관찰하지 못하고 조사보고서에 게재된 원색사진, X선 사진, 도면을 통하여 살펴보았다. 그 결과 이 대도의 환 역시 中空일 가능성이 높다는 판단을 하게 되었다. 향후 이 대도에 대한 연구가 필요할 것 같다.

29) 옥전 M3호 대도에 비한다면 쌍룡문의 돌출도가 현저하다. 이 점은 교동 10호분 대도 역시 마찬가지인데 옥전 M3호 대도가 鐵地임에 비하여 교동 10호분과 생초 M13호분 대도는 銅地라는 材質差 때문인 것 같다.

문이 전후면에 표현되어 있다. 병연금구[30]에는 용문이 베풀어져 있으나 세부적인 도상을 살펴보기 어려울 정도로 퇴화된 모습을 보인다. 용문 상하에 각목대와 어골상(魚骨狀)의 무늬[31]를 베풀었는데 문양은 지판에 시문된 것이고 그 위에 금박을 씌웠다.(도5-2)

함안의 안라(安羅)는 대가야의 일원으로 볼 수도 있지만 『일본서기』 등 사서의 기록이나 고분군의 규모 등으로 볼 때 가야 여러 나라 가운데 독자성이 강하였던 것 같다.[32] 안라의 지배층 묘역인 도항리고분군에서도 1점의 용봉문대도가 발굴되었다. 국립창원문화재연구소(현 국립가야문화재연구소)가 발굴한 54호분 출토 대도[33]는 제작기법으로 보아 전형적인 대가야 용봉문대도로 볼 수 있다. 옥전 M3호분 용문대도처럼 환내에는 도상이 없다.(도5-3) 환의 제작기법은 옥전이나 지산동고분군의 전형적인 용봉문대도와 마찬가지로 문양은 단면 ∩형 금구의 표면에 주출되어 있으며 단면 一형의 판을 접합하여 환을 완성하였다. 측면에서 살펴지는 각목문은 ∩형 금구의 가장자리 측면에 주출되어 있어 지산동 44호분, 옥전 M4·6호분 대도와 같다. 이 대도의 경우 은판을 덧씌웠다는 점이 특징적인데 이 대도의 제작지를 대가야, 특

---

30) 鞘口金具일 가능성도 있다.

31) 이 문양을 交互斜線文(諫早直人 2009), 綾杉文(김두철 2001)이라 부르기도 한다. 이 문양은 기본적으로 단독의 사선문으로 표현된 것이지만 경우에 따라서는 對向配置하여 魚骨狀의 형태를 띠기도 한다. 綾杉文이란 표현은 일본식이어서 국내에서는 그 의미가 잘 전달되지 않으므로 이 글에서는 잠정적으로 魚骨狀의 무늬라는 표현을 사용하였다.
諫早直人, 2009, 「대가야권 마구생산의 전개와 그 특질」, 『고령 지산동44호분 -대가야 왕릉-』, 경북대학교박물관 외, 567쪽.
김두철, 2001, 「대가야고분의 편년 검토」, 『한국고고학보』 45, 한국고고학회, 190쪽.

32) 남재우, 2000, 「문헌으로 본 안라국사」, 『가야 각국사의 재구성』, 부산대학교 한국민족문화연구소
이주헌, 2000, 「아라가야에 대한 고고학적 연구」, 『가야 각국사의 재구성』, 부산대학교 한국민족문화연구소.

33) 국립대구박물관, 2007, 앞의 책, 79쪽.

히 가라(加羅)로 파악한다면 이 시기 용봉문대도에 존재하던 위계(位階)와 관련지어 볼 수도 있겠다.

이외에 신라지역에서도 대가야산 대도 2점이 출토되었다. 창녕 교동 10호분[34]과 경주 식리총[35] 대도가 그것이다. 교동 10호분은 창녕 교동고분군 가운데 가장 대형분인 교동 7호분 주변에 위치한 무덤이다. 이 대도는 금동제이며 표면에 두 마리의 용문이 표현되어 있는데 용의 뒷발은 환의 좌우 하부에 배치하고 위로 상향하면서 정부에 도달하여 머리를 왼쪽으로 틀어 측면에 조각하였다. 환은 속이 비어 있고 단면 ∩형 금구를 단면 ─형 금구로 막아 완성한 것이다. 손잡이의 상하에 배치한 병연금구에는 목을 교차한 쌍룡문이 표현되어 있다. 환의 재질은 다르지만 기본적인 제작기법은 옥전 M3호 용봉문대도B와 유사하다. 다만 병부에 은제와 금제 감목대를 교대로 감았다는 점에서 약간의 차이를 볼 수 있을 뿐이다.(도5-1)

식리총은 신라의 왕족묘 혹은 귀족묘이다. 금령총과 더불어 경주시내의 단독분 가운데 가장 대형인 봉황대고분의 남쪽에 인접해 있다. 매장주체부는 전형적인 적석목곽분이다. 출토 유물 가운데는 중국 남조적(南朝的)인 요소를 지닌 것이 다수 포함되어 있다.[36] 이 대도에 관한 최근 정보가 공개되어 있지 않아 발굴조사보고서에 게재된 사진을 중심으로 검토할 수밖에 없다. 환내에는 두 마리의 동물 머리가 교차된 장식이 존재했으나 발굴당시 이미 원상을 잃어 대략적인 형태만을 짐작할 수 있을 따름이다. 환은 철지금박피이며 표면에는 옥전 M3호분 대도의 경우처럼 두 마리의 주룡문이 표현되어 있다. 병연금구의 도상은 역시 M3호분 대도와 유사하다. 다만 병연금구의 재

---

34) 穴澤咊光·馬目順一, 1975, 「昌寧校洞古墳群-梅原考古資料を中心とした谷井濟一氏 發掘資料の硏究」, 『考古學雜誌』 60-4, 日本考古學會.

35) 梅原末治, 1931, 「慶州金鈴塚飾履塚發掘調査報告」, 『大正十三年度古蹟調査報告』, 朝鮮總督府.

36) 馬目順一, 1980, 「慶州飾履塚古新羅墓の硏究 -非新羅系遺物の系譜と年代」, 『古代探叢-瀧口宏先生古稀記念考古學論集』.

질은 은지에 금박을 씌운 것으로 알려져 있다.

3. 분포의 의미

1) 용봉문대도문화의 형성

환두에 용이나 봉황문을 베푼 장식대도는 백제와 가야, 신라, 왜의 대형분에서 공통적으로 출토된다. 이러한 대도는 실용무기라기 보다는 지배층의 사회적 지위 내지 권위를 상징하는 물품으로 볼 수 있다. 가야의 왕릉급 무덤에서 출토된 용봉문대도의 제작지를 둘러싸고 여러 논의가 있었다. 대부분의 대도가 백제에서 제작되었을 가능성을 고려하는 견해[37]와 일부 대도만 백제계이고 다수는 가야공방에서 제작되었다고 보는 견해[38]로 나뉜다.

만약 대가야고분 출토 용봉문대도 모두를 수입품으로 볼 경우 '대가야의 용봉문대도 문화'라는 표현을 사용할 수 없을지도 모른다. 그렇지만 앞 절에서 대가야 용봉문대도의 특징을 살펴본 바, 백제·신라 등 주변국 대도와는 확연한 차이가 드러나므로 필자는 이를 대가야 사회에 존재한 특색 있는 용봉문대도문화라 규정하고자 한다. 이하 대가야 용봉문대도문화가 어떻게 형성되었고 또 어떤 양상으로 전개되었으며 대가야적인 대도문화 형성의 배경을 어디에서 찾을 수 있을지에 대하여 서술하고자 한다.

대가야 고분에서 지금까지 발굴된 대도 가운데 이른 시기에 속하는 자료는 고령 지산동 I 지구 3호석곽묘 출토품이다. 이 대도는 환두가 동제 주조품이며 환내의 봉황 머리 위의 뿔모양 장식은 위로 3개의 돌기가 있다. 환이 환내 도상의 몸을 이루고 있는 일체주조형이다. 이러한 기법은 5세기 후반 이후의 대가야 대도에서는 확인할 수 없는 것이며 천안 용원리 1호석곽묘 대도

---

37) 穴澤咊光·馬目順一, 1993, 앞의 논문.
38) 町田章, 1997, 앞의 논문, 176~177쪽.
　　박천수, 2009, 앞의 논문, 603~604쪽.

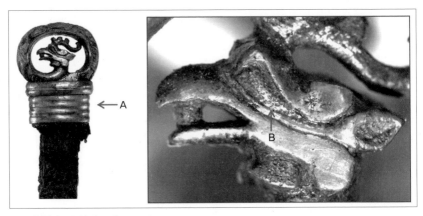

도6. 용원리 1호석곽묘 대도

등 백제 대도와 공통하는 도상이다.[39] 다만 용원리 대도는 주조한 동제 환두의 표면에 금과 은을 대비시켜 도금하였고(도6-우) 환 표면에 두 마리의 주룡문을 표현하였다는 점에서 차이가 있다. 이러한 특징은 옥전 M3호분 단계 이후 대가야 용봉문대도의 문양 가운데 하나로 채용된다.

지산동 73호분은 무덤의 구조 및 중복관계로 보면 지산동 32호분에 선행할 가능성이 높은 자료이며[40] 절대연대로 보아 5세기 전반까지 소급될 공산이 있다. 이 무덤에서 출토된 대도의 환두는 금동제이며 환에는 역시 아무런 장식이 없지만 내부에는 봉황모양의 도상이 표현되어 있다. 입은 다물었고 머리 위의 뿔은 한 가닥만 있어 지산동 I 지구 3호석곽묘 대도와 다르다. 산청 중촌리 3호분 북 토광묘 출토 대도(도5-4)[41]와 유사하므로 현재까지의 자료에서 보면 대가야적인 도상으로 볼 수도 있다. 이 같은 해석이 가능하다

---

39) 용원리 대도의 병연금구에는 이면타출로 돌대가 표현되어 있다. 이러한 장식은 수촌리 1호분 대도, 옥전 28호분 대도의 파상문 은판 장식에 비견된다.

40) 조영현, 2012, 앞의 책.

41) 신라대학교박물관, 2004, 앞의 책.

면 대가야 용봉문대도는 기본
적으로 백제에서 계보를 찾아
볼 수 있으나 초기부터 대가
야적인 도상을 만들어내 활용
하였을 가능성 또한 고려해볼
수 있다. 중촌리 3호분 대도의
환내 도상은 동제 주조품의
표면에 금도금한 것이고 환은
철지의 표면에 금동판이 피복
된 것이다.(도7-A)

이와는 조금 다른 용봉문
대도가 있는데 합천 옥전 35

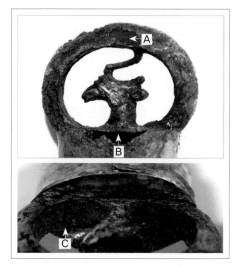

도7. 중촌리 3호분 대도 세부

호분과 고령 지산동 32NE-1호묘 출토 대도이다. 환내 도상은 철로 만들었지
만 표면에 상감기법을 활용하여 세부문양을 표현하였다. 옥전 35호분 대도는
환과 병연금구에 용 문양을 주출한 후 은입사로 문양을 강조하고 한 단 낮은
바탕에 금판을 붙여 장식한 것이다. 이러한 기법은 공주 수촌리 1호분[42]과
천안 용원리 12호석곽 대도[43]에도 구사되어 있어 주목된다.

이처럼 대가야 용봉문대도 가운데 이른 시기의 자료는 백제 용봉문대도와
유사도가 높다.[44] 절대연대로 보아 5세기 전반까지 소급해볼 수 있는 자료가

---

42) 정광용 · 이현상, 2006, 「백제시대 수촌리유적 출토 환두대도의 복원제작」, 『보존과학
연구』 27, 국립문화재연구소.
위 글이 발표될 때만 하여도 이 대도의 환두 제작기법이 용원리 12호석곽 대도와 동
일함을 알지 못하였다. 그러나 2009년 12월 유물소장기관인 국립공주박물관이 국립
문화재연구소의 협조를 받아 환두부를 재촬영한 결과 용원리 12호석곽 대도와 동일
한 기법으로 제작되었음이 밝혀졌다.
43) 이남석, 2000, 『용원리고분군』, 공주대학교박물관 외, 125~130쪽.
44) 함양 백천리 1-3호묘 대도의 경우 병부의 鱗狀紋과 판고정기법은 신라의 그것과 다
르며 옥전 75호묘 대도와 함께 백제대도와 연결지을 수 있다. 신라대도의 인상문은

포함되어 있다. 5세기를 전후한 시기의 가야는 백제와 밀접한 관계를 유지하고 있었다.

특히 4세기 말에는 광개토왕릉비의 기록처럼 백제 · 가야 · 왜의 연합군이 신라의 수도 경주를 공격하는 등 군사적 동맹관계에 있었다.[45] 이후 5세기 전반 무렵의 상황을 전하는 기록은 없지만 고구려의 남진정책에 위협을 느낀 백제 · 신라가 433년 나제동맹[46]을 맺고 공동보조를 취하게 되는데 이 무렵 가야 역시 이전시기부터 우호관계에 있었던 백제와 긴밀한 관계를 유지한 것으로 보아도 좋을 것이다.

아울러 5세기 전반 무렵 백제의 귀금속제 장신구문화가 고령과 합천지역으로 파급되는 양상이 살펴진다.[47] 대가야 사회에 용봉문대도문화가 형성되는 것도 이러한 시대배경에서 이루어진 것으로 볼 수 있겠다. 물론 초기에는 백제로부터 완제품이 전해졌겠지만 지산동 73호분 대도처럼 곧 대가야적인 대도문화가 형성된 것으로 볼 수 있다.

2) 용봉문대도문화의 전개와 그 배경

옥전 M3호분을 지표로 하는 5세기 후반[48]이 되면 대가야에서 자체적으

횡장의 반원형문이 상하 엇갈리면서 마주보게 도안되어 있음에 비하여 백제의 대도에는 종장의 반원형문이 한 방향으로 시문되어 있다. 신라의 대도에는 鱗狀紋이 베풀어진 판을 고정하기 위하여 꺾쇠상의 못이 사용되었음에 비하여 대가야고분이나 나주 신촌리 9호분 대도에서는 직선적인 못이 사용되고 있어 차이를 보인다.
45) 노중국, 1981,「고구려 · 백제 · 신라 사이의 역관계 변화에 대한 일고찰」,『동방학지』 28, 연세대학교 국학연구원.
46) 김병주, 1984,「나제동맹에 관한 연구」,『한국사연구』6, 한국사연구회.
정운용, 1996,「나제동맹기 신라와 백제관계」,『백산학보』46, 백산학회.
47) 이한상, 2000,「대가야권 장신구의 편년과 분포」,『한국고대사연구』18, 한국고대사학회.
48) 이 글에서 언급하는 대가야고분의 연대관은 필자의 구고에 근거하였고 이 글에서는 세부적인 논거는 생략하였다.
이한상, 2003,「5~6세기 백제 신라 가야분묘의 교차편년 연구」,『국사관논총』101, 국사편찬위원회.

로 제작한 용봉문대도의 수량이 늘어난다. 이 시기에는 용봉문대도에 더하여 반계제 가-A호분 출토품과 같은 은장대도(銀裝大刀)[49]도 주요한 장식대도로 기능한다. 다음 시기인 6세기 초의 무덤인 고령 지산동 구39호분과 옥전 M4·6호분, 산청 중촌리 3호분, 생초 M13호분, 남원 월산리[50]와 두락리고분군[51]에서도 용봉문대도, 은장대도 등 장식대도가 출토된다. 여기서는 앞 절의 검토결과를 종합하여 5세기 후반 이후 현저해진 대가야 용봉문대도의 특색을 정리하여 보려 한다.

첫째, 환두의 도상이다. 환내에 두 마리의 동물 머리를 장식한 것(도8-상)이 있으며 용두봉수(龍頭鳳首)가 목을 교차하는 도상은 옥전 M3호분 대도를 중심으로 하는 5세기 후반의 늦은 단계에만 한정되고, 6세기에 접어들면서 일본 카모이나리야마고분[鴨稻荷山古墳] 출토품[52]에서 보듯이 쌍봉 또는 쌍룡이 서로 입을 맞추는 형상으로 변하거나, 단룡·단봉이 주로 표현된다. 이러한 장식을 별도로 만들어 기부에 끼워 넣었으며 아래쪽에 못으로 고정하거나 환과의 사이에

도8. 옥전 M3호분 용봉문대도B 세부

이한상, 2007, 「5~6세기 금속장신구의 연대론」, 『고고학탐구』 창간호, 고고학탐구회.

49) 김정완 외, 1987, 『합천 반계제고분군』, 국립진주박물관.

50) 전영래, 1983, 『남원 월산리고분 발굴조사보고』, 원광대학교 마한백제문화연구소.

51) 윤덕향·곽장근, 1989, 『두락리』, 전북대학교박물관.

52) 森下章司·高橋克壽·吉井秀夫, 1995, 「鴨稻荷山古墳出土遺物の調査」, 『琵琶湖周邊の6世紀を探る』, 京都大學文學部考古學硏究室.

별조(別造)한 뿔 모양 장식을 끼워 고정하였다.

둘째, 환의 제작기법이다. 대부분은 환의 속이 비어 있다. 표면에 드러난 부분의 단면은 ∩형이며 그 하변에 단면 一형 금구를 결합하여 완성하였다.[53] 문양은 ∩형 금구(철제품) 표면에 주출된 예가 많다. 선호된 문양은 백제의 경우처럼 2마리의 용이 대향하는 모양이다. 지산동 44호분의 사례처럼 귀갑문 내에 화문을 장식한 것도 있다. M3호분 용봉문대도A처럼 ∩형 금구 표면의 일부, 즉 문양이 없는 바탕 면을 뚫은 것도 국립중앙박물관 소장품[54], 동경국립박물관 소장품[55] 등이 알려져 있다.(도9) 이 중 옥전 M3호분 대도와 국립중앙박물관 대도는 철지에 금박을 씌운 것이고 동경박물관 소장품은 철지에 은박을 씌운 것이다. 동경박물관 소장품의 환내 도상은 봉황으로 추정되며 성분 분석 시 수은이 검출된 것으로 보아 동으로 주조 후 아말감기법을 활용하여 도금한 것으로 보인다. 이 역시 대가야적인 기법이라 추정해볼 수 있다.

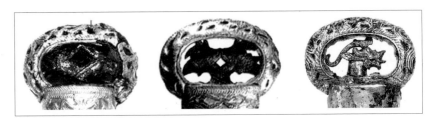

도9. 환의 표면을 뚫어 표현한 사례
(좌 : 국립중앙박물관 소장품, 중 : 옥전 M3호분 용봉문대도A, 우 : 동경국립박물관 소장품)

---

53) 環頭 內緣에 베풀어진 刻目紋 장식의 존재를 대가야 장식대도의 특징이라 지적한 연구가 있다.
　　박천수, 2009, 앞의 논문, 603쪽.
54) 국립대구박물관, 2007, 앞의 책, 81쪽.
55) 早乙女雅博・東野治之, 1990, 「朝鮮半島出土の有銘環頭大刀」, 『MUSEUM』 467, 東京國立博物館.
　　東京國立博物館, 1992, 앞의 책, 圖版4-①②.

셋째, 병연금구의 제작기법과 도상이다. 무령왕 대도에는 봉황문 장식 은제 조각품과 각목대를 땜질로 접합하여 귀갑문 내 봉황문 도상을 만들었는데 투조판과 같은 효과를 낸 것이다. 이것을 금판 바탕에 겹쳐 문양이 도드라지도록 표현하였다. 이와 유사한 기법은 옥전 M3호분 용문대도에 유례가 있다. 이와는 달리 옥전 M3호분 출토 3점의 대도와 M4·6호분 대도의 경우 바탕을 이루는 지금(地金)에 목을 교차한 쌍룡문을 주출하고 그 위에 금판을 씌워 장식하는 기법이 활용되었다.

이와 함께 병두금구, 병연금구의 고정기법에서도 차이가 보인다. 무령왕대도(도10-좌)의 경우 별조의 금제 각목대를 이용하여 금구를 고정하고 있지만, 옥전 M3호분 대도(도10-우상)는 금구의 상하에 어골상의 문양을 시문하였는데 지판인 철판에 주출한 것이다. 지판을 둥글게 말아 만든 다음 금박을 씌워 완성하였으며 도신 쪽에서 끼워 넣어 고정하였다. 교동 10호분 대도(도10-우하)는 옥전 M3호분 대도와 다소 다르다. 즉, 병두금구의 상부에 별조의 어골상 무늬가 장식된 금속대를 돌려 고정하고 그 표면에 금박을 씌운 것처

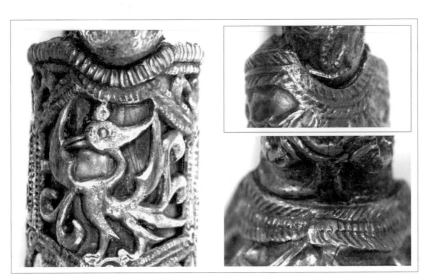

도10. 백제와 가야대도의 각목대 장식(좌 : 무령왕, 우상 : 옥전 M3호분, 우하 : 교동 10호분)

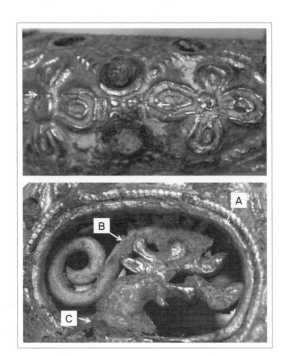

도11. 지산동 구39호분 대도 세부

럼 보인다.[56]

이처럼 가야의 용봉문대도는 그 계보가 백제 대도에 연결되지만 백제 대도와는 일정한 차이를 보여준다. 옥전 M3호분이나 지산동 구 39호분 대도(도11-하)의 사례에서 보듯 환내 도상을 별도로 제작하여 끼워 넣었다는 점에서 1차적인 특징을 찾아볼 수 있다. 더하여 환을 제작함에 있어 가야적인 특색이 현저하다. 용원리 1호석곽묘나 무령왕릉 환두대도의 경우 환뿐만 아니라 환내 도상까지 일체로 주조하였고 철제품인 용원리 12호석곽묘 출토품 역시 그러하다. 이에 비해 가야의 용봉문대도 가운데 다수는 환이 중공이다. 문양이 새겨지는 고리 표면은 단면 ∩형으로 만들었고[57] 환 내측에는 좁고 긴 판을 고리 모양에 맞게 재단하여 끼워 넣었다.(도11-A) 이러한 제작기법은 보다 늦은 시기의 대도로 추정되는 경주 호우총 출토 단룡대도[58]에서도 살펴볼 수 있다.

---

56) 향후 정밀한 촬영 및 조사가 필요한 부분이다.
57) 이러한 기법을 고안한 것은 표면문양을 정교하게 표현하고자 하는 의도 때문이었던 것 같다.
58) 국립대구박물관, 2007, 앞의 책, 80쪽.

용봉문의 도안이나 제작기법에 기준하여 볼 때 대가야적인 대도가 본격적으로 제작되는 시기는 5세기 후반의 늦은 단계이며 합천 옥전 M3호분 대도에서 전형을 볼 수 있다. 옥전 M3호분 대도 가운데는 둥근 고리의 내부에 용과 봉황이 머리를 교차하는 도안이 표현되어 있는데, 이러한 도안은 아직 백제유적에서는 확인된 바 없어 대가야 대도의 특징이라 지적할 수 있다. 또한 둥근 고리를 만들 때 파이프처럼 속이 비도록 만들거나 바탕금속의 표면에 문양을 1차로 조각한 다음 그 위에 금판을 덧씌워 문양을 드러내는 기법이 활용되었는데 이 또한 대가야적인 특색으로 볼 수 있다.

이러한 특색을 지닌 용봉문대도는 대가야 지배층이 공유하는 위세품으로 활용되었으며 신라권에 속하는 경주, 창녕지역으로는 완제품이 전해졌고(도

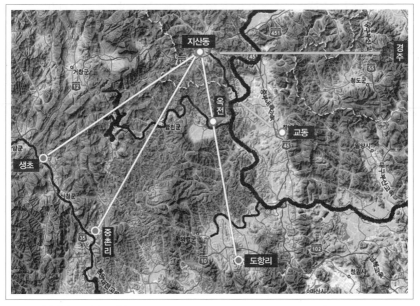

도12. 대가야 용봉문대도의 분포(가야권 : 고령, 합천, 함안, 산청, 신라권 : 경주, 창녕)

이외에 상세한 정보는 함순섭 測 '호우총 환두대도 실측도(미공간)' 참조.

12) 정치적으로 밀접한 관계를 유지하였던 왜로는 제작기술이 전파되었다.[59]

먼저 주변국으로 전해진 대가야 용봉문대도의 의미에 대하여 언급해 보고
자 한다. 삼국시대의 장식대도는 국가별로 제작, 지배층의 전유물로 활용되
었으며 그 전형은 신라의 삼루(三累)와 삼엽대도(三葉大刀)에서 볼 수 있다.
대체로 5세기 후반 무렵 왕족과 왕경귀족은 삼루대도를, 지방수장은 삼엽대
도를 소유하였다. 이러한 현상에서 본다면 식리총 용봉문대도는 신라고분 출
토 환두대도 가운데서는 이질적인 존재이며 제작기법으로 보아 대가야 대도
와 매우 유사하므로 대가야로부터 반입된 것으로 추정할 수 있다. 그렇다면
그 계기는 무엇이었을까? 이 시기의 양국관계를 전하는 문헌기록이 거의 없
으므로 구체적인 추정은 어렵지만, 식리총은 금령총과 더불어 봉황대고분의
배총(陪塚)으로 볼 수 있고 출토유물의 격이 높을 뿐만 아니라 중국 남조 혹
은 백제와 연결지을 수 있는 자료가 많은 점을 고려하면 무덤의 주인공은 왕
족이며 생전에 대가야-백제-남조 사이의 교류에 관여한 인물이었을 가능성
을 고려해볼 수 있다. 당시 대가야와 신라의 국세로 본다면 이 대도를 대가야
가 사여한 것으로 보기는 어렵고 혜증(惠贈)한 것이거나 무덤 주인공이 개인
적으로 입수한 물품이었던 것으로 밖에 볼 수 없다.

창녕 교동 10호분 대도는 앞에서 언급한 것처럼 옥전 M3호분 대도 등 5세
기 후반의 대가야산 대도로 볼 수 있다. 이 대도가 출토된 교동 10호분은 교
동고분군에서는 중형급 무덤이며 대형분인 교동 7호분에 인접해 있다. 〈도
13〉에서 볼 수 있듯이 교동 7호분 및 그 주변의 고분에서는 다량의 금공품이
출토되었는데 신라양식 일색이며 대가야 혹은 백제와 관련지을 수 있는 자
료는 매우 적은 편이다.[60] 5세기 후반의 창녕지역이 신라에 속하였는지, 혹은

---

59) 日本列島의 大加耶系 龍鳳紋大刀에 대해서는 垂飾附耳飾 등 여타 金工品 자료와 함
께 별고에서 다루고자 한다.
60) 이한상, 2009, 「장신구로 본 5~6세기 창녕지역의 정치적 동향」, 『한국 고대사 속의 창
녕』, 경북대학교 영남문화연구원.

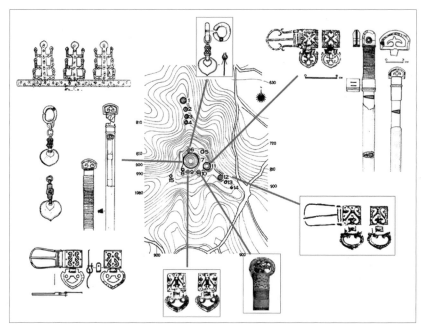

도13. 교동 7호분과 주변 고분의 금공품 출토 양상

가야에 속하였는지를 둘러싸고 학계에서 논란이 있지만[61] 필자는 토기와 금
공품의 양식으로 보아 신라로 볼 수밖에 없다는 생각을 가지고 있어 교동 10
호분 대도는 식리총의 경우와 비슷한 계기를 통해 전해졌을 가능성을 고려하
고 있다. 특히 창녕은 신라의 왕도 경주에서 멀리 떨어진 변경에 속하였고 당
시 신라 중앙의 지방 지배력에 한계가 존재했으므로 포항, 울산 등지에 비하
여 상대적인 자율성을 유지하였을 것 같다. 그러한 여건 아래에서 산치자형
(山梔子形) 수하식(垂下飾)을 갖춘 이식, 용봉문대도 등 대가야 금공품의 단
발적 이입이 가능했을 것이다.

---

61) 이에 대한 여러 論議의 현황과 문제점은 다음의 논고에서 상세히 검토된 바 있다.
　　이희준, 2005, 「4~5세기 창녕지역 정치체의 읍락 구성과 동향」, 『영남고고학』 37, 영
　　남고고학회, 5~14쪽.

다음으로, 대가야 사회에서 용봉문대도가 어떤 의미를 지닌 물품이었을 지에 대하여 살펴보고자 한다. 대가야의 대도는 용봉문대도 이외에도 여러 종류가 있다. 문양에 기준하여 본다면 용봉문대도, 삼엽대도, 쌍엽대도(雙葉大刀), 소환두대도로 나눌 수 있고 금은 등 귀금속으로 장식한 것과 그렇지 않은 것으로 나누어볼 수 있다. 장식대도가 철제대도에 비하여 고급물품임은 재언이 필요치 않으며 장식대도 가운데는 제작기법의 정조와 문양의 격으로 보아 용봉문대도〉은장대도[62]의 서열이 존재한 것으로 볼 수 있다. 즉 대가야의 무기류 가운데 용봉문대도는 최상급 물품이었던 것이다.

현재까지 용봉문대도가 출토된 가야 고지는 고령, 합천, 함안, 산청에 한정된다. 이중 고령은 가라, 합천은 다라, 함안은 안라의 중심지로 볼 수 있고 5세기 이후 가야제국 가운데 핵심적인 정치체였으므로 그 지배층의 묘역에서 최고급 금공품이 출토되는 것은 자연스러운 현상이다. 이외에 산청의 경우 중촌리와 생초고분군에서 용봉문대도가 1점씩 출토되었다. 이 두 고분군에는 대형의 봉토분이 여러 기 포함되어 있지만 고령 지산동고분군, 합천 옥전고분군, 함안 도항리고분군에 비견하기는 어려운 규모이다. 그럼에도 불구하고 용봉문대도를 소유할 수 있었던 이유는 무엇일까? 그것은 아마도 두 고분군이 모두 요충지에 입지하고 있음과 관련지어 볼 수 있다. 대체로 5세기 후반~6세기 초반의 대가야는 대외진출을 위한 교통로[63]로서 섬진강을 주목, 장악한 것으로 볼 수 있는데 이러한 과정에서 주요 지역의 현지세력을 지원하면서 그들을 지방지배에 활용한 것 같다.

대가야 용봉문대도의 제작지를 대가야로 보고 소유의 확산이 이루어지는 계기를 대가야의 성장과 관련지어 해석한다면 당연히 그 중심에 위치하였을

---

62) 김길식, 1999, 「5~6세기 신라의 무기 변화양상과 그 의의」, 『국립박물관 동원학술논문집』 1, 한국고고미술연구소.
63) 이형기, 2008, 「대가야시대의 고령」, 『고령문화사대계1, 역사편』, 고령군 대가야박물관 · 경북대 퇴계연구소, 112~117쪽.

가라왕은 대도 사여의 주체로서 존재했을 것이다. 479년 가라왕 하지(荷知)는 남제(南齊)에 견사하여 보국장군본국왕(輔國將軍本國王)을 제수받았고[64] 481년 고구려와의 전쟁에서 백제와 함께 참전하여 신라를 도운 가야[65]의 왕, 법흥왕대 신라와의 혼인동맹을 맺은 가야왕[66]은 대가야의 왕을 지칭하고 있으므로 5세기 후반의 대가야 사회에는 외교와 전쟁을 수행할 수 있을 정도의 통합된 왕권이 존재하였음은 쉽게 상정할 수 있다.

이 같은 왕권의 존재를 고고학적으로 설명하고자 할 때 지산동고분군의 고총적 성격[67], 광역에 걸친 대가야양식 토기와 장신구의 분포[68] 등이 거론되어 왔다. 5~6세기 가야 고분 출토품 가운데는 당시 가야가 처해있던 복잡한 국제적 환경을 반영하듯 외래품, 외래요소가 농후한 물품이 다수 포함되어 있다. 이러한 물품은 개인 혹은 고분군 단위로 입수하여 소유하기는 어려우며 외교관계의 부산물일 가능성이 있다. 외래물품이 지산동과 옥전에 집중하는 현상에 주목하고 또 이것이 고령토기의 확산과 궤를 함께 하면서 소유범위가 넓어짐을 고려한다면 이러한 물품의 입수와 제작, 그리고 배포는 대가야 왕권의 행사와 밀접한 관련이 있었던 것으로 보아도 좋을 것 같다.

4. 맺음말

이상에서 대가야 용봉문대도의 출토 예를 검토하고 이어 대가야 용봉문대

---

64) 『南齊書』권58 列傳39 東南夷 '建元元年 國王荷知使來獻 詔曰 量廣始登 遠夷洽化 加羅王荷知款關海外 奉贊東退 可授輔國將軍本國王'

65) 『三國史記』권3, 新羅本紀3, 照知麻立干 3년 '高句麗與靺鞨入北邊 取狐鳴等七城 又進軍於彌秩夫 我軍與百濟加耶援兵 分道禦之'

66) 『三國史記』권4, 新羅本紀4, 法興王 9년 '加耶國王遣使請婚 王以伊飡比助夫之妹送之'

67) 김세기, 2003, 『고분자료로 본 대가야연구』, 학연문화사.

68) 이희준, 1995, 「토기로 본 대가야의 권역과 그 변천」, 『가야사연구』, 경상북도 외.
　　이한상, 2004, 「대가야의 장신구」, 『대가야의 유적과 유물』, 대가야박물관.

도의 계보와 전개양상에 대하여 살펴보았다.

대가야 용봉문대도의 기원은 백제에서 찾을 수 있다. 고령 지산동 I -3호분이나 합천 옥전 35호분 출토품처럼 백제의 용봉문대도와 디자인이나 제작기법이 극히 유사한 예가 존재하기 때문이다. 특히 옥전 35호분 대도는 천안 용원리 12호석곽묘나 공주 수촌리 1호분 출토품에 비견되는 고급스런 기술력이 구현되어 있어 완제품이 반입된 것이거나 백제 장인의 기술지도에 의한 제작품이라 추정할 수 있다.

용봉문의 도안이나 제작기법에 기준하여 볼 때 '대가야적인 대도'가 본격적으로 제작되는 시기는 5세기 후반의 늦은 단계이며 합천 옥전 M3호분 대도에서 전형을 볼 수 있다. 옥전 M3호분 대도 가운데는 둥근 고리의 내부에 용과 봉황이 머리를 교차하는 도안이 표현되어 있는데, 이러한 도안은 아직 백제유적에서는 확인된 바 없어 대가야 대도의 특징이라 지적할 수 있다. 또한 둥근 고리를 만들 때 파이프처럼 속이 비도록 만들거나 바탕금속의 표면에 문양을 1차로 조각한 다음 그 위에 금판을 덧씌워 문양을 드러내는 기법이 활용되었는데 이 또한 대가야적인 특색으로 볼 수 있다.

이러한 특색을 지닌 용봉문 환두대도는 대가야 지배층이 공유하는 위세품으로 활용되었으며 신라권에 속하는 경주, 창녕지역으로는 완제품이 전해졌고 정치적으로 밀접한 관계를 유지하였던 왜로는 제작기술이 전파되었다. 이러한 교류의 배경은 479년 대가야왕의 중국 남제 사신파견에서 볼 수 있듯이 5세기 중후반 무렵 대가야의 성장이 본격화된 것에서 찾을 수 있다.

제3부 | 신라의 장식대도

제 3 부
신 라 의
장식대도

신라의 장식대도

1. 머리말

영남지역의 4~5세기는 격변의 시대였다. 진·변한 시기 소국들 사이의 통합전쟁이 본격화하면서 무기뿐만 아니라 갑주 등 방어구의 제작도 활발했다. 그 무렵 각국의 명운은 전쟁수행 능력에 달려 있었다. 신라는 그러한 점을 일찍부터 잘 알고 최고 수준의 무기와 마구를 개발하는 데 매진하였던 것 같다.

무기에는 도검이나 창 등 공격용의 무기, 갑주류나 방패 등 방어용의 무구가 있다. 무기는 근접전에서 사용할 수 있는 것과 원거리 공격에 활용하는 것으로 구분할 수 있다. 무기 가운데 장식대도는 최고급 물품에 속하는 것이었는데 황남대총 남분 주인공의 패용도에 주목해보면 무기로서의 기능보다는 의장도(儀裝刀)로서의 성격이 다분함을 알 수 있다. 그래서 관, 허리띠 등과 더불어 복식을 구성하는 한 요소였던 것으로 판단된다. 신라의 장식대도로는 삼엽대도, 삼루대도, 용봉문대도 등이 있다.

본 장에서는 신라 장식대도의 출토 사례를 정리해보고 그것의 시공간적 분포양상을 검토해 본 다음 장식대도 소유관계에 투영된 신라사회의 모습을 소묘해보고자 한다.

2. 출토 사례

1) 경주 출토품

경주 황남동과 노서동 일대에 분포되어 있는 대형분은 신라의 중고기 이전 단계의 왕족과 귀족의 무덤이며, 그 가운데 지금까지 황남대총[1], 천마총[2], 금관총[3], 서봉총[4], 식리총[5], 금령총이 발굴 조사되었다. 여성의 무덤으로 추정되는 황남대총 북분 등에서는 패용대도가 없었고 여타의 무덤에서는 피장자의 좌측 허리부위에서 화려한 장식대도[6]가 출토되었다.

그중 연대가 이른 황남대총 남분에서는 자도(子刀)가 6개나 달린 삼루대도(三累大刀, 도1)가, 이보다 조금 늦은 시기의 금관총에서는 삼루대도가 유해부의 좌우에서 출토되었다. 천마총에서는 삼루대도 대신 단봉대도(單鳳大刀)가 패용된 채 출토되었고, 식리총과 호우총에서는 용봉문대도가 출토되었다. 대체로 보아 경주 최상층급 무덤의 패용대도는 시기에 따라 삼루대도에

---

1) 문화재연구소, 1985, 『황남대총 북분 발굴조사보고서』.
   문화재연구소, 1993 · 1994, 『황남대총 남분 발굴조사보고서』.
2) 문화재관리국, 1974, 『천마총 발굴조사보고서』.
3) 朝鮮總督府, 1924, 『慶州金冠塚と其遺寶』本文上冊, 圖版上 · 下冊.
   濱田靑陵, 1932, 『慶州の金冠塚』, 似玉堂.
4) 小泉顯夫, 1927, 「慶州瑞鳳塚の發掘」, 『史學雜誌』 38-1.
5) 朝鮮總督府, 1931, 『慶州金鈴塚飾履塚發掘調査報告』.
6) 神林淳雄, 1939, 「金銅裝大刀と金銅製柄頭」, 『考古學雜誌』 29-4.
   末永雅雄, 1941, 『日本上代の武器』.
   町田章, 1976, 「環刀の系譜」, 『研究論集』 Ⅲ, 奈良文化財研究所.
   新谷武夫, 1977, 「環狀柄頭研究序說」, 『考古論集』, 慶祝松崎壽和先生六十三歲論文集.
   大阪府立近つ飛鳥博物館, 1996, 『金の大刀と銀の大刀 -古墳 · 飛鳥の貴人と階層-』.

서 용봉문대도로 변화하는 양상이다.[7]

　한편 황남대총 남분과 금관총에서는 삼루대도
가 패용도로 사용되었고 삼엽대도(三葉大刀)가 유
물수장부에서 출토되고 있어 삼루〉삼엽의 위계적
서열이 인정된다. 천마총에서는 단봉문대도가 패용
도로 출토되었고 삼루대도는 관외에 부장되어 있
다. 이점을 통해 보면 천마총단계에서는 단룡〉삼
루〉삼엽대도 순의 위계적 서열이 확인된다. 천마총
보다 이른 시기에 속하는 식리총에서는 환두의 형
태가 불명인 장식대도가 패용도로 출토되었고 용
봉문대도와 용봉문대도와 삼루대도는 관내에 부장
되어 있었다.[8] 이 무덤에서 용봉문대도가 패용되지
않은 이유는 이 대도가 외래품이며 이 단계에 일반
화되지 않은 대도이기 때문일 가능성이 있다.

(1) 삼엽대도[9]

　황남대총 남분 출토 대도가 가장 빠른 대도이며
이후 황남대총 북분(도2-3), 금관총 등의 유물수
장부에서 출토되었다. 경주 대형묘의 경우 주로 5

도1. 황남대총 남분
피장자 패용대도

세기에는 유물수장부에서, 중형묘에서는 피장자의 패용도로 부장된다. 황남
대총 출토품을 제외하면 대부분 은제(鐵地銀板被)이다. 환의 형태는 원형도

---

7)　穴澤咊光 · 馬目順一, 1976, 「古新羅墳丘墓出土の環頭大刀」, 『朝鮮學報』 122, 朝鮮學
　　會, 185~186쪽.
8)　穴澤咊光 · 馬目順一은 식리총 용봉문대도를 패용대도로 보고 있으나, 출토 위치 및
　　상황으로 보면 식리총 피장자의 패용대도는 환두부가 파손된 은장대도일 가능성도
　　있다.
　　朝鮮總督府, 1931, 『慶州金鈴塚飾履塚發掘調査報告』 圖版150, 154-2.
9)　구자봉, 2005, 「삼국시대의 환두대도 연구」, 영남대학교 박사학위논문.

도2. 삼루대도와 삼엽대도
  (1·2 : 금관총, 3 : 황남대총 북분)

있지만 대부분 상원하방형(上圓下方形)이다.

삼엽대도 환두의 2종류 가운데 원환두(圓環頭)는 평양 병기창(兵器廠)[10]과 마선구(麻線溝) 1호분[11] 출토품과 같은 고구려 장식대도에서 기원을 구하는 것이 좋을 것 같다. 그러나 상원하방형 환두는 계보관계가 불분명하다.[12] 4세기대 목곽묘인 부산 복천동 70호 출토품[13]과 일본 도다이지야마고분[東大寺山古墳] 출토 중평(中平) 기년명 대도[14]는 기본적으로는 낙랑한묘 등 후한(後漢)의 삼엽대도와 계보가 연결되는 것이며 이와 신라 삼엽대도를 바로 연결지우기는 어렵다.

---

10) 末永雅雄, 1941, 앞의 책.

11) 吉林省博物館 集安考古隊, 1964, 「吉林輯安麻線溝1號壁畵墓」, 『考古』64-10.

12) 월성로 가-13호분과 복천동 21·22호분의 5각에 가까운 환두, 의성 대리의 5각 상감환두, 함안 마갑총의 5각 상감환두대도 등의 예에서 보이는 상원하방의 환에 원환내 삼엽대도가 합쳐져 상원하방 내 삼엽대도가 출현했을 가능성도 있다.
  위광철, 1998, 「함안 도항리 마갑총 출토 철제금은상감환두대도의 제작기법 및 보존처리」, 『보존과학연구』19, 문화재연구소.
  국립창원문화재연구소, 2002, 『함안 마갑총』.
  국립중앙박물관·국립광주박물관, 1997, 『우리나라 금속공예의 정화 입사공예』, 18쪽.

13) 부산대학교박물관, 1996, 『동래 복천동고분군Ⅲ』, 도판76.

14) 今尾文昭, 1982, 「中平紀年銘大刀をめぐる問題 -東大寺山古墳出土三葉環頭大刀の系譜-」, 『考古學と古代史』, 同志社大學考古學シリーズ.

(2) 삼루대도[15]

삼루환의 모습을 가진 가장 이른 시기의 대도는 황오리 14호 1곽[16] 출토품이다. 삼루환 내에 삼엽문이 장식되어 있고 병부의 장식 문양 역시 황남대총 남분 단계 이후의 그것과는 뚜렷한 차이를 보이고 있다. 아직 이보다 이른 시기의 대도가 없어 계보 파악에는 어려움이 있다. 황남대총 남분 출토품이 정형화된 예 가운데 이른 시기에 속하며 피장자의 좌측 허리에 패용된 채 매납되었다. 이 대도는 이후 금관총, 금령총 피장자까지 패용하고 있다. 황오리 4호분[17]에서는 패용되지 않은 채 부장되어 있다.

삼루대도 가운데 가장 주목되는 것은 금관총 출토품이다.(도2-1 · 2) 1921년에 발굴된 대도에 대하여 국립중앙박물관이 보존처리를 진행하던 중 2013년에 명문을 찾아냈다. 특히 국립중앙박물관 소장품에는 '이사지왕(尒斯智王)'이라는 명문이 새겨져 있다. 2015년 실시된 금관총에 대한 재발굴에서도 '이사지왕도(尒斯智王刀)'라 새겨진 칼집 부속구가 출토되었다.

(3) 용봉문대도[18](도3)

식리총의 용봉문대도가 가장 이른 시기의 것이며 천마총에서 봉황문대도, 호우총[19]에서 용문대도가 출토되었다. 식리총 대도는 공반된 식리와 더불어 제작지에 대한 검토가 필요하기 때문에 천마총 대도가 신라에서 제작된 가장 빠른 용봉문대도로 볼 수 있을 것이다. 이 대도가 6세기 전반 이후 삼루대도를 대신하여 가장 높은 격을 가지는 것으로 보인다.

---

15) 穴澤咊光 · 馬目順一, 1983,「三累環刀試論」,『藤澤一夫先生古稀記念古文化論叢』.
16) 朝鮮總督府, 1937,『慶州皇南里第百九號墳皇吾里第十四號墳調査報告』.
17) 국립박물관, 1964,『황오리4, 5호고분 황남리파괴고분발굴조사보고』.
18) 穴澤咊光 · 馬目順一, 1976,「용봉문환두대도시론」,『백제연구』7, 충남대학교 백제연구소.
　　新納泉, 1982,「單鳳 · 單龍環頭大刀の編年」,『史林』65-4.
19) 국립박물관, 1948,『경주 노서리 호우총과 은령총』.

도3. 호우총 용문대도   도4. 천마총 단봉대도
세부

용봉문대도는 현재까지 백제와 대가야권의 분묘에서 많이 출토되고 있어 신라 용봉문대도의 기원을 백제 혹은 대가야 대도에서 찾을 수 있을 것 같다.

⑷ 원두대도(圓頭大刀)

현재까지 알려진 자료는 금관총과 천마총 출토품이 있으며, 금관총 출토품은 송산리 4호분[20](구1호)과 창녕 교동 11호분[21] 출토품이 같은 유형에 속한다.

⑸ 수면대도(獸面大刀)

현재까지 금관총 출토품이 유일하나 천마총 출토 원두대도의 초미장식(鞘

---

20) 최종규, 1992, 「제라야의 문물교류」, 『백제연구』 23, 충남대학교 백제연구소.
21) 穴澤咊光·馬目順一, 1975, 「昌寧校洞古墳群」, 『考古學雜誌』 60-4.

尾裝飾)[22]도 이와 비교할 수 있는 예이다.

⑹ 소환두대도(素環頭大刀)

월성로 가-13호분[23] 출토 대도는 경주에서 가장 이른 시기의 장식대도이다. 모두 소환두대도이다. 부산 복천동 21·22호분[24]의 양상으로 본다면 이것이 장식대도 초현기의 모습이었을 것으로 추정된다.

2) 지방 출토품

경주를 제외한 주변지역 가운데에서는 부산 복천동 21·22호분과 동 10·11호분[25] 대도가 가장 빠른 예지만 보다 넓은 분포를 가지면서 통일된 모습을 보이는 시점은 경주 황남대총 남분 단계인 의성 탑리고분 II곽[26], 임당 EII-1호분 이후이다. 이 시기 이후에는 대체로 상원하방 내 삼엽대도로 통일된다. 삼루대도는 예가 많지 않지만 대체로 5세기 후반 이후에 한정된다.

무덤에 부장되는 경우 완전한 복식을 착용한 예와 그렇지 않은 예의 2류가 있다. 금동관이나 관식, 금제이식, 은제대금구, 금동식리, 장식대도까지 1식으로 착용한 예는 의성 탑리고분 II곽, 양산 부부총(남성)[27] 정도이다. 이외에 곽 혹은 실 내부에서는 모두 출토되었으나 주 피장자가 착용치 않은 예는 대구 달서 34호분[28]과 55호분[29]이 있다. 34호분의 경우 관, 이식, 대금구가 머리 위쪽에 모여 부장되었고, 55호분의 경우는 관모가 허리부위에 부장되었으

---

22) 문화재관리국, 1974, 앞의 책, 109쪽, 삽도67.
23) 국립경주박물관 외, 1990, 『경주시 월성로고분군』.
24) 부산대학교박물관, 1990, 『동래 복천동고분군 II』.
25) 부산대학교박물관, 1983, 『동래 복천동고분군 I』.
26) 국립박물관, 1962, 『의성 탑리고분』.
27) 朝鮮總督府, 1927, 『梁山夫婦塚と其遺物』.
28) 小泉顯夫, 1930, 「附錄(三) 第三四號墳發掘調査報告」, 『慶尙北道達城郡達西面古墳調査報告』, 朝鮮總督府.
29) 朝鮮總督府, 1930, 『慶尙北道達城郡達西面古墳調査報告』.

며 대도는 패용되지 않고 유물수장부에서 출토되었다. 창녕의 대형분인 교동 7호분과 경산의 임당 6A호분[30]의 경우 정확한 유물 출토상황을 알 수 없지만 완전한 1식을 착용한 채 매장되었을 가능성이 있다.

일부 요소가 탈락된 채 매장된 예도 몇 유형으로 세분해 볼 수 있다. 먼저 은제관식, 금제이식, 은제대금구, 장식대도를 착용한 예로는 경산 임당EⅡ-1호분, 대구 달서 51호분 2곽, 성주 성산동 1호분[31]이 있다. 다음으로 관장식은 있으나 대금구가 없는 예로는 강릉 초당동 B-16호분[32], 의성 탑리고분 Ⅲ곽이 있고, 이식, 대금구, 대도는 있으나 관장식이 없는 예로는 의성 대리 3호분 1곽[33], 경산 북사리 1호분[34]가 있고, 대구 신지동 북구릉 7호분[35]에서는 이식과 대도만 출토되었다. 그리고 장신구 없이 대도만 부장된 경우는 창녕 교동 10호분과 의성 학미리 1호분[36], 부산 두구동 임석 3호분[37]이 있다. 이처럼 위세품적 성격을 지닌 유물은 전세되기 보다는 소유자의 매장 시 함께 묻어주었을 가능성이 있다. 그 이유 가운데 하나로서 이 유물의 성격에 의례적인 측면이 강했기 때문이 아닐까 한다. 즉 관부터 식리까지 모두 일상생활에서 늘 사용하기에는 불편한 구조이므로 특별한 행사시에만 제한적으로 사용했던 물품일 가능성이 높다.

장식대도 분포지역 가운데 주목되는 곳이 경산과 대구이다. 경산의 경우 임당고분군과 북사리고분군 피장자간에는 관식의 유무라는 격차가 있고, 대

---

30) 국립중앙박물관, 1991, 『신비의 고대왕국 가야특별전』, 58쪽.
   김용성, 1996, 「토기에 의한 대구·경북지역 고대분묘의 편년」, 『한국고고학보』 35, 한국고고학회, 149~150쪽.
31) 朝鮮總督府, 1922, 『大正七年度古蹟調査報告』 第一册.
32) 강릉대학교박물관 외, 1995, 『강릉의 역사와 문화유적』.
33) 박정화 외, 2006, 『의성 대리리3호분』, 경북대학교박물관.
34) 영남대학교박물관, 1991, 『경산 북사리고분군』.
35) 朝鮮古蹟研究會, 1940, 『昭和十三年度古蹟調査報告』.
36) 이백규 외, 2002, 『학미리고분』, 경북대학교박물관.
37) 부산직할시립박물관, 1990, 『부산 두구동임석유적』.

구의 경우 달서고분군과와 신지동 북구릉, 즉 대명동고분군 간에는 관식 및 대금구의 유무라는 격차가 있다. 위세품의 소유가 중심고분군 이외의 여타 고분군으로도 확산되는 현상은 6세기에 들어서면서 보인다. 또 하나 주목되는 현상은 의성 학미리고분군과 부산 두구동 임석고분군의 예다. 이 경우는 장신구의 세트 부장 없이 대도만 부장되는 현상이다. 이 역시 중심고분군에 한정되던 위세품 사여의 대상이 서서히 바뀌어 나가는 모습을 반영하고 있다.

(1) 삼루대도

부산 복천동 10 · 11호분 출토품(도5)은 환두와 병부의 재질로 보아 황남대총 남분 출토품보다 이른 시기의 자료로 보이며 그밖에 양산부부총, 경산 북사리 1호분, 대구 달서 37호분 2곽 출토품은 금관총이나 천마총 대도와 비슷한 시기로 편년할 수 있다.

(2) 삼엽대도

복천동 10 · 11호분 출토품(도5)은 환두의 외형이 원환(A형)이며 병부는 은판이나 황남대총 남분 출토품과 같은 문양의 타출이 없다. 원환 내 삼엽대도로서는 대구 달서 55호분 출토품이 있으나 이는 도신이 목제[38]이며 초미금구가 어미형을 띠고 있어 부장용

도5. 지방 출토 삼루, 삼엽대도
(1.복천동 10 · 11호분, 2.문산리 M1호분, 3.복천동 10 · 11호분, 4.학미리 1호분)

---

38) 한병삼, 1985, 『고분미술』 22, 중앙일보사.

품일 가능성이 있다.

그 밖의 모든 대도는 환두의 외형이 상원하방(B형)이며 병부에는 은판 혹은 금동판에 연속호문(連續弧紋)을 타출하였다. 부산, 경산, 대구, 성주, 의성, 창녕, 청원, 강릉에서 출토되었다.

(3) 원두대도

양산부부총 피장자의 우측 유해부에서 출토되었다. 금관총 출토품과는 다른 유형이며 천마총과 동류이나 원두의 윗부분 너비가 아랫부분 너비에 비해 현저히 넓지 않다.

(4) 용봉문대도

창녕 교동 10호분에서 출토된 예가 유일하다. 도상 및 제작기법으로 보면 대가야 중심지로부터의 반입품일 가능성이 높다.

3. 분포의 의미

1) 지역적 분포양상

장식대도를 지방에 사여하기 시작한 것은 5세기 초부터인 것 같지만 본격화되는 것은 5세기 중엽 이후이다. 이 시기의 신라는 김씨에 의한 왕위세습, '마립간' 칭호의 사용, 전진(前秦)에의 사신 파견 등에서 보는 것처럼 비약적인 발전을 이룩한다. 그 발전을 토대로 재지세력에게 복식을 사여했던 것 같다.[39]

---

39) 경주에서 복식의 착용이 본격화되는 것은 황남대총 남분 단계이다. 이 시기 이후의 무덤에서는 피장자들이 완전한 복식을 갖춘 채 매장되는 경우가 많으며 부장유물에 금·금동·은 등으로 장식한 물품이 다수 포함되어 있다. 대체로 6세기 1/4분기부터는 무기의 부장이 격감하는 모습도 보인다.
박보현, 1992, 「적석목곽분의 무기·구 부장양상」, 『신라문화』 9, 동국대학교 신라문화연구소, 8쪽.

장식대도가 지방의 무덤에서 출토되는 하한은 6세기 중엽이다. 중고기의 앞 단계에 해당하는 이 시기의 신라는 고구려의 영향에서 완전히 벗어나 집권적인 영역국가(領域國家)[40]로 나가게 되며, 현지지배층을 해체해나가는 시기이다. 이 시기 이후 신라의 중앙에서는 지방의 자율적 기반들에 대한 통제를 실시하고 자율성의 일부분을 상징하던 장신구류와 장식대도 등의 사여를 중지했을 가능성이 높다.

　　장식대도는 대부분의 지역에서 장신구와 세트관계를 이루고 있다. 경산, 대구, 의성, 창녕, 양산은 모든 세트가 완전히 확인되고 있어 경주의 관심이 특히 높은 지역이었던 것으로 해석할 여지가 있다. 1인이 완전한 복식을 갖추고 매장된 경우는 의성 탑리 2곽, 양산 부부총(남성), 대구 달서 34호분이고, 출토상황이 알려져 있지 않지만 가능성이 있는 예는 경산 임당 6A호분, 창녕 교동 7호분이 이에 해당될 것이다. 이처럼 장신구의 완전한 세트가 모두 출토되는 곳은 그렇지 않은 지역에 비해 복식이 하사되는 빈도가 높은 곳이다.

　　남서쪽은 낙동강을 경계로 하여 부산·양산, 북서쪽은 낙동강을 넘어 성주·선산·청원까지 도달하였으며, 북으로는 의성·안동·순흥, 동북쪽으로는 삼척·강릉까지 다다르고 있다. 이들 제 지역에서 출토되는 고고유물의 성격은 독자적이라기보다는 경주와의 친밀도가 높으며, 그 친밀도란 교류의 소산으로 보기에는 무리가 따르며 동일한 정치권에 속함으로써 생긴 것일 가능성이 훨씬 높다. 신뢰도가 높은 5세기대의 기록만을 종합하더라도 이 시기의 장식대도나 장신구류가 출토된 곳은 엄연한 신라의 영역이었다. 다만 영역국가 단계와 같은 규제가 시행되지 않았기 때문에 해당지역의 분묘에서 자율성이

또한 복식을 본격적으로 갖추는 시기인 5세기 중엽 경부터 국왕이 직접 전투에 참여하는 예가 거의 없어진다는 지적도 이 시기의 복식의 본격적인 제작, 배포와 관련하여 주목되는 점이다.
이문기, 1992, 「신라중고기 군령체계의 검토」, 『신라문화』 9, 동국대학교 신라문화연구소, 46쪽.
40) 노태돈 외, 1997, 『시민을 위한 한국역사』, 창작과 비평사, 41~43쪽.

간취되는 것이다.

영덕-대구-부산을 잇는 선 안쪽의 세력인 경산, 대구, 양산, 부산, 영천, 안강, 영일, 영덕 등은 그밖에 위치한 창녕, 의성, 청원지역과는 달리 지역색이 약하거나 없는 오히려 경주토기라고 불러도 좋을 토기를 가지고 있다.[41] 즉이 지역은 지역색 있는 토기가 출토되는 지역보다 이른 시기부터 경주에 밀착되어 있었으며, 그 바깥 지역으로 변경이 확장할 때마다 교두보 내지는 물적 기반이 되었던 곳일 가능성이 높다.

2) 장식대도의 위세품적 성격

대부분의 사회에는 다양한 종류의 귀중품이 존재한다. 그 가운데 일부는 일상생활에서 실용품으로도 사용되지만 소유자의 부나 지위를 과시하기 위한 목적으로 활용되는 경우가 많다. 이러한 물품을 위세품(威勢品, prestige goods)이라 부른다. 위세품은 특정 사회에서 높은 가치를 지닌 한정된 소재로 만들어지는 경향이 있고 소재의 다수가 희소성, 내구성, 그리고 시각적으로 눈길을 끄는 성질을 지니고 있다. 금은 등의 귀금속, 귀한 옥석, 상아나 보배조개 등이 해당한다. 이처럼 원재료 자체가 희귀한 것뿐만 아니라 개인의 위세를 강조하는데 도움이 되는 정교한 직물, 의복의 소재 역시 귀한 물품으로 여겨졌다.[42]

위세품의 가치에 대한 판단은 그것이 통용되는 사회마다 다양하며 일상용품에 비해 그것에 접근하거나 또는 취득할 수 있는 기회가 사회적인 요인에 의해 제한되므로 상대적인 희소성이 높다. 희소성이라는 측면에서 보면 전근대사회의 수입품은 위세품적인 성격을 지녔을 것이며 금속제 장신구처럼 착장했을 때 시각적으로 눈에 띠는 물품인 경우도 위세품적인 성격이 농후하였

---

41) 최병현, 1992, 「신라토기」, 『한국미술사의 현황』, 예경, 93쪽.
42) 콜린 렌프류 · 폴반(이희준 역), 2006, 『현대고고학의 이해』, 사회평론, 362~363쪽.

을 것이다. 교역이나 생산을 통하여 집적한 위세품은 최고 권력자가 관리하였고 이러한 물품은 재분배(再分配) 또는 사여라는 방식으로 그 사회의 지배층에게 공급되었던 것으로 보인다.

신라의 장식대도의 제작기법이나 출토 양상 등을 종합적으로 검토하면 그것은 실용적 무기라기보다는 귀금속장신구와 마찬가지로 복식의 구성품에 포함될 것이다. 왕으로부터 사여 받은 화려한 장식대도는 물품 자체를 보유하는 것만으로도 효과가 있었겠지만 의복과 함께 패용했을 때 위세는 더욱 드러났을 것이다. 더욱이 단위 지역의 범위를 넘어서서 보다 많은 사람이 모이는 의례의 공간에서 착용하거나 망자(亡者)의 신체에 착장시켜 매장하는 일련의 장례과정을 통하여 소유자 또는 그의 권위를 계승하는 인물의 위세를 드러내기도 했을 것이다.

이처럼 매우 제한적이고 배타적인 소유를 보이는 장식대도, 경주 지배층의 표지로 보이는 이 대도가 지방사회의 현지지배층에까지 소유의 확장이 이루어진 이유는 무엇일까? 이에 대한 해명은 이 시기의 신라의 지방지배방식을 이해하는데 첩경이 될 수 있다.

5세기 전반 당시 고구려의 위협이 상존하는 위기상황에서 신라의 지배층은 대외적으로 고구려와의 신속관계(臣屬關係)에서 벗어나고자 나제동맹(羅濟同盟)을 체결하여 공동으로 대처하였고[43], 대내적으로는 변경을 중심으로 각 지방 세력이 자유롭게 대외관계를 가지는 것을 막고 이들 제 집단을 한층 강하게 결속시킬 필요가 생겨났다. 그 구체적인 방법으로 고구려가 신라에 사여하던 것처럼 지방 세력에게 복식[44]을 사여했던 것 같다. 그 복식의 구성

---

43) 노태돈, 1975, 「삼국시대의 부에 관한 연구」, 『한국사론』 2, 서울대학교 국사학과, 18쪽.
44) 여기서 사용하는 服飾이란 용어는 의복과 그에 부착된 금속제 장식품을 함께 지칭하고자 한다. 7세기에 金春秋가 입당했을 때 당에서는 의복과 혁대를 하사하였다. 여기서 의복과 혁대를 합칠 때 비로소 官服이 된다. 비록 앞 시기의 자료이지만 『中原高句麗碑』에서 고구려 태자가 신라매금에게 하사하는 의복이 고구려의 관복일 가능성이 있기 때문에 이 하사품에는 의복에 더하여 금속제 장식품도 포함되었을 가능성이 있

요소가 금속제 장신구류와 장식대도일 것이며 특히 장식대도의 의미에는 신체장식기능에 더하여 현지 군사력에 대표성을 부여하는 측면도 고려해볼 수 있다. 중앙 혹은 현지에 파견된 군사지휘관이 이들을 매개로 현지군사력[45]을 이용하거나 축성 등 토목공사에 지역민을 동원할 수 있었을 가능성을 고려해보고자 한다.

결국 지방 출토 장식대도는 여타 장신구처럼 중앙에서 사여한 것인데 그 이면에는 주고받는 측 모두의 이해관계가 개재되어 있었을 것이다. 즉 중앙에서는 지방 지배를 효율적으로 수행하기 위해서 현지세력의 협조가 필요했고, 현지 유력층은 자신이 속한 지역사회에서 자신의 기득권을 계속 유지하기 위해서는 중앙의 인정이 필요했을 것이다. 그 때문에 약 1세기간 이러한 위세품 수수관계가 지속되었던 것이다. 그러나 복식을 사여 받은 지방의 지배층은 역으로 이전 시기에 지녔던 독자성의 많은 부분을 점차 상실해 나갔던 것으로 보인다.

신라에서 의복을 사여하여 지방세력을 결속시키고 통제를 점차 강화해나가는 체제는 약 1세기가량 지속된 것으로 보이는데, 중국이나 고구려의 경우보다 훨씬 강도 높게 운영되었던 것 같다.

좀 더 구체적으로 살펴보면, 중앙의 입장에서는 아직 전 영역에 대한 직접지배를 실시하기 어려운 상황을 감안하여 현지지배층이 소유하고 있던 군사권이나 외교권 등만 박탈한 채 많은 부분에서 자치권을 보장해주었을 것이

다. 신라고분에서 출토되는 금속제 장신구류가 이 시기의 관복을 구성하는 요소인지는 분명치 않지만 지배층만이 배타적으로 소유한 복식의 일부분임에는 틀림없다. 고분 출토품 중 관복의 구성요소로 보이는 것은 중고기 이후의 은·동·철제 대금구이다.

45) 고구려가 중국이나 신라를 공격할 때 穢貊, 靺鞨兵을 동원하여 전투하는 내용과 『三國史記』 勿稽子列傳의 기록은 이 시기 신라의 군사력 가운데 현지인들이 차지하는 비중도 적지 않았을 것이라는 추정을 가능케 한다. 그러나 언제나 중심은 王京人으로 편성된 中央軍이었을 것이다.
여호규, 1997, 「1~4세기 고구려 정치체제 연구」, 서울대학교 박사학위논문, 119쪽.

다.[46] 또한 축성 등 주요한 사안에 필요한 역역동원과 정기적인 공물수취 및 병사징집 등의 업무를 현지지배층을 매개로 처리하였을 가능성도 상정된다. 현지지배층의 경우 비록 기존에 가지고 있었던 기반의 상당부분을 상실하였지만 신라라는 보다 강한 배후세력을 등에 업고 지역사회 내에서 자신의 입지를 계속 유지하게 된다.[47] 그러나 그의 지위는 자신의 힘에 의해 획득된 것이 아니라 신라 중앙세력의 의지에 의해 이루어진 것이기 때문에, 중고기에 가까워지면서 중앙의 직접지배가 점차 강화됨에 따라 그의 역할은 차츰 축소되어 갔을 것이고 늘 불안한 지위를 가지고 있었던 것이다.

이러한 체제는 신라의 집권화 과정에서 본다면 일종의 과도기적인 모습이었다. 대체로 이사금시기의 자율적인 지방지배와 중고기 이후 영역지배를 이어주는 지배방식이었다. 앞에서 언급한 것처럼 대체로 6세기 1/4분기에 접어들면서 이러한 체제에도 변화의 모습이 감지된다. 즉 인접한 2개의 지역 중 중앙에서 중점을 두는 지역이 출현하는 모습과 단위지역 내에서 중심세력 이외의 새로운 세력에게 복식을 사여하는 사례가 확인되는 현상이다.

인접해 있는 부산과 양산지역을 비교해볼 때, 부산 복천동고분군은 5세기 중엽 이전이 중심인데 비하여 양산 북정리고분군은 현재까지의 조사예로만 본다면 5세기 4/4분기부터 6세기 1/4분기까지가 중심연대이다. 같은 시기 부산의 대형분인 연산동고분군과 북정리고분군을 비교했을 때 북정리의 예가 한 단계 높은 격을 가지고 있다. 이러한 사실은 중앙에서 5세기 중엽 경에는 부산의 복천동고분군 피장자들을 매개로 낙동강 하류역을 지배하다가, 5세기 말 이후에는 양산의 북정리고분군 피장자들을 기반으로 하여 이 지역을

---

46) 삼국시대 지방지배방식의 공통적인 특징으로 '在地勢力의 利用'을 들고 있는 언급이 있어 주목된다.
　　이성규, 1996, 「중국의 분렬체제모식과 동아시아 제국」, 『한국고대사논총』 8, 273~286쪽.
47) 주보돈, 1995, 「신라 중고기 지방통치와 촌락」, 계명대학교 박사학위논문, 33~34쪽.

지배했음을 보여준다. 결국 시기변천에 따른 국내외적인 정세의 변화와 함께 중점을 둔 지역이 바뀌었던 것으로 생각된다.

또한 단위지역 내에서 중심고분군 이외의 고분군에도 장신구류와 장식대도가 부장되는 현상이다. 즉 5세기에는 주로 앞 시기의 소국적인 기반을 가지고 있는 지역의 중심고분군 축조 세력에만 지원을 하던 체제에서 일변하여 6세기 1/4분기에는 같은 지역의 주변 고분군에도 지원을 시작하는 체제로 바뀌는 것 같다. 그 예로 경산과 대구지역을 들 수 있다. 대구의 경우 기존의 세력인 달서고분군 피장자들에게도 장식대도 및 장신구류를 하사하면서 한편으로는 멀지 않은 곳에 위치한 신지동고분군 피장자에게도 이식이나 대도를 하사하고 있다.48) 경산의 경우 임당고분군 이외에 북사리고분군 피장자에게도 하사하고 있는 사실이 확인된다. 이는 5세기와는 매우 다른 모습이며 이러한 모습의 잔영이 부산 두구동 임석 3호분 출토품과 같은 경우일 것이다.

이와 아울러 대구 달서고분군, 창녕 교동고분군, 의성 탑리와 대리리고분군처럼 비슷한 시기의 대형묘 중 복수의 무덤에서 복식 구성품이 출토된다는 사실도 주목된다. 즉 현지지배층 중 특정 유력자에게만 한정적으로 복식을 사여했다기보다는 집단을 움직일 수 있는 복수의 지배층에게 복식을 사여했을 가능성이 인정된다. 이는 단위지역에서 특정인에게 힘이 집중됨을 막기 위한 통제책일 가능성도 있다.49)

복식을 사여받는 대상 집단이 6세기에 접어들면서 일부 변하고 있는데, 이는 중앙에서 이제는 기존의 지방 세력들의 자율성을 규제하고 그들의 기반

---

48) 이러한 모습은 일본 중기고분의 갑주분여상황에서도 확인된다. 중기의 기내정권은 전기의 재지수장층을 축으로 하지 않고, 지방의 신흥세력을 우대하는 모습이 보인다는 것이다.
藤田和尊, 1993, 「甲冑の保有形態」, 『月刊考古學ジャ-ナル』 366, 14쪽.

49) 마립간기 신라의 지방지배방식 중에는 재지세력간의 대립과 갈등을 조장하여 이들의 결속을 방해함으로써, 지방에 대한 통제를 유지하였다는 견해가 있어 주목된다.
주보돈, 1995, 앞의 논문, 31~32쪽.

을 해체해야만 할 상황이 도래하게 되었기 때문일 것이다. 다음 단계인 6세기 2/4분기 내지는 3/4분기 이후 각지에서 기존의 대형고분군의 축조가 종료되고 새로이 주변에서 비교적 균등한 규모의 많은 고분군이 축조되는 모습은 이제 이 시기에는 중앙에 의한 지방사회의 재편이 완료되었음을 이야기해 준다.[50]

4. 맺음말

이상에서 검토한 것처럼 신라에 장식대도가 처음 등장하는 시기는 월성로 가-13호분 출토품을 통해 볼 때 그보다 앞선 4세기 후반 경으로 볼 수 있을 것 같다. 그러나 본격적으로 제작되는 것은 황남대총 남분 단계인 5세기 중엽 경이 되는 것 같고, 이 시기 이후 장식대도 소유층이 확대된다. 그 확대의 이면에는 신라의 정략적인 측면이 개재되어 있는 것 같다. 장식대도 출토 무덤의 공반 유물 검토를 통하여 세분해 보았다.

장식대도의 편년안을 토대로 분포양상의 변화를 살펴보았다. 그 결과 장식대도의 분포는 새로이 편입된 변경지역의 현지지배층 무덤과 보다 앞 시기에 편입된 지역이지만 지방 지배의 주요 거점이 될 만한 곳의 현지지배층 무덤에 한정된다는 사실, 또 신라의 중앙에서 관심을 가지는 지역의 변화추이가 복식의 사여 대상에 반영된다는 점과 6세기에 가까워지면서 단위 지역사회 내에 복식 사여대상자의 범위가 확대된다는 사실이다. 특히 장식대도의 소유

---

50) 6세기 중엽 이후 신라 영역 내 각지에서는 많은 수의 橫口·橫穴式石室이 新築되며, 대부분의 무덤에 統一樣式土器가 부장된다. 같은 고분군일 경우 이전시기에 비하여 현저하다는 표현이 가능할 정도로 成長하고 있는 모습을 보인다. 이러한 현상을 '新羅에서 기존의 大集團을 붕괴시켜 그들의 통치에 편리하도록 集團을 再編成한 것'으로 이해하는 연구가 있다.
홍보식, 1995, 「고분문화를 통해 본 6~7세기대의 사회변화 -영남지역을 중심으로-」, 『한국고대사논총』 7, 가락국사적개발연구원, 173~175쪽.

자가 동일지역의 대형묘에 한정되던 것이 중형묘까지 확산된다는 사실은 현지지배층 재편의 기도로 파악된다.

이러한 복식 사여의 배경에는 5세기 중엽 이후 고구려와의 신속관계에서 벗어나려는 정치적 상황을 들 수 있다. 당시 신라는 대외적으로 나제동맹을 맺었고, 대내적으로는 내적결속을 다지기 위해 부단히 노력하던 때이다. 내적 결속을 다지기 위해서는 지방에 대한 통제의 강화가 필수적인데, 통제를 강화하기 위해서 현지지배층을 복식 사여에 반영된 것처럼 여러 가지 장치로 묶고 그를 매개로 지방에 대한 통제력을 관철시키려 했던 것 같다. 이러한 체제는 약 1세기가량 지속된 마립간기 지방통제방식의 주요한 특징이며, 이사금시기의 자율성 강한 지배방식과 중고기 이후의 영역적 지배방식의 중간단계에 속하는 것으로 볼 수 있을 것이다.

제4부 장식대도 유행의 배경

제 4 부
장식대도
유 행 의
배   경

제1장
금공문화의 성립과 확산

1. 머리말

4~6세기의 동북아시아는 격변의 시대를 경험하였다. 그 와중에서 수많은 국가가 성립하여 쟁패하였고 또 역사의 무대에서 사라졌다. 각국은 자국의 안위와 성장에 도움이 되는 나라들과의 교류에 많은 노력을 기울였던 것으로 보인다. 그것은 사서의 기록뿐만 아니라 금공품에도 잘 반영되어 있다.

이 시기의 동북아시아 금공품 가운데 유독 눈에 띠는 것은 장식성 강한 이식(耳飾)의 유행이다. 그 중심은 한반도와 만주였으며 고구려, 백제, 신라, 가야 등 삼국시대 각국은 양식적 특징이 현저한 이식을 제작했다. 각국의 이식은 지배층 묘역에서 주로 출토되며 무덤 주인공의 사회적 위세를 잘 보여준다는 의미에서 금공위세품이라 부를 만하다.

본 장에서는 이식을 소재로 한반도를 중심으로 한 고대 동북아시아 금공문화의 성립과 확산양상을 살펴보려 한다. 그와 같은 과정에서 각국만의 특징을 갖춘 장식대도가 제작될 수 있었고 제작기술 혹은 완제품이 이웃나라까지 전해질 수 있었음을 언급해보려 한다.

2. 부여 이식의 분포

동북아시아에서 금속제 이식의 양식이 성립하는 시점을 중국 상주시기(商周時期)로 소급시켜보기도 하지만, 출토 유물의 수량이 많아지고 양식적 특징이 현저해진 것은 서기 4세기 이후의 일이다. 중국 중원지역 출토품은 수량이 많지 않고, 초기 자료 가운데 선비족 이식의 사례가 풍부한 편이다. 〈도1〉은 현 중국 각지에서 출토된 이식의 사례를 모아본 것이다. 감숙성 옥문시(玉門市) 화소구유지(火燒溝遺址, 1)[1], 천진시(天津市) 계현(薊縣) 위방(圍坊) T1(2)[2]과 동 장가원(張家園) 65F4(3)[3], 북경시 유가하묘(劉家河墓) 이식(4)[4]은 한쪽 끝이 나팔처럼 벌어진 소위 '나팔형 이환(耳環)'이다. 미누신스크지역 이식과 유사하다는 점 때문에 이 이식의 원향을 시베리아로 보려는 견해가 있으나, 중국에서 출토되는 이식의 연대가 더 오래되었다고 하면서 중국 기원설을 주장하기도 한다.[5] 북경시 연경현(延慶縣) 옥황묘묘지(玉皇廟墓地) 156호묘 이식(5)[6]은 위 4점과는 시기차가 있고 형태도 다르지만 외형에서 약간의 유사점을 볼 수 있다.

〈도1-6~9〉에 제시한 이식은 중간식(中間飾)이나 수하식(垂下飾)에 터키석 등의 옥이 감입되어 있다. 내몽고자치구 항금기(杭錦旗) 아로시등묘(阿

---

1) 李水城·水濤, 2000, 「四壩文化銅器研究」, 『文物』 2000-3, 37~38쪽.
2) 天津市文物管理處考古隊, 1983, 「天津薊縣圍坊遺址發掘報告」, 『考古』 1983-10, 885쪽의 도8-14.
3) 天津市文物管理處考古隊, 1977, 「天津薊縣張家園遺址試掘簡報」, 『文物資料叢刊』 1977-1.
4) 北京市文物工作隊, 1992, 「北京平谷劉家河遺址調査」, 『北京文物與考古』 3, 北京燕山出版社.
   楊伯達, 1988, 『中國美術全集 工藝美術編10 -金銀玻璃琺瑯器-』, 文物出版社, 2쪽.
5) 烏恩岳斯圖, 2007, 『北方草原考古學文化研究』, 科學出版社, 30~32쪽.
6) 北京市文物研究所, 2007, 『軍都山墓地 玉皇廟(四)』, 文物出版社, 彩版49-3.

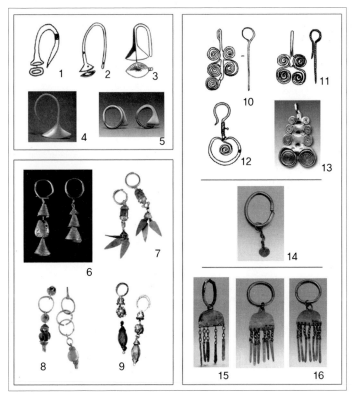

도1. 선진~삼연의 이식(1.화소구, 2.위방T1, 3.장가원 65F4, 4.유가하묘, 5.옥황묘 156호묘, 6.서구반 2호묘, 7.아로시등묘, 8.연방거사 교장, 9.신장두 30호묘, 10.동대정 8호묘, 11.삼도만 104호묘, 12.삼도만 121호묘, 13.동대정 1호묘, 14.라마동II-71호묘, 15.보안사묘, 16.라마동II-198호묘)

魯柴登墓, 7)[7], 동 준격이기(准格爾旗) 서구반(西溝畔) 2호묘(6)[8], 동 동승시 (東勝市) 연방거사(碾房渠社) 교장(窖藏, 8)[9], 하북성 이현(易縣) 연하도(燕

---

7) 田廣金 · 郭素新, 1986, 『鄂爾多斯式靑銅器』, 文物出版社, 도판IV-3.
   鄂爾多斯博物館, 2006, 『鄂爾多斯靑銅器』, 136쪽.
8) 田廣金 · 郭素新, 1986, 앞의 책, 도판IV-2.
   楊伯達, 1988, 앞의 책, 7쪽.
9) 伊克昭盟工作站, 1991, 「內蒙古東勝市碾房渠發現金銀器窖藏」, 『考古』 1991-5, 406

下都) 신장두묘구(辛庄頭墓區) 30호묘 이식(9)[10], 임치(臨淄) 상왕촌(商王村) 전국묘 출토품[11]이 대표적이다. 연하도와 상왕촌 전국묘 출토품을 제외하면 흉노 유물로 볼 수 있다. 그런데 이 가운데 연하도 신장두 30호묘에서도 동물문식패(動物紋飾牌가) 공반되었으므로 그것과 함께 흉노로부터의 이입품일 가능성을 우선적으로 고려할 수 있다. 그런데 서구반 M2호묘 발굴자는 해당 무덤에서 출토된 금식패와 은제 운주의 경우 명문으로 보면 전국시대 진(秦)과 조(趙)에서 제작된 것으로 볼 수 있다고 하므로[12] 참고할 수 있다. 즉, 이 이식도 흉노의 요구에 따라 연(燕)에서 제작한 것 가운데 일부일 수도 있다.[13]

〈도1-10~13〉 이식은 선비(鮮卑) 이식 가운데 일부이다. 내몽고자치구 상도현(商都縣) 동대정(東大井) 8호묘(10)[14], 동 1호묘(13)[15], 찰우후기(察右後旗) 삼도만(三道灣) 104호묘(11)와 121호묘(12) 출토품이다.[16] 궐수형(蕨手形) 장식이 특징적이며 금제품과 동제품으로 구분된다. 발굴자는 위 두 고분군에서 후한경이 출토된 점 등에 근거하여 이 유적의 연대를 단석괴(檀石槐, 137~181)가 흉노 고지로 남하하여 군사 활동을 전개하던 서기 2세기 중 후반 경으로 편년하였다.[17]

〈도1-14~16〉, 〈도2-3〉은 모용선비(慕容鮮卑)가 건국한 전연(前燕)의 이

쪽 도3.

10) 河北省文物研究所, 1996, 『燕下都』, 文物出版社, 彩版33-4.

11) 齊國歷史博物館, 2002, 『臨淄文物集粹』, 54쪽.

12) 伊克昭盟文物工作站 · 內蒙古文物工作隊, 1980, 「西溝畔匈奴墓」, 『文物』1980-7, 10쪽.

13) 신장두 30호묘 장신구의 연대를 서한까지 늦추어보는 견해도 있으나 이를 전국만기로 보면서 흉노와 燕의 밀집한 관계를 보여주는 자료라 평가한 연구가 있다.
   喬梁, 2004, 「辛庄頭30號墓的年代及其他」, 『華夏考古』2004-2, 61~64쪽.

14) 魏堅, 2004, 『內蒙古地區鮮卑墓葬的發現與研究』, 科學出版社, 78쪽의 도20-6.

15) 魏堅, 2004, 앞의 책, 彩版14-1.

16) 魏堅, 2004, 앞의 책, 28쪽의 도11-18 · 20.

17) 魏堅, 2004, 앞의 책, 45~46 · 97~98쪽.

식이다. 〈도1-14〉는 라마동II지구 M71호묘에서 출토된 것이다. 세환에 유환 1개를 걸고 다시 사슬을 늘어뜨린 다음 맨 아래에 심엽형 장식을 매단 것이 다.[18] 〈도1-15〉는 의현(義縣) 보안사묘(保安寺墓)[19], 〈도1-16〉은 라마동II지 구 M198호묘에서 각각 출토된 것이다. 두 점 모두 세환에 반달모양 장식을 걸고 몇 줄의 수식을 매단 점이 특징이다.[20] 〈도2-3〉은 라마동II지구 M266호 묘에서 출토된 이식이다. 가는 금실을 꼬아 나뭇가지처럼 만들고 2~3단에 걸 쳐 5각형의 엽형(葉形) 장식을 매단 것이다.[21]

이상의 이식과는 꽤나 다른 일군의 이식이 있다. 〈도2〉의 상단과 하단에 제 시한 것이 대표적인 사례인데, 금사(金絲)나 은사를 비틀어 꼬아 기본 뼈대를 형성하였다는 점이 특징이다. 대부분 중간에 고리를 만들었다. 영락을 매단 것 과 그렇지 않은 것으로 구분된다. 착장부는 고리를 둥글게 휘어 마무리한 것 과 넓은 금판으로 이루어진 것, 그리고 양자가 공존하는 것으로 나누어볼 수 있다. 길림성 유수현(楡樹縣) 노하심유적(老河深遺蹟, 도2-4) 출토품 가운데 는 손톱처럼 생긴 이식도 포함되어 있다. 이 유적 출토 이식에는 여러 종류 가 공존하지만 서로 유사한 속성을 공유하고 있어 이를 하나의 양식으로 설 정할 수 있다. 흑룡강성 태래현(泰來縣) 평양묘장(平洋墓葬) 전창(塼廠) M107 호묘(도2-1)[22], 길림성 통유현(通楡縣) 흥륭산묘지(興隆山墓地, 도2-2)[23], 요녕 성 북표시 라마동(도2-3) M266호묘·M379호묘, II M71호묘·M199호묘[24], 길

18) 遼寧省文物考古研究所, 2002, 『三燕文物精髓』, 遼寧人民出版社, 42쪽, 도21.

19) 遼寧省文物考古研究所, 2002, 앞의 책, 42쪽, 도22.

20) 遼寧省文物考古研究所, 2002, 앞의 책, 42쪽, 도20.

21) 遼寧省文物考古研究所, 2002, 앞의 책, 42쪽, 도23.

22) 楊志軍 外, 1990, 『平洋墓葬』, 文物出版社, 94~95쪽.

23) 吉林省文物工作隊, 1982, 「通楡縣興隆山鮮卑墓淸理簡報」, 『黑龍江文物叢刊』 1982-3.

24) 遼寧省文物考古研究所, 2002, 앞의 책, 43쪽 도23·24.
　　遼寧省文物考古研究所 外, 2004, 「遼寧北票喇嘛洞墓地1998年發掘報告」, 『考古學報』 2004-2, 232~233쪽.

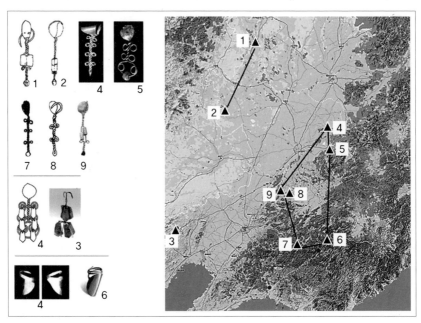

도2. 부여양식 이식의 분포(1.평양묘장, 2.흥륭산, 3.라마동, 4.노하심, 5.모아산, 6.석호 왕팔발자, 7.망강루, 8.채람, 9.서차구)

림성 유수현 노하심유적 41호묘·93호묘·103호묘[25], 동 길림시 모아산(帽兒山) 목곽묘(도2-5)[26], 동 통화시(通化市) 운봉댐 수몰지구내 석호(石湖) 왕팔발자묘군(王八脖子墓群, 도2-6)[27], 요녕성 환인현(桓仁縣) 망강루(望江樓) 4호적석묘(도2-7)[28], 길림성 서풍현(西豊縣) 서차구묘지(西岔溝墓地, 도

25) 吉林省文物考古硏究所, 1987, 『楡樹老河深』, 文物出版社, 도판41·43.

26) 吉林省文物考古硏究所, 2008, 『田野考古集粹 -吉林省文物考古硏究所成立二十五周年紀念』, 文物出版社.

27) 安文榮·唐音, 2008, 「鴨綠江右岸雲鳳水庫淹沒區古墓葬調査與發掘」, 『2007中國重要考古發現』, 文物出版社, 83쪽.

28) 梁志龍·王俊輝, 1994, 「遼寧桓仁出土靑銅遺物墓葬及相關問題」, 『博物館硏究』 1994-2.

2-9)[29], 동 동요현(東遼縣) 채람묘지(彩嵐墓地, 도2-8)[30] 출토품이 알려져 있다.

노하심유적에서 발굴된 이식 63점과 수집품 1점 등 총 64점의 이식 가운데 가장 화려한 것은 〈도3-1·2〉처럼 금사뉴환대엽이식(金絲扭環帶葉耳飾) 또는 보요부이식(步搖附耳飾)으로 불리는 것이다. 1호묘에서 출토된 2점과 유구불명 수집품 1점 등 모두 3점이 알려져 있다. 이와 같은 유형의 이식이 북표시 라마동 M266호묘·M379호묘, Ⅱ M71호묘·M199호묘에서 출토된 바 있다. 이를 부여적인 이식으로 보기도 하고 선비적인 이식으로 파악하기도 한다. 노하심유적 이식 가운데 가장 수량이 많은 유형은 〈도3-3·4·7〉과 같은 금사뉴환이식(金絲扭環耳飾)이다. 모두 24점이 해당한다. 이어 은사뉴대이식(銀絲扭環耳飾)이 13점으로 그 뒤를 잇는다. 금사뉴환대엽이식(金絲扭環帶葉耳飾)보다 간소하지만 대엽 혹은 보요가 달리지 않은 점을 제외한다면 기본적인 제작기법은 비슷하다.

이와는 다른 유형의 이식이 〈도2-4〉처럼 노하심유적 발굴조사보고서 작성자가 호편형이식(弧片形耳飾)이라 이름 붙인 것이다. 금제품 5점과 은제품 3점이 출토되었다. 그런데 〈도3-8·9〉 이식은 금사뉴환이식(金絲扭環耳飾)으로 분류되어 있으나 상부에 호편형이식(弧片形耳飾)과 유사한 장식이 덧붙여져 있다. 따라서 노하심유적에서 출토된 금사뉴환이식(金絲扭環耳飾), 호편형이식(弧片形耳飾), 더 나아가 금사뉴환대엽이식(金絲扭環帶葉耳飾)의 제작지에 차이가 있다고 보기는 어렵다. 그간 중국 고고학계의 발굴조사 및 연구 성과를 참고한다면 이러한 이식의 분포 중심지는 길림시 일원일 가능성이 있다.[31]

---

29) 孫守道, 1960, 「匈奴西岔溝文化古墓群的發現」, 『文物』 1960-8·9.
30) 劉升雁, 1984, 「東遼縣石驛公社古代墓群出土遺物」, 『博物館研究』 1984-3.
31) 길림시 일대는 문헌과 고고학 자료로 보아 부여의 중심지였을 것으로 보인다. 노하심 유적은 길림시를 관통하여 北流하는 송화강의 동쪽에 위치한다. 이 유적 中層의 축조

운봉댐 수몰지구 왕팔발자유적에서 발굴된 이식은 노하심유적 이식과 약간의 형태차가 있다. 나선상의 고리부위가 중상위에서 시작하여 시계방향으로 감겨 올라간 형태이고 아래쪽 본체는 원판을 세로로 절곡하여 만든 것이다. 형태가 다른 것은 제작지에 차이가 있거나 시기차가 존재하기 때문일 수 있다. 그러나 크게 보면 동일 유형으로 분류할 있는 이식이다. 노하심유적과 석호 팔왕발자유적도 상당히 떨어져 위치한다. 그러나 송화강-육로를 통하여 연결될 수 있는 주요한 노선 상에 분포하고 있으며 부여와 고구려의 중심지에 해당하므로, 장차 사서에 등장하는 부여와 고구려의 친연성과 관련지어 검토할 여지가 충분하다.

위에서 언급한 선비 이식 가운데 궐수형 장식을 지표로 하는 이식(도 1-10~13)과 〈도2〉에 제시한 이식은 외형이나 제작기법에서 현저한 차이가 있다. 분포권 역시 뚜렷하게 구분된다. 아직 편년의 근거가 분명하지 않으나 한경 등의 유물을 공유하고 있는 점에서 본다면 시기적으로 일부 겹칠 가능성이 있다. 그럼에도 불구하고 이식의 양식에 차이가 존재하는 현상을 어떻게 이해하면 좋을까. 고려할 수 있는 것은 족속이나 정치체의 차이다. 전자(내몽고 상도현-찰우후기)를 단석괴가 선비 부족을 통합하여 흉노 고지를 차지하고 있던 시기의 소산으로, 후자(1군 : 흑룡강성 태래현-길림성 통유현, 2군 : 길림성 유수현-길림성 길시-길림성 통화시-요녕성 환인현-길림성 서풍현-길림성 동요현)를 부여의 소산으로 볼 수도 있다. 다만 평양묘장과 흥

族屬을 둘러싸고 다양한 논의가 진행된 바 있으며, 鮮卑說(발굴조사보고서)과 夫餘說(박양진, 송호정, 劉景文 · 龐志國, 李鍾洙)로 구분된다. 국내 학계에서는 부여설이 대세를 이루고 있다.
송호정, 2005, 「부여의 국가형성과정과 문화기반」, 『북방사논총』 6, 동북아역사재단, 225~229쪽.
박양진, 2005, 「고고학에서 본 부여」, 『한국고대사연구』 37, 한국고대사학회, 63~66쪽.
劉景文 · 龐志國, 1986, 「吉林楡樹老河深墓葬群族屬探討」, 『北方文物』 1986-2, 25쪽.
李鍾洙, 2004, 「夫餘文化硏究」, 吉林大學 博士學位論文, 55~71쪽.

룽산묘지의 고고학적 특징이 노하심묘지의 그것과 다소 다르다는 점을 어떻게 이해할 수 있을지 검토의 여지가 있다. 평양묘장과 흥륭산묘지의 주인공을 선비의 또 다른 부족으로 본다고 해도 그것과 동대정묘지, 삼도만묘지와의 차이점에 대한 고려 또한 필요하다.

3. 운양동 이식의 제작지

노하심유적 출토품 가운데 손톱처럼 생긴 이식(도3-4~7), 그리고 왕팔발자 이식(도3-2)과 유사한 예가 김포 운양동유적에서 출토된 바 있다.(도3-1·3)[32] 조사단은 발굴 직후 이를 금제 이식으로 파악하였지만 학계에서 이견이 제기되었다. 즉, 금제 이식이 아니라 금제호지(金製護指)[33] 혹은 금지갑투

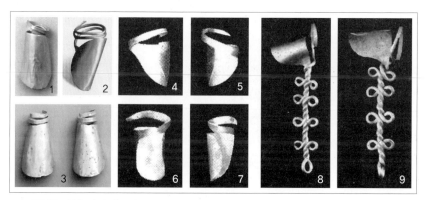

도3. 운양동 이식(1, 3)과 비교자료(2.석호 왕팔자묘군, 4~9.노하심유적)

32) 한강문화재연구원·한국토지주택공사, 2013, 『김포 운양동유적Ⅱ-(1권)-』, 121쪽 도면48.
   이한상, 2013, 「김포 운양동유적 출토 금제이식에 대한 검토」, 『김포 운양동유적Ⅱ-(2권)-』, 259~266쪽.
33) 이귀영, 2011, 「백제 금속공예기술사연구」, 고려대학교 박사학위논문, 39~40쪽.

(金指甲套)로 보는 견해[34]가 그것이다. 이에 대하여 약간의 검토를 진행하고자 하며 이어 이 이식의 제작지와 마한사회로의 유입배경에 대하여 살펴보려 한다.

발굴조사에서 출토된 유물의 성격을 파악하려면 출토 맥락에 대한 이해가 필수적이다. 특히 잔존유물의 원형을 복원하거나 기능을 파악하려 할 때 유물의 출토 위치와 상태, 공반유물에 대한 검토가 중요한 실마리를 제공해줄 수 있다. 아울러 유물 자체에도 제작·사용·폐기 등 유물의 이력이 흔적으로 남아 있으므로 실물에 대한 정밀관찰이 필요하다. 이러한 시각을 가지고 운양동유적에서 출토된 2건 3점의 금제이식에 대하여 살펴보면 다음과 같다.

첫째, 1-11지점 12호 분구묘(이하 12호묘로 약칭) 이식(도3-1)이다. 12호묘는 방형의 주구를 갖추었고 장방형의 묘광 내에 목관을 시설한 무덤이다. 묘광 내 동남쪽으로 조금 치우친 지점에서 금제이식 1점이 다량의 구슬과 함께 발굴되었다. 인골이 남아있지 않아 두향을 추정하기는 어렵지만 그간의 무덤 발굴 성과로 보면 경식 혹은 두식(頭飾)의 출토 위치를 통하여 두향의 추정이 상당부분 가능함을 알 수 있다. 이 유적에서도 유리·마노·수정 등의 옥류가 집중적으로 출토되는 사례가 있고 그것이 피장자에게 착장한 경식이었을 가능성이 높은 바, 12호묘에서 출토된 금제품을 이식으로 볼 수 있다.

둘째, 2-9지점 6구역 1호 분구묘(이하 1호묘로 약칭) 이식(도3-3)이다. 1호묘 역시 12호묘와 마찬가지로 방형의 주구를 갖추었고 장방형의 묘광 내에 목관을 시설한 무덤이다. 묘광 내 한 쪽으로 조금 치우친 지점에서 금제이식 2점이 다량의 구슬과 함께 발굴되었다.

위와 같은 출토 맥락을 중시한다면 2건 3점의 금제품을 이식으로 보는데 무리가 없으며, 금제호지나 금지갑투로 보는 견해에 의문을 가지게 된다. 운양동유적 출토 이식과 유사한 사례가 국내에서 출토된 적은 없지만, 전술한

---

34) 이송란, 2012, 「백제 한성시기 금속공예의 투각연속육각문의 수용과 전개」, 『백제문화』 47, 공주대학교 백제문화연구소, 208~210쪽.

것처럼 중국 동북지역의 무덤에서 출토된 적이 있다. 그 가운데 노하심유적 중층에서는 모두 63건의 이식이 출토되었는데, 운양동유적 이식과 유사한 것은 41호묘(2점)·93호묘(1점)·103호묘(2점)에서 출토된 3건 5점이다.[35] 그외에 106호묘 출토 이식의 경우 금사를 꼬아 길쭉하게 늘어뜨린 장식이 결합된 점은 다르지만, 위쪽의 장식은 운양동유적 이식과 유사하다. 발굴자는

이 유적에서 발굴된 모든 이식이 피장자의 귀 부위에서 출토되었다고 보고하였다.[36] 위에서 언급한 사례 중 106호묘 실측도(도4)를 보면, 이식은 확실히 인골 머리의 귀 부분에서 출토되었음을 알 수 있다.[37] 실측도가 제시되어 있지 않은 다른 무덤의 경우도 앙신직지(仰身直肢)의 인골이 양호한 상태로 남아 있었다고 하므로 보고서의 내용을 신뢰할 수 있을 것 같다.

운양동유적에서 출

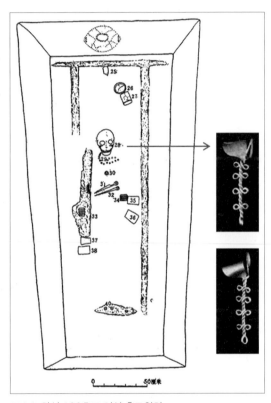

도4. 노하심 106호묘 이식 출토위치

---

35) 吉林省文物考古硏究所, 1987, 앞의 책, 159 · 162 · 163쪽.
36) 吉林省文物考古硏究所, 1987, 앞의 책, 57쪽.
37) 吉林省文物考古硏究所, 1987, 앞의 책, 29쪽 도25-우.

토된 2건 3점의 이식은 외형이나 제작기법에서 유사도가 매우 높다. 그 가운데 1호묘에서 출토된 2점의 경우 1쌍이므로 서로 유사한 것은 말할 것도 없지만, 12호묘 출토품과 비교해보더라도 같은 공방에서 제작된 것으로 보아도 좋을 정도의 공통점을 지니고 있다. 각 이식의 형태적 특징은 다음과 같다.

첫째, 12호묘 이식이다. 〈도3-1〉의 사진에 기준하여 설명하면, 위쪽에 나선상으로 감긴 부위가 있고 그 아래쪽으로 구두주걱처럼 생긴 장식이 이어져 있다. 나선상의 장식은 시계방향으로 두 바퀴 정도 감겨 있다. 구두주걱 모양의 장식은 얇은 금판을 세로로 둥글게 말아 만든 것이고 아래쪽으로 내려가면서 차츰 넓어진다. 맨 아래쪽은 원호상(圓弧狀)을 이룬다. 상하 길이 2.7cm, 좌우 너비(고리부분은 지름) 0.9~1.2cm이다. 두께는 위쪽 나선형 고리부분이 1mm, 중간 아래쪽이 0.5mm이다.

둘째, 1호묘 이식이다. 2점이 1쌍을 이룬다. 형태적 특징은 위 12호묘 이식과 유사하므로 세부 설명은 생략하고 규격만을 제시하고자 한다.[38] 〈도3-3〉의 사진에 기준하여 좌측 이식을 A로, 우측 이식을 B로 구분하여 설명하면 다음과 같다. 이식A의 상하 길이는 2.75cm, 좌우 너비(고리부위는 지름)는 0.85~1.3cm이다. 두께는 위쪽 나선형 고리부분이 1mm, 중간 아래쪽이 0.5mm이다. 이식B의 상하 길이는 2.8cm, 좌우 너비는 0.9~1.4cm이다. 두께는 위쪽 나선형 고리부분이 1mm, 중간 아래쪽이 0.5mm이다.

12호묘 이식은 가장 좁은 곳인 위쪽의 고리부위 지름이 0.9cm인데, 지판(地板)의 두께를 뺀 내부 지름은 0.7cm이다. 1호묘 이식A는 가장 좁은 곳의 내부 지름이 0.65cm, 이식B는 0.7cm에 불과하다. 이처럼 지름이 좁은 금제품을 반지처럼 손가락에 끼워 사용할 수 있었을까? 현재 전자상거래에서 사용되고 있는 반지의 규격은 1호부터 30호까지 있다. 가장 작은 1호 반지의 안

---

38) 이 글에서 제시한 수치는 한강문화재연구원이 제공한 실측원도를 기준으로 계측한 것이다.

지름은 1.31cm이고 가장 큰 30호 반지의 안지름은 2.25cm이다.[39] 그리고 현대인의 손가락 마디 너비를 계측한 연구에 의하면 가장 가는 손가락인 약지의 원위(遠位, 손바닥에서 먼 위치) 마디 너비는 최소 1cm이고 최대 2cm라고 하며, 근위(近位) 마디의 너비는 최소 1.2cm이고 최대 1.9cm라고 한다.[40] 물론 이러한 수치는 현대인의 손가락 굵기이므로 고대인에게 바로 적용할 수 없을지도 모른다. 그렇지만 삼국시대 고분에서 출토된 반지의 지름이 현대의 반지와 큰 차이가 없다는 점을 고려한다면 그대로 활용하여도 큰 문제는 없을 것 같다. 따라서 운양동유적에서 출토된 2건 3점의 금제품을 손가락에 끼워 사용한 것으로 보기는 어렵다.

운양동유적 출토 금제이식의 제작지를 추정하기 위하여 제작공정을 모식도로 그려보면 〈도5〉와 같다. 첫째, 지판을 준비하여 재단하는 단계이다. 이식의 단면이 판상이므로 이식 제작을 위하여 준비한 소재는 금판이었을 것이다. 이식 상부에 위치한 나선상 장식의 두께는 대체로 1mm 정도이지만 그 아래쪽에 이어져 있는 구두주걱 모양 장식의 두께는 그 절반 정도로 얇다. 이와 같은 두께차를 고려하면, 제작의 초반에는 〈도5-A〉와 같은 모양으

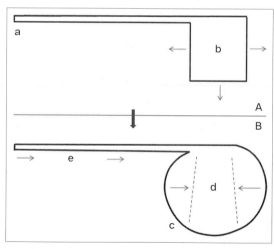

도5. 운양동유적 출토 금제이식 제작공정 모식

---

39) 임재엽, 2006, 「치수조절이 가능한 반지 조형 연구」, 국민대학교 석사학위논문, 8~9쪽.
40) 김은경, 2004, 「장갑의 치수 규격 설정을 위한 손 부위 특성 연구」, 이화여자대학교 박사학위논문, 65쪽.

로 소지금판을 오려냈을 것이라 상정할 수 있다. a에서 b에 이르기까지 전체의 두께가 1mm 정도로 균일하였을 것이다. 둘째, 단조-연판(延板)작업 단계이다. 모루 위에 금판을 올려놓은 다음 b부위를 망치로 두드려 넓게 폈으며, 그 과정에서 두께가 절반 정도로 얇아진 것으로 상정하고자 한다. 이러한 작업을 통해 〈도5-A〉를 〈도5-B〉와 같은 모양으로 변모시켰을 것 같다. 단조만으로 c부위의 가장자리를 둥글게 만들었을 수도 있었겠지만, 끌이나 가위 또는 줄 등의 도구를 이용하여 별도로 세밀하게 가공하였을 가능성이 보다 클 것 같다. 셋째, 성형작업 단계이다. d부위에 상협하광(上狹下廣)의 원봉(圓棒)을 겹친 다음 좌우의 금판을 둥글게 말아 올렸을 것이다. 선후관계는 알 수 없지만 e부위도 봉의 표면에 시계방향으로 2바퀴 이상 나선상으로 감아올려 완성하였을 것이다.

삼국시대 고분에서 출토되는 수식부이식에 비하면 운양동유적 출토 이식이 상대적으로 간소하다. 그렇다고 하여 이 이식의 제작지를 마한의 중심지 혹은 운양동 일대로 보기는 어렵다.[41] 왜냐하면 이 이식의 제작에 투여된 기술이 삼국시대 각국 귀금속 공방에서 보유하였던 기술력에 비하여 상대적으로 낮다 하여도 이 이식에서 볼 수 있는 매끈한 절단-연판-성형을 비전문가가 수행하기란 불가능하기 때문이다. 특히 동일 유형에 속하는 이식의 분포 중심이 노하심유적을 비롯한 원격지이므로, 그곳으로부터 완제품이 전해졌을 가능성을 우선적으로 고려할 수 있다. 설령 금 소재와 견본이식이 제공되었다고 하더라도 현지공방에서 그것을 모방하여 본 이식처럼 제작하기가 어려웠을 것이다. 아울러 『삼국지』위서 동이전의 기록이나 발굴조사의 결과로 볼 때 이 무렵의 마한사회에 금공품 제작의 기반이 성립되어 있었다는 증거를 아직까지는 찾을 수 없기 때문에 더욱 그러하다.

---

41) 이 이식에 구사된 제작기법이 단순하다는 점을 강조하면서 이 이식의 제작지를 백제로 본 견해가 있다.
이귀영, 2011, 앞의 논문, 40쪽.

4. 삼국시대 이식에 보이는 교류양상

1) 고구려와 신라의 이식

만주지역에서 부여양식 이식이 유행한 후 약 2세기 이상의 시차를 두고 삼국시대 각국에서는 화려한 황금문화가 꽃을 피웠다. 그 가운데 이식에는 각국 문화의 특징이 드러나 있고, 각국 사이에 완제품 혹은 제작기술과 도안이 전해지기도 했다. 삼국시대 여러 나라 가운데 가장 먼저 특색 있는 이식을 제작한 것은 고구려였다.

고구려의 이식은 태환이식과 세환이식 등 모두 30여 점의 출토예가 알려져 있다. 고구려 이식의 분포도를 만들어보면 〈도6〉과 같다.[42] 출토 지역을 알 수 있는 사례로는 집안시 마선구(麻線溝) 1호분(1), 동 칠성산묘구(七星山墓區, 1), 동 승리촌(勝利村, 1), 자강도 시중군 노남리 남파동고분(2), 평북 영변군(3), 동 구장군(4), 평남 평성시 지경동 2호분(5), 동 평성시 경신리 2호분(5), 동 성천군 금평리고분(6), 동 대동군 덕화리 3호분(7), 동 증산군(8), 동 온천군 룡월리고분(9), 동 온천군 마영리 벽화분(9), 남포시 보림리 대동 6·19호분(10), 동 후산리 추동 8호분(10), 동 덕흥리 대원산 고분(10), 동 약수리 벽화고분(10), 동 용흥리 7호분(10), 평양 대성산성(11), 동 대성구역 안

---

42) 고구려 이식의 출토 사례에 대해서는 다음의 논고를 참고하여 정리하였고 상세 出典은 생략하였다.
東潮, 1988, 「高句麗文物に關する編年學的一考察」, 『橿原考古學研究所論集』 10.
조선유적유물도감편찬위원회, 1990, 『조선유적유물도감4 -고구려-』, 277쪽.
리일남, 1991, 「고구려 귀걸이의 형태와 기법」, 『조선고고연구』 91-3, 사회과학출판사.
三木ますみ, 1996, 「朝鮮半島出土垂飾附耳飾」, 『筑波大學先史學·考古學研究』 7, 4쪽의 도2, 표1.
리광희, 2005, 『고구려 유물 연구』, 과학백과사전출판사, 237~258쪽.
吉林省文物考古研究所編, 2009, 『吉林集安高句麗墓葬報告集』, 科學出版社, 도판6.
吉林省文物考古研究所, 2010, 『集安出土高句麗文物集粹』, 科學出版社, 88쪽.
吉林省文物考古研究所 외, 2002, 『洞溝古墓群1997調査測繪報告』, 科學出版社, 도판 22-4.

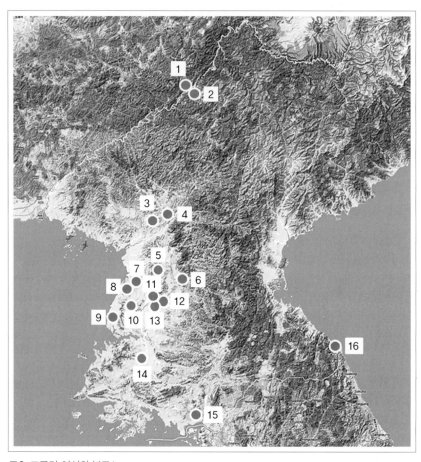

도6. 고구려 이식의 분포1

학동(11), 동 안학궁터 주변(11), 동 대성구역 고산동(11), 동 대성구역 대성동(11)[43], 동 승호구역 만달산 7호분(12), 동 강동군 단군릉(12), 동 강동군 순창리 굴바위 2·5호분(12), 동 강동군 송석리 3·8호분(12), 동 강동군 태잠리 2호분(12), 동 역포구역 전 동명왕릉(13), 동 상원읍 3호분(13), 황해도

---

43) 연합뉴스, 2011.6.26, 「북한, 고구려 무덤에서 발견된 금 귀걸이」.

안악군 오국리 파괴분(14), 황해도 백천군 신월리(15), 강원 고성군 봉화리 1호분 출토품(16)이다.

태환이식이 고구려적인 특징을 더 잘 보여준다. 각국 이식 가운데 고구려의 경우처럼 주환-유환-중간식-수하식을 모두 갖춘 예는 드물다. 고구려의 태환이식에 영락이 장식된 예는 없으며 다른 나라 이식보다 특히 간소하다. 중간식과 수하식의 구조와 형태에 따라 몇 가지로 구분된다. 집안 마선구 1호분 출토품(도7-3), 집안 칠성산묘구 수집품, 집안 승리촌(勝利村) 수집품, 청원 상봉리 신고품(도7-4), 평양 만달산록 7호묘와 안학궁 출토품, 강서 보림리 대동 6호분 출토품, 전 서울 능동 신고품(도7-5), 경주 황남대총 북분 출토품(도8-6)[44]은 유환 아래에 매달린 연결고리와 구체, 저울추 모양의 수

도7. 고구려 이식의 대표 사례(1.회죽리, 2.마선묘구, 3.마선구 1호분, 4.상봉리, 5.전 능동, 6.마선묘구 412호묘, 7.전 황해도, 8.산성하묘구, 9.대성구역 고분, 10.남성골산성)

---

44) 문화재연구소, 1985, 『황남대총북분 발굴조사보고서』.

하식은 땜으로 접합하여 일체형으로 만든 후 연결한 이식이다. 이와 유사하지만 수하식의 형태가 심엽형을 띠는 이식으로 진천 회죽리 신고품(도7-1), 평안남도 대동군과 집안 마선묘구 수집품(도7-2)이 있다. 이외에 집안 마선묘구 412호묘 이식(도7-6)처럼 중간식과 수하식이 땜으로 연접되어 있지 않으며 각각 분리된 것을 판상의 금구로 연결한 예도 있다. 특히 중간식의 형태는 신라 이식에서 자주 볼 수 있는 입방체를 사용하였다.

고구려 이식 가운데 초기형으로 집안 마선구 1호분, 칠성산묘구 수집품을 들 수 있다. 이 이식은 크기가 작은 편이고 중간식과 수하식의 구별이 뚜렷하지 않다. 이 무덤의 연대는 4세기 후반~5세기 초반으로 보는 견해가 있다. 고구려는 평양천도 후 한반도 남부지역에 대한 관심을 더욱 강화하였고 475년 백제의 왕도 한성을 함락시켰고 이후 중원지역을 장악하고 지배하였다. 그 증거 가운데 하나가 중원지역에서 출토된 고구려 태환이식(도8-2~4)이다.[45] 그밖에 마선구 1호분 이식과 동일한 것이 신라 왕도인 경주의 황남대총 북분에서 출토된 바 있다. 이는 중원지역 출토품과는 이입맥락이 다르다.

세환이식은 태환이식보다 다양하지만 신라나 백제 이식에 비해서 간단하다. 중간식과 수하식의 형태에 따라 몇 가지로 구분하여 살펴볼 수 있다. 전영원 출토 이식은 주환에 유환, 연결고리, 입방체, 추형 수하식이 차례로 연결된 것이다. 집안 칠성산묘구 수집품, 강서 보림리 대동 19호묘와 용강 후산리 추동 8호묘, 태성리 저수지 내 고분군 발굴품, 평양 만달산록 7호묘 발굴품은 주환에 유환, 연결금구, 구체, 심엽형 수하식이 차례로 매달려 있다. 강서 약수리벽화분 출토품, 칠성산묘구 수집품은 주환에 금사로 만든 연결금구가 걸려 있고 그 아래에 사슬을 이용하여 공구체를 매달았다. 전 영원 출토품 가운데는 주환에 금판으로 만든 연결금구가 걸려 있고 그 아래에 구체, 사슬, 추

---

45) 박영복 · 김성명, 1990, 「중부지역 발견 고구려계 귀걸이」, 『창산 김정기박사 화갑기념 논총』.
그밖에 이와는 출토맥락이 다른 태환이식 1점이 2015년에 춘천 중도유적에서 발굴되었다.

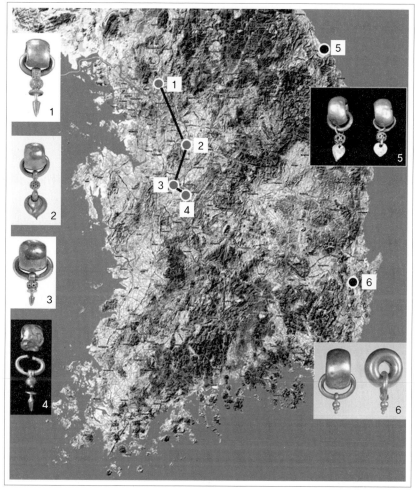

도8. 고구려 이식의 분포2(1.전 능동, 2.회죽리, 3.상봉리, 4.남성골산성, 5.병산동 29호분, 6.황남대총 북분)

형 수하식이 매달린 것이 있다. 국내유적에서 출토된 세환이식 가운데 강릉 병산동 공항대교 도로유적 29호분 출토품(도8-5)[46)]은 중간식이 소환구체 1

---

46) 국립경주박물관, 2001, 『특별전 신라황금』, 240쪽.

개로 구성되어 있는 유일한 예이다. 또한 이 이식의 소환구체는 중간에 2줄의 각목대를 돌리고 있어 일반적인 신라 이식과는 차이가 있다.

고구려에 비하여 신라의 이식은 출토 수량이 매우 많다. 그 때문에 여기서 모두 열거하기는 어렵고 지역을 대표하는 사례만을 모아 제시하고자 한다.[47] 〈도9〉는 신라 이식의 지역적 분포를 지도에 표시해본 것이다

다른 나라도 역시 비슷하겠지만 신라의 경우 유독 왕도인 경주(도9-1)에서 출토되는 이식의 수량이 많다. 경주 월성로 가-13호분, 황오리 14호분, 황남대총 남분과 북분, 금관총, 서봉총, 금령총, 천마총, 황남리 151호분, 황오리 52호분, 노서리 215번지고분, 노서리 138호분, 보문리고분, 보문리부부총 이식이 대표적인 사례이다. 경주 외곽에서는 안강 청령리고분(2), 건천 금척리고분군(3)에서도 출토되었다.

지방에서는 울산 하삼정고분군(4)[48], 울산 조일리고분군(5), 양산 북정리고분군(6), 밀양 귀명리 131호목곽묘(7)[49], 창녕 교동·송현동고분군(8), 동계성고분군(8), 경산 임당고분군(9), 대구 달성고분군(10), 동 성산고분(11), 성주 성산동고분군(12), 의성 탑리·대리리고분군(13), 안동 태화동고분군(14), 상주 신흥리고분군(15), 문경 신현리고분군(16)[50], 영주 태장리·읍내리고분군(17), 삼척 갈야산고분(18), 강릉 초당동고분군(19) 출토품이 대표적인 사례이다. 〈도9〉에서 볼 수 있듯이 신라 이식은 신라 전역에 걸쳐 분포

---

47) 신라 이식의 출토 사례에 대해서는 다음의 논저에 상세히 정리되어 있으므로 본고에서는 상세 출전을 생략하였다.
　　三木ますみ, 1996, 앞의 글.
　　국립경주박물관, 2001, 앞의 책.
　　이한상, 2004, 『황금의 나라 신라』, 김영사.
48) 한국문화재보호재단, 2011, 『울산 하삼정고분군』.
49) 이한상, 2009, 「밀양 귀명리 131호 목곽묘 이식에 대한 검토」, 『고고학탐구』 5, 고고학탐구회.
50) 중원문화재연구원, 2008, 『문경 신현리고분군』II, 23쪽.

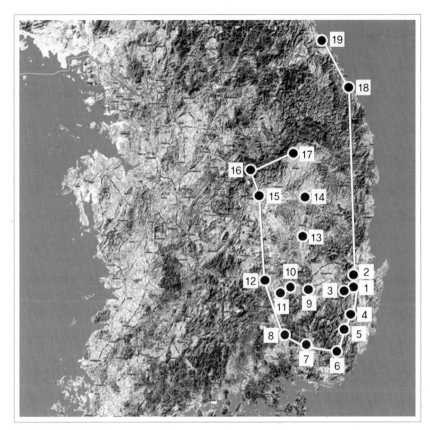

도9. 신라 이식의 분포

하지만 변경의 요충지나 내륙의 주요 지배 거점에 제한적으로 분포한다.[51]

　이 가운데 고구려에서 제작되었거나 고구려의 영향을 받아 만든 사례가 존재한다. 첫째, 신라유적에서 출토된 고구려산 혹은 고구려 양식이 반영된 이식이다. 앞에서도 언급하였지만 황남대총 북분에서 출토된 이식은 신라의 여

---

51) 그밖에 김해 대성동 87호분과 가야의 숲 고분군에서도 신라양식 이식이 출토되었는데 이 2점은 〈도9〉의 분포도에 표시한 이식과 이입맥락이 다소 다를 것 같다.

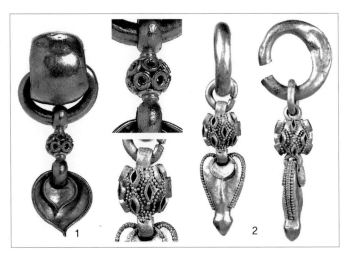

도10. 고구려 이식과 신라 이식의 중간식 비교(1.회죽리, 2.황오동 100번지 2호분)

타 이식과는 꽤나 다른 특징을 보이고 있고 집안 마선구1호분 출토품을 비롯한 고구려 이식과 매우 유사하여 주목된다. 이 이식의 특징은 중간식과 수하식에서 찾아볼 수 있다. 연결금구와 중간식, 수하식은 모두 땜으로 접합되어 있다. 둘째, 경주 황오동 100번지 2호분에서 출토된 이식(도10-2)[52]이다. 이러한 유형의 이식은 6세기 전반에 집중적으로 제작되고 있어 이 이식의 연대 역시 여기서 크게 벗어나지는 않을 것 같다. 이 이식은 누금과 감옥장식이 베풀어진 공구체(空球體)의 상하에 연결고리를 각각 부착하였다. 중간식의 제작기법이 진천 회죽리 이식과 유사하다. 외형상으로도, 시기적으로도 차이가 존재하지만 고구려적인 요소를 갖추고 있음에 주목할 필요가 있다.

신라 이식은 주환의 굵기에 따라 태환이식(도11)과 세환이식(도12)으로 구분되며 이 가운데 태환이식은 종류가 단순한 편임에 비하여 세환이식은 여러 종류의 이식이 공존하는 모습이 살펴진다. 태환이식과 세환이식을 막론하

---

52) 국립경주박물관, 2001, 앞의 책, 115쪽.

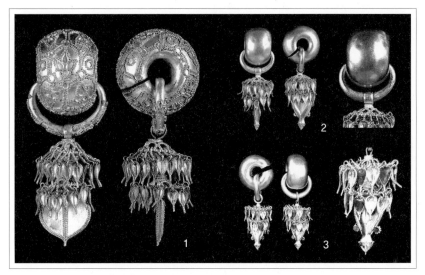

도11. 신라 태환이식의 대표 사례(1.보문리부부총 석실묘, 2.황오리 52호분, 3.계성 II -1호분)

고 주환 아래에 유환(遊環)을 거는 것이 보통이다. 이식이 길어보이도록 함과 동시에 중간·수하식의 유동성을 좋게 하는 기능도 고려한 부품이다. 유환은 구리에 금판을 덧씌운 것이 많고 일부 순금제품도 확인된다. 그런데 신라 이식의 절정기로 평가되는 6세기 전반의 태환이식(도11-1·2)을 보면, 유환은 속이 비어 있는 것도 있고 아래로 늘어뜨려지는 중간부분이 배부른 모양으로 만들어진 것도 있다. 이식의 모든 요소를 최대한 화려하게 꾸미려는 의도에서 고안된 장식일 것이다. 신라 태환이식의 중간식은 매우 정형화되어 있다. 맨 위쪽에는 소환구체(小環球體) 1개를, 그 아래에는 구체의 윗부분만 제작한 반구체를 연접한 것이다. 고구려의 이식은 구체 1개를 끼워 중간식으로 삼았다는 점에서 차이가 있다.[53]

신라의 세환이식은 태환이식에 비하여 종류가 다양하다. 그렇지만 초기에

---

53) 皇南大塚 北墳 출토품처럼 球體 여러 개를 연결한 것도 있지만 예외적인 사례이다.

도12. 신라 세환이식의 대표 사례
(1.탑리고분 II 곽, 2.황남대총 남분, 3.보문리고분, 4.황남리 151호분)

유행한 형식은 중간식이 소환구체나 입방체로 구성되어 있어 태환이식의 중간식과 유사함을 알 수 있다. 세환이식이 보다 다양해지는 것은 5세기 후반 이후이다. 이 무렵이 되면 매우 작은 소환(小環)과 각목대(刻目帶) 등을 조합하여 만든 원통형 장식이 중간식으로 이용되며 이후 6세기까지 지속적인 변화를 겪으며 제작된다. 이러한 유형의 이식이 신라 세환이식 가운데 가장 유행한 것이다. 그 외에 중간식 없이 사슬로 수하식을 매다는 간소한 형식도 등장한다. 신라 세환이식의 전성기는 역시 6세기 전반으로 볼 수 있는데, 계란 모양의 공구체 표면에 좁은 금판과 금 알갱이를 붙여 무늬를 표현한 예도 있고 펼친그림이 십자(十字)모양을 이루는 장식을 상하(上下)로 대칭되게 끼워 만든 이식도 유행한다. 원통체의 경우 상하로 여러 줄의 작은 고리를 연접시킨 예도 있는데 대체로 지방의 무덤에서 출토된다. 경우에 따라서는 금판을 둥글게 말아 끼우기도 하고 경주 노서리 138호분 이식처럼 호박을 끼워 넣기도 하였으며 나무 등 유기물로 장식한 예도 있다. 이처럼 원통형 중간식의 경우 고구려와 백제에도 유례가 있다.[54]

---

54) 백제의 경우 부여 東南里 출토품으로 전하는 세환이식 1쌍이 있고 고구려의 경우 集安市 출토 세환이식이 알려져 있다.

고대사회의 이식에 가장 흔하게 사용되는 수하식은 심엽형 장식이다. 그 가운데 신라적이라고 지적할 수 있는 것은 중간에 세로로 장식을 부가한 것이다. 가장 고식은 황남대총 남분 이식[55]에서 찾아볼 수 있는데 절반을 접었다가 펴서 중간부분을 돌출시킨 것이다. 대구 달서(達西) 51호분 2곽 이식의 경우 끝을 이용하여 세로로 볼록한 장식을 두드려 장식하였다.[56] 이후 이에 대신하여 각목대(刻目帶)를 부착한 예가 많아지며 6세기 중엽에 가까워지면서는 금 알갱이를 붙이거나 여러 줄의 각목대를 붙여 화려하게 꾸민 이식도 만들어진다. 6세기대 자료 가운데는 황오리 52호분(도11-2)이나 창녕 계성 Ⅱ지구 1호묘(도11-3)[57], 그리고 양산 금조총 태환이식[58]처럼 외형이 펜촉모양을 띠는 것도 있다. 이러한 수하식은 신라에서만 확인되는 것이며 가장 이른 시기의 자료는 황남대총 북분 출토품에서 보인다. 다만 북분 출토품 등 5세기 자료는 금판을 펜촉모양으로 오린 다음 중간부분을 세로로 조금 접어 완성한 것임에 비하여 6세기 자료는 2매의 펜촉모양 금판을 접합하여 중공(中空)의 장식을 만든 점에서 차이가 있다.

2) 백제와 가야의 이식

백제 이식은 고구려 이식만큼이나 출토 수량이 적다. 그런데 백제는 2번의 천도를 경험하였고 이식도 그것을 기준으로 한성기, 웅진기, 사비기 자료로 구분할 수 있다.[59] 한성기 백제 이식은 서울 석촌동고분군(1), 화천 원천리Ⅱ

백제문화개발연구원, 1992,『백제조각공예도록』, 145쪽.

李學來, 2002,「積石封土葬王魂」,『二十世紀中國百項考古大發現』, 中國社會科學出版社, 321쪽.

55) 문화재연구소, 1993,『황남대총 남분 발굴조사보고서(도판 · 도면)』, 도면36 · 38 · 39.
   문화재연구소, 1994,『황남대총 남분 발굴조사보고서(본문)』, 83~87쪽.
56) 국립경주박물관, 2001, 앞의 책, 100쪽.
57) 신용민, 2000,『창녕 계성고분군(上)』, 호암미술관, 71쪽.
58) 심봉근, 1991,『양산 금조총 · 부부총』동아대학교박물관, 38쪽.
59) 백제 이식 가운데 기왕에 알려져 있던 것은 아래의 논고에 出典이 명기되어 있으므로

-37호 주거지(2)[60], 원주 법천리 1호분(3), 천안 용원리고분군(4), 청원 주성리고분군(5), 청주 신봉동고분군(6), 공주 수촌리고분군(7), 연기 석삼리 2호석곽묘(8)[61], 서산 부장리고분군(9), 익산 입점리고분군(10), 고창 봉덕리1호분 4호석실(11)[62]에서 출토되었다. 웅진기 백제 이식은 무령왕릉, 송산리 6호분, 교촌리고분군, 주미리 3호분[63] 등 공주 일원에 한정 분포한다(7). 사비기 이식은 웅진기에 비해 수량도 많고 분포 지역도 넓지만 한성기 이식에는 미치지 못한다. 부여 능산리 능안골고분군, 동 염창리고분군, 동 관북리 연지, 동 왕흥사지(12)[64], 홍성 석택리 1지구 42호분(13)[65], 당진 채운리 1호분(14)[66], 나주 복암리 1호수혈(15) 출토품이 알려져 있다.

　백제 이식의 주환은 모두 세환이며 아직 태환은 알려져 있지 않다. 백제의 세환은 속이 찬 금봉을 휘어 만든 것이 많지만 수촌리 4호분(도14-3)[67]이나

생략하고자 하며 새로이 출토된 자료에 한하여 出典을 제시하고자 한다.
이한상, 2000, 「백제이식에 대한 기초적 연구」, 『호서고고학』 3, 호서고고학회, 23~45쪽.
이한상, 2007, 「5~6세기 금속장신구의 연대론」, 『고고학탐구』 창간호, 고고학탐구회, 32~35쪽.

60) 예맥문화재연구원, 2011, 『화천 원천리2지구 유물산포지내 유적 발굴조사 약보고서』, 55쪽.

61) 백제문화재연구원, 2011, 『행정중심복합도시 건설부지내 2-2지구유적 문화유적 발굴조사 약보고서』, 54쪽 사진24.

62) 한성백제박물관, 2013, 『2013 여름 특별전 백제, 마한과 하나되다』, 68쪽.

63) 輕部慈恩의 저술에서 드러난 착종의 사례에 근거하여 이 고분에서 출토된 이식이 실제 주미리 5호분 출토품일 가능성이 있다고 파악한 견해가 있다.
伊藤秋男, 1974, 「武寧王陵發見の金製耳飾について」, 『백제연구』 5, 충남대학교 백제연구소, 203~204쪽.

64) 이한상, 2012, 「왕흥사지 이식의 복원 실측도 작성과 그 의의」, 『백제와 주변세계』, 진인진.

65) 한얼문화유산연구원, 2012, 『충남도청(내포)신도시 진입도로 개설공사구간 발굴조사, 홍성 석택리유적 검토회의자료집』, 13쪽 사진22.

66) 금강문화유산연구원, 2011, 『당진 채운리 한우물유적』, 23~24쪽.

67) 국립공주박물관·충청남도역사문화원, 2006, 『4~5세기 백제유물 특별전, 한성에서 웅진으로』, 89쪽.

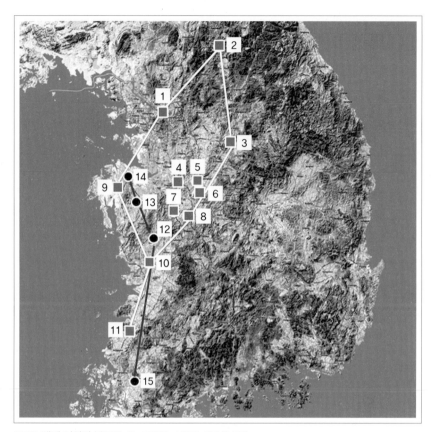

도13. 백제 이식의 분포(10. 12~15.웅진 · 사비기, 기타.한성기)

용원리 37호분(도14-2)[68], 부장리 6-6호분 이식[69]처럼 단면 사각형의 금봉을 비틀어 꼬아 나선형으로 만든 것도 존재한다. 이러한 형태의 주환은 진주 중안동 이식에서도 확인되나 백제 자료가 선행하므로 백제적인 기법이라 지적할 수 있을 것이다.

---

68) 이남석, 2000, 『용원리고분군』, 공주대학교박물관, 230쪽.
69) 국립공주박물관 · 충청남도역사문화원, 2006, 앞의 책, 91쪽.

한성기 이식의 중간식으로는 속이 비어 있는 구체가 많이 사용되었는데, 구체의 크기가 매우 작다. 공구체(空球體) 중간식을 갖춘 이식으로는 용원리 129호분 출토품(도14-1)이 대표적이다. 그와 함께 원판상의 장식(도14-4) 또한 특색이 있다. 용원리 9호석곽묘나 부장리 6-6호분 이식의 중간식은 금판을 땜으로 접합하여 만든 중공의 원판상 장식이다. 청주 신봉동 출토로 전하는 국립청주박물관 소장품[70]은 원판상 탄목(炭木)의 표면에 금판을 씌운 것인데 동일 유형의 이식이다. 이러한 중간식은 대가야의 초기 이식인 합천 옥전 23호분 출토품[71]에서도 확인되고 있어 두 나라 사이의 교류관계를 보여주는 자료이다.

무령왕과 무령왕비 이식의 중간식은 웅진기 이식의 특징을 잘 보여준다. 무령왕의 이식(도14-7)[72]은 2개의 원통체를 대칭되게 연결하여 중간식을 구성하였다. 원통체는 3개의 날개모양 장식을 오므려 만들었는데 날개모양 장식은 위가 좁고 아래가 둥글다. 이 장식의 가장자리에는 금 알갱이를 1줄로 붙여 장식했고 안에는 좁은 금판을 오려서 둥글게 말아 붙였다. 이러한 구조의 중간식은 경주 황오리 34호분[73], 경주 황남동 106-3번지 1호묘[74] 이식에서도 확인된다. 현재까지의 자료에서 보면 무령왕 이식에 보이는 중간식의 형태는 백제 이식의 흐름 속에서 매우 돌출적인 것이다. 아마도 신라 이식으로부터 영향을 받은 것으로 보인다.

무령왕비 이식(도14-8)의 중간식은 담녹색의 유리구슬에 소환을 연접시켜 만든 반구체를 덧씌운 것이다. 이러한 구조의 중간식은 공주 송산리 6호분과 일본 카모이나리야마고분(鴨稻荷山古墳) 출토품에서도 확인된다. 소환을 연

---

70) 박영복 · 김성명, 1990, 앞의 글, 586쪽.
71) 조영제 외, 1997, 『합천 옥전고분군Ⅵ』, 경상대학교박물관, 155~157쪽.
72) 문화재관리국, 1973, 『무령왕릉 발굴조사보고서』, 28~29쪽.
73) 경북대학교박물관, 2000, 『경북대학교박물관 유적발굴40년』, 20쪽.
74) 장정남, 1995, 『경주 황남동 106-3번지 고분군 발굴조사보고서』, 28쪽.

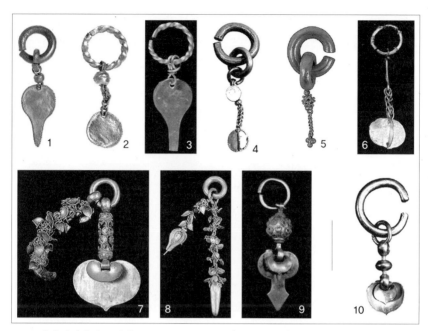

도14. 백제 이식의 대표 사례(1.용원리 129호분, 2.용원리 37호분, 3.수촌리 4호분, 5.수촌리 7호분, 6.입점리 1호분, 7.무령왕, 8.무령왕비, 9.교촌리고분, 10.능안골 32호분)

접하여 만든 반구체는 신라와 백제의 이식에서 모두 보이지만 신라의 경우 중간식의 일부 장식으로 쓰이며 반구체의 하변에 각목대를 돌려 장식하고 있음에 비하여 무령왕비의 이식에는 하변의 대(帶)가 없다. 특히 반구체 속에 유리옥을 끼워 장식한 것은 매우 백제적인 특색이라 지적할 수 있다. 이와 유사한 예가 합천 옥전 M11호분[75)에서 출토된 바 있다. 이 이식의 중간식은 유리옥 표면에 반구체를 상하로 씌워 만든 것이다. 백제산으로 볼 수 있는 자료이다.

이와 같은 웅진기의 중간식은 사비기 이후 일변한다. 현재까지 출토된 사비기 이식의 중간식은 모두 공구체이며 일부는 장타원형을 띠기도 한다. 능

---

75) 경상대학교박물관, 1995, 『합천 옥전고분군V』, 경상대학교박물관.

산리 능안골 32호분(도14-10)과 49호분, 관북리 연지, 염창리 옹관묘, 왕흥사
지 목탑 하부 출토품이 대표적인 사례이다. 상하의 연결금구와 중간의 공구
체가 땜으로 연결된 일체형의 구조를 지니고 있다. 이는 진천 회죽리 이식 등
고구려 이식과 구조상 유사한 것이므로 고구려 이식의 영향을 받은 것으로
보인다.

　백제 이식의 수하식은 비교적 단순한 편이다. 심엽형이 많으며, 일부 원형
이나 삼익형이 존재하지만 적은 편이다. 심엽형 수하식은 상하로 길쭉한 것
과 좌우가 넓은 것이 있으며 웅진기 이후에는 복수의 판이 사용되기도 한다.
삼익형은 익산 입점리 1호분[76]과 무령왕비의 이식이 대표적이다. 특히 무령
왕비의 이식은 중간에 영락이 달려있고 금 알갱이를 붙였던 흔적이 남아 있
다. 백제의 삼익형 장식은 대가야와 왜로 전해졌고 대가야에서는 산치자형
(山梔子形) 수하식으로 발전한 것 같다.[77]

　백제 이식는 한성기, 웅진기, 사비기마다 각기 특색을 지니고 있으며 신라
와 같은 계기적인 변화의 양상은 찾아보기 어렵다. 다만 한성기에 매우 다양
하였던 이식이 웅진기를 거치고 사비기에 접어들면서 하나의 유형으로 획일
화되는 모습이 살펴지는 정도이다. 이식의 소유층 역시 급격히 줄어든다. 즉,
한성기에는 비교적 넓은 분포권을 가졌으나 사비기에는 분포가 일부 지역에
한정되는 양상이 확인되기 때문이다.

　가야 이식의 대부분은 대가야양식의 이식이다. 〈도15〉는 가야 이식의 분포
도이다.[78] 고령 지산동고분군(1), 합천 옥전고분군(2), 합천 반계제 가-A호분

---

76) 조유전 · 윤근일, 1989, 『익산 입점리고분군 발굴조사보고서』, 문화재연구소, 48쪽.
77) 이한상, 2006, 「이식으로 본 대가야와 왜의 교류」, 『석헌정징원교수 정년퇴임기념논
　　총』, 부산고고학연구회, 670~671쪽.
78) 〈도15〉를 작성하기 위하여 아래의 문헌을 참고하였다. 대체로 기왕에 알려진 자료이
　　므로 상세 出典을 기록하지 않았고 아래 문헌에 기재되어 있지 않은 자료만을 각주에
　　摘記하였다.
　　谷畑美帆, 1992, 「日本及び朝鮮半島出土の垂飾付耳飾について」, 『考古學研究』 40, 考

(3), 함양 백천리 1호분(4), 산청 평촌리고분군(5)[79], 함양 평정리(6), 남원 월산리고분군(6)[80], 장수 봉서리(7), 곡성 방송리(8), 순천 운평리고분군(9), 고성 율대리고분군(10), 진주 중안동고분(11), 함안 도항리고분군(12), 창원 다호리고분군(13) 출토품이 알려져 있다. 대체로 대가야 토기와 함께 출토된다.

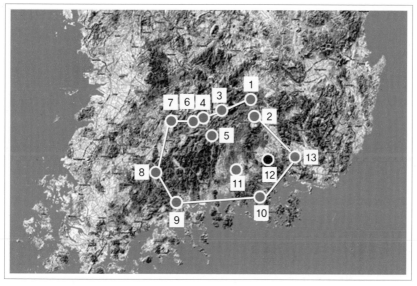

도15. 가야 이식의 분포(1.지산동, 2.옥전, 3.반계제, 4.백천리, 5.평촌리, 6.평정리 · 월산리, 7.봉서리, 8.방송리, 9.운평리, 10.율대리, 11.중안동, 12.도항리, 13.다호리)

古學硏究會.

三木ますみ, 1996, 앞의 논문.

이경자, 1999, 「대가야계 고분 출토 이식의 부장양상에 대한 일고찰」, 『영남고고학』 24, 영남고고학회.

박천수, 2009, 「5~6세기 대가야의 발전과 그 역사적 의의」, 『고령 지산동44호분 -대가야왕릉-』, 경북대학교박물관 외.

79) 국립진주박물관, 2011, 『특별전 산청』, 51쪽.

80) 전북문화재연구원 외, 2012, 『남원 월산리고분군 -M4 · M5 · M6호분-』, 10쪽 원색사진8.

가야 이식의 주환은 모두 세환이며 현재까지 태환이식의 출토예가 없다. 이 점은 백제의 이식과 공통하는 점이다. 초현기의 가야 이식 가운데는 백제 적인 요소가 많이 관찰되므로 태환이식이 없는 것도 같은 맥락에서 이해할 수 있을 것이다. 다만 합천 옥전 M4호분이나 M6호분 이식[81]처럼 6세기 전반의 늦은 단계가 되면 주환의 고리가 조금 굵어지고 태환처럼 속을 비게 만든 것이 등장한다. 이 점은 같은 시기의 신라나 백제 이식과 공통하는 현상이다.

중간식은 대부분 반구체 2개를 땜으로 접합하여 만든 공구체이다. 옥전 20호분 이식[82]처럼 구체의 중간에 각목대가 장식되지 않은 것은 백제 한성기 이식과 형태가 유사하다. 여기서 조금 변형된 것이 옥전 M2호분 출토품[83]처럼 각목대가 부착된 것이고, 지산동 45호분 출토품[84]처럼 금 알갱이가 붙거나 영락이 매달린 것이 가장 화려하다. 이외에 옥전 23호분 이식은 원판상의 장식을 중간식으로 사용하였다. 이는 천안 용원리 9호석곽[85], 서산 부장리 6-6호분 출토품[86]처럼 백제 한성기의 이식에 유례가 있는 바, 백제의 영향을 받은 것으로 보인다. 합천 옥전 M11호분 이식[87] 역시 백제 무령왕비의 이식과 제작기법상의 유사도가 높으므로 백제와 관련지어 살펴볼 수 있는 자료이다. 그 외에 합천 옥전 M3(도16-5)[88] · 4 · 6호분 이식은 신라적인 요소를 많이 갖추고 있다.

수하식으로는 심엽형 장식이 유행하였다. 그러나 그간의 출토예로 보면 금판을 둥글게 말아서 만든 원추형 장식이나 삼익형 장식, 속빈 금 구슬, 산치

81) 조영제 외, 1993, 『합천 옥전고분군IV』, 경상대학교박물관.
82) 조영제 외, 1998, 『합천 옥전고분군VII』, 경상대학교박물관.
83) 조영제 외, 1992, 『합천 옥전고분군III』, 경상대학교박물관.
84) 고령군, 1979, 『대가야고분 발굴조사보고서』.
85) 이남석, 2000, 앞의 책.
86) 국립공주박물관 · 충청남도 역사문화원, 2006, 앞의 책.
87) 조영제 외, 1995, 『합천 옥전고분군V』, 경상대학교박물관.
88) 조영제 외, 1990, 『합천 옥전고분군II』, 경상대학교박물관.

도16. 가야 이식의 대표 사례(1.옥전 28호분, 2.전 거창, 3.옥전 M2호분, 4.도항리 4-가호묘, 5.옥전 M3호분, 6.진주 중안동, 7.지산동 44호분11곽, 8.백천리 I -3호분)

자 열매 모양의 장식 등 다양한 형태의 수하식이 공존하였다. 이 가운데 대가야적인 색채가 가장 짙은 것이 원추형이다. 옥전 M2호분 예(도16-3)처럼 위가 넓고 아래로 내려오면서 좁아지며 끝에 각목대를 감아 장식한 것이 있고, 지산동 45호분 1곽 예처럼 위에서 아래로 내려오면서 급격히 좁아지며 맨 아래에 금 알갱이를 붙인 것이 있다. 산치자 열매 모양의 장식 또한 대가야적인 수하식이다.[89]

이식의 각 부품을 연결하는 금구로는 금사를 엮어 만든 사슬이 많이 사용된다. 금 사슬 가운데는 겹사슬도 일부 존재한다. 이처럼 공구체 중간식에 금

---

89) 이한상, 2006, 앞의 논문.

사슬을 연결금구로 활용한 이식은 일본 열도에서도 유행하였다. 다만 열도 출토품은 대가야 이식에 비하여 길이가 매우 긴 것이 특색이다.

가야의 이식은 백제, 고구려, 신라의 그것과 형태적으로 구별된다. 주환은 세환이고 중간식은 공구체가 가장 많으며 수하식으로는 심엽형 이외에도 원추형과 산치자형이 유행한다. 시기적으로 보면 초기에는 백제 한성기의 이식과 유사하고 장식성이 현저하지 않다. 대개 원추형 수하식이 등장하는 5세기 중엽 경부터 가야적인 양상이 뚜렷해진다. 가야 이식의 변화양상은 장식성 점증에서 찾을 수 있다. 합천 옥전 M4호분 이식의 경우 공구체에 여러 줄의 각목대와 감옥용(嵌玉用) 돌기가 장식되어 있고 부분적으로 금립을 붙여 장식하였다. 진주 중안동 고분 출토 이식의 경우 주환은 사각봉을 비틀어 나선상으로 만든 것[90]이며 중간식인 공구체 표면에는 금립과 더불어 영락이 부가되어 있다.

이 외에 함안의 도항리(경남고고학연구소 발굴) 11호석곽묘[91]나 도항리(창원문화재연구소 발굴) 4-가호묘에서 출토된 이식(도16-4)[92]은 대가야 이식과는 제작기법이 달라 이를 아라가야적인 이식으로 파악할 수 있을 것 같다.

이상에서 살펴본 것처럼 삼국시대 각국의 이식은 각기 독자적인 양식을 발현하였다. 세부적으로 보면 복잡한 교류의 모식을 설정할 수도 있지만, 거시적으로 본다면 정치적으로 가까웠던 고구려와 신라, 백제와 가야의 이식이 서로 여러 특징을 공유하고 있는 현상을 지적할 수 있다. 즉, 이식의 양식에 당시의 국제 정세가 고스란히 투영되어 있음을 인지할 수 있는 것이다.

---

90) 이와 유사한 기법은 한성기 백제 무덤인 天安 龍院里37號墳, 公州 水村里4號墳, 瑞山 富長里6-6號墳 耳飾에서도 확인된다.
91) 경남고고학연구소 외, 2000,『도항리·말산리유적』.
92) 국립창원문화재연구소, 1999,『함안 도항리고분군 II』.

5. 맺음말

이상에서 이식을 소재로 고대 동북아시아 각국에서의 금공문화 성립에 대하여 살펴보았다. 그 내용을 간략히 정리하면 다음과 같다.

첫째, 만주지역에 분포하는 여러 이식 가운데 가장 이른 시기에 양식으로 성립한 것은 부여의 이식이다. 부여의 귀걸이는 현 중국 길림시를 중심으로 분포하고 있으며, '노하심-모아산-석호 왕팔발자-망강루-채람-서차구묘지'를 연결하는 공간이 중심 분포권이며 이것이 부여 경역의 일부일 공산이 크다. 한편 김포시 운양동유적에서 출토된 이식은 부여 이식과 외형이나 제작기법이 유사하다. 따라서 이 자료는 마한사회에도 북방지역의 귀금속 장신구가 전해졌음을 보여주는 증거이다.

둘째, 고구려·신라·백제·가야 등 삼국시대 각 나라에는 매우 특색 있는 이식 문화가 꽃피었다. 그리고 그 문화는 외교관계에 수반하여 주변국으로 전해졌다. 정치적으로 가까웠던 고구려와 신라, 백제와 가야의 이식은 각기 여러 특징을 공유한다. 아직 고구려와 백제 이식의 기원을 밝힐만한 자료는 조사되지 않았지만, 그 영향을 받은 신라와 가야의 공방에서는 자국 지배층이 선호하는 새로운 디자인의 이식을 만들게 된다.

제2장
백제 금공문화의 성립

1. 머리말

충남 공주시 정안면에 위치한 수촌리고분군은 백제 한성기의 지방수
장과 그 일족의 묘역이다. 2003년부터 근래에 이르기까지 지속적으로 발굴되
고 있으며 2003년에 조사된 Ⅱ지구 1·3·4호분과 2011년에 조사된 7·8호
분에서 장신구와 대도 등 금공품이 출토되었다. 1·4호분에서는 관, 이식, 대
금구, 식리와 함께 동진에서 수입한 도자기도 출토되었다.[1] 이와 같은 물품은
한성기 백제사회의 구성원 가운데 극히 일부만이 소유할 수 있었던 것이고
소유자의 우월한 사회적 지위를 잘 보여주는 것이라는 점에서 보면 위세품[2]
이라 부를 만하다.

---

1) 충청남도 역사문화연구원 외, 2007, 『공주 수촌리유적』.
   충청남도 역사문화연구원 외, 2013, 『공주 수촌리고분군Ⅰ』.
   충청남도 역사문화연구원 외, 2014, 『공주 수촌리고분군Ⅱ』.
2) 콜린 렌프류·폴반(이희준 역), 2006, 『현대고고학의 이해』, 사회평론, 362~363쪽.

이 장에서는 수촌리고분군 출토 위세품 가운데 장신구, 장식대도 등의 금공품에 주목해보고자 한다. 그 이유는 토기와 달리 제작체계가 일원적이었을 공산이 커서 소유자 사이의 관계를 정치적으로 해석할 여지가 있으며, 백제인의 미감이나 문화적 특징이 가장 잘 드러난 사례로 볼 수 있기 때문이다.

수촌리고분군 출토 금공품에 구현되어 있는 도안, 제작기법 등에 대해 상세히 살핀 다음 그것을 통해 백제양식의 금공문화가 어떻게 성립하여 어떻게 전개되었는지에 대해 검토하고자 한다. 이어 그것이 웅진기로 어떻게 계승되는지, 또한 주변국으로 어떻게 확산되어 나갔는지에 대해서도 아울러 주목해보고자 한다.

2. 금공양식의 발현

1) 왕도의 금공품

백제인이 처음 사용한 금공품은 진식대금구(晋式帶金具)[3]와 간략한 형태의 이식이다. 현재까지 백제유적에서 출토된 진식대금구로는 풍납토성[4], 몽촌토성[5], 화성 사창리 산10-1번지 출토품[6]이 있으며 당시 최상급 물품이었을 진식대금구는 백제와 동진 사이의 공식적 국제관계를 통해 들여왔을 것으로 보인다.[7] 〈도1-1〉은 석촌동 4호분 주변 출토 이식이다.[8] 백제 이식 가

---

3) 진식대금구의 유례와 제작기법에 대해서는 다음의 책에 잘 정리되어 있어 참고할 수 있다.
藤井康隆, 2014, 『中國江南六朝の考古學研究』, 六一書房, 89~146쪽.
4) 김태식, 2001, 『풍납토성 500년 백제를 깨우다』, 김영사.
5) 김원용, 1986, 「몽촌토성의 유문금구」, 『동국대학교 개교80주년기념논문집』.
6) 권오영·권도희, 2003, 「사창리 산10-1번지 출토유물의 소개」, 『길성리토성』, 한신대학교박물관.
7) 박순발, 2004, 「한성기 백제 대중교섭 일례 -몽촌토성 출토 금동과대금구추고-」, 『호서고고학』 11, 호서고고학회
8) 서울대학교박물관·同고고학과, 1975, 『석촌동 적석총 발굴조사보고』, 도판15-③.

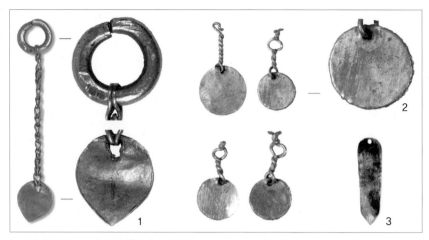

도1. 수촌리 금공품에 선행하는 자료(1.석촌동 4호분 주변, 2.석촌동 3호분, 3.풍납토성 197번지 나-5호수혈)

운데 가장 이른 단계로 편년할 수 있는 자료이다. 전체가 금이며 세환에 길쭉한 금사슬과 심엽형 수하식이 차례로 달려 있는 심플한 구조를 갖추었다. 제시한 사진에서도 살펴볼 수 있듯이 주환이나 수하식 제작기술이 정교하지 않다. 〈도1-2〉는 석촌동 3호분에서 출토된 금제 영락이다.[9] 크기로 보면 장신구에 부착되었던 것으로 볼 여지가 있다. 원판 가장자리의 마감처리가 거칠다. 〈도1-3〉은 풍납토성 197번지 나-5호수혈 출토 은제 영락이다.[10] 이식의 부품으로 보이며 한 쪽 끝이 삼각형으로 각진 점은 보고자의 지적처럼 라마동-(喇嘛洞) ⅡM266호묘, 동 ⅠM17호묘 출토 이식[11]의 영락과 유사하므로 이 입품일 가능성도 고려할만 하다. 〈도5-1〉은 풍납토성 197번지 나-37호수혈 출토 청동제 포수(鋪首)이다.[12] 포수는 다양한 기물의 손잡이로 사용된 것인

---

9) 서울대학교박물관 · 同고고학과, 1975, 앞의 책, 도판6-③.
    한성백제박물관, 2012, 『한성백제박물관(상설전시도록)』, 207쪽.
10) 국립문화재연구소, 2012, 『풍납토성 XⅢ』, 386쪽.
11) 遼寧省文物考古硏究所, 2002, 『三燕文物精粹』, 43쪽.
12) 국립문화재연구소, 2012, 앞의 책, 425쪽.

데 별조(別造)된 점과 크기로 보면 목기에 부착되었던 부품으로 보인다. 진식대금구나 청동용기와 같은 맥락에서 이입된 것으로 볼 수 있겠다.

〈도1-1·2〉의 금공품이 언제쯤 만들어졌고 언제쯤 폐기된 것인지를 알 수 있는 자료가 부족하다. 다만 현재까지의 백제고고학 편년연구 성과[13]에 근거할 때 5세기 이후로 내려 보기는 어렵고 4세기의 어느 시점을 하한으로 설정할 수 있는 자료이다. 이처럼 4세기까지의 백제 금공품 자료는 거의 없다고 이야기해도 좋을 정도로 부족하다.

그런데 5세기로 접어들면서 금공품의 종류와 수량이 급증한다. 수촌리 1호분 출토품이 대표적인 사례이다. 수촌리 1호분의 연대에 대해서는 다양한 견해가 제기되어 있다. 이 무덤의 연대는 출토된 청자유개사이호(靑磁有蓋四耳壺)를 통해 추정해볼 수 있다. 선행연구의 성과[14]에 근거하면 수촌리 1호분 청자의 경우 뚜껑 꼭지와 동체(胴體)의 형태가 시간의 변화를 반영해주는 속성이다. 중국 육조시기의 청자 가운데 이와 비교할 수 있는 자료로 서기 369년의 연대를 가지는 항주(杭州) 황암수령수고(黃岩秀嶺水庫) M45호묘, 동진 중만기로 편년되는 진강(鎭江) 양팽산(陽彭山) M1호묘·간벽전와창(諫壁塼瓦廠) 동진묘[15] 출토품을 들 수 있다. 기형의 변화방향을 고려하면 수촌리 1호분 청자는 이 3자 보다 늦은 특징을 갖추고 있으므로 4세기 후반 정도의 연대를 부여할 수 있다. 다만 중국 도자가 백제왕실로 이입되고 다시 수촌리 무덤 속에 매납되기까지의 시차를 고려한다면 5세기 제1/4분기 정도로 늦추어볼 수 있지 않을까 한다.

이 같은 연대관에 근거해보면 5세기 전반의 이른 단계가 되면 백제 공방에

---

13) 박순발, 2006, 『백제토기탐구』, 주류성.
   土田純子, 2014, 『백제토기 동아시아 교차편년 연구』, 서경문화사.
14) 박순발, 2005, 「공주 수촌리고분군 출토 중국자기와 교차연대문제」, 『충청학과 충청문화』 4, 충청남도역사문화원.
15) 林留根, 1989, 「江蘇鎭江東晋紀年墓淸理簡報」, 『東南文化』 1989-8.
   南京市博物館, 2001, 「江蘇南京仙鶴觀東晋墓」, 『文物』 2001-3.

도2. 수촌리 1호분 금동관에 표현된 용문(우 : 조금 세부)

서 백제인의 요구에 맞춰 금공품이 제작되었음을 알 수 있다. 수촌리 1호분 출토품의 경우 이른 단계의 자료임에도 불구하고 최고 수준의 기술력이 구사되어 있어 주목된다. 그리고 그에 후속하는 금공품과 도안이나 제작기법에서 공통적인 요소를 갖추고 있다. 따라서 수촌리 1호분 단계에 이미 백제의 금공품 양식이 성립해 있었을 것으로 상정할 수 있다. 〈도2〉의 오른쪽 사진에서 볼 수 있듯이 수촌리 1호분 금동관의 도안 및 조금기법(彫金技法)은 한 치의 오류도 없이 정교하므로 이 정도의 수준은 중국 진식대금구에 비하더라도 뒤진다고 이야기하기 어렵다. 백제 금공품 가운데 이보다 더 정교한 물품은 후술할 수촌리 1호분 수면과판이다. 자그마한 과판 표면에 수면문(獸面紋)을 정밀주조로 표현한 것이다. 이 정도 수준의 금속공예품을 공주의 현지세력이 만들었다고 보기는 어렵다. 중국이나 주변국에서 이보다 이른 시기의 수면문 과판이 존재하지 않으므로 백제에서 제작된 것으로 볼 수 있다.

2) 양식의 발현과정

근래 백제 한성기 유적조사의 사례가 증가하였음에도 불구하고 〈도1〉에 제시한 금공품과 수촌리 1호분 출토품 사이의 공백은 메워지지 않고 있다. 향후 조사에서 그 공백이 메워질 수 있으리라 기대해본다. 다만 현재까지의 자료에서 백제 장인이 새로운 조형물을 만들어내는 과정에 영향을 주었을 것으로 추정되는 자료를 제시해보고자 한다.

첫째, 수촌리고분군 금동관에 보이는 관(管) 및 수발형(受鉢形) 장식의 계보이다. 1호분 금동관에는 2개의 관이 부착되어 있고 4호분 금동관에는 1개의 수발형 장식이 부착되어 있다.(도3-4) 후술하듯 이와 같은 장식은 길두리 안동고분(도3-6), 요리 1호분(도7-2), 입점리 86-1호분(도7-5) 등 백제 금동관의 주요 특징 가운데 하나이다. 그런데 삼연(三燕)유물에 유사한 장식이 보여 주목된다.[16]

요녕성 조양 십이대향전창 88-M1호묘 마면(도3-1)[17], 동 북표 라마동 I

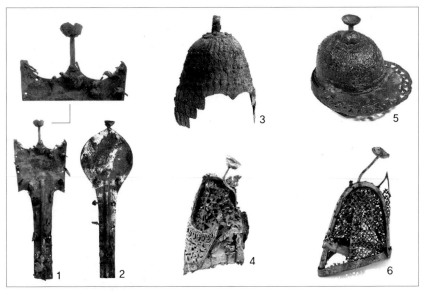

도3. 수촌리 금동관(4) 대롱과 수발형장식의 계보(1.십이대향전창 88M1호묘, 2.孝民屯 154호묘, 3.라마동 I M5호묘, 5 · 6.안동고분)

---

16) 橋本達也, 2013, 「祇園大塚山古墳と金銅裝眉庇附冑と古墳時代中期の社會」, 『祇園大塚山古墳と5世紀という時代』, 六一書房, 65~68쪽.

17) 遼寧省文物考古硏究所 · 朝陽博物館, 1997, 「朝陽十二.臺.鄕磚廠88M1發掘簡報」, 『文物』 1997-11, 25쪽.
九州國立博物館, 2010, 『馬アジアを驅けた二千年』, 38쪽.

-M5호묘 마면과 철제주(도3-3)[18], 동 북표 풍소불묘 금관식[19], 하남성 안양 효민둔 154호묘 마면(도3-2)[20], 고흥 길두리 안동고분 철제주(도3-5)[21]를 위시한 한일양국 출토 차양주(遮陽冑) 상부장식이 그것이다.[22] 시기적으로 큰 차이가 없으므로 백제 장인이 이러한 장식을 금동관 제작에 응용하였을 것 같다.

둘째, 수촌리 1호분 수면과판의 계보이다. 백제에서 시작하여 가야, 왜에 걸쳐 널리 유행한 수면과판 가운데 수촌리 1호분 출토품이 가장 이른 시기의 자료이다.[23] 허리띠에 부착하는 금속판에 수면이 표현되어 있으며 외형으로 보아 두 종류로 구분할 수 있다. 하나는 문양장식판의 외형이 모를 죽인 오각 형에 가까운 것이고(도4-2의 우측) 다른 하나는 역심엽형이다.(도4-2의 좌측) 전자의 하부에는 2개의 고리가 마련되어 있고 그곳에 수하식이 매달려 있다. 후자의 하부에는 1개의 고리가 마련되어 있으며 그곳에 원환이 걸려 있다. 두 종류 모두 문양은 주출된 것이다. 이 과판 제작 이전에 이미 백제사회 에는 진식대금구가 존재했으므로 그것을 방제하거나 고구려나 신라의 경우

---

18) 遼寧省文物考古研究所, 2002, 앞의 책, 59쪽.
   日本奈良文化財研究所·中國遼寧省文物考古研究所, 2006,『東アジア考古學論叢 -日中共同研究論文集-』圖版7-2.
19) 遼寧省文物考古研究所, 2015,『北燕馮素弗墓』, 文物出版社, pp.60~63.
20) 中國社會科學院考古研究所安陽工作隊, 1983,「安陽孝民屯晋墓發掘報告」,『考古』 1983-6, 504쪽.
   九州國立博物館, 2010, 앞의 책, 25쪽.
21) 국립문화재연구소 문화재보존과학센터, 2011,『고흥 길두리 안동고분 출토유물 보존』.
   임영진 외, 2015,『고흥 길두리 안동고분』, 전남대학교박물관 외, 28·36~40쪽.
22) 福尾正彦, 1987,「眉庇付冑の系譜」,『東アジアの考古と歷史(下) -岡崎敬先生退官記念論集』, 岡崎敬先生退官記念事業會.
   송계현, 1988,「삼국시대 철제갑주의 연구 -영남지역 출토품을 중심으로-」, 경북대학교 석사학위논문.
23) 山本孝文, 2013,「수촌리고분군 출토 대금구의 계통」,『수촌리유적 발굴 10주년 국제학술대회 수촌리유적의 고고학적 성과와 의의』, 충청남도역사문화연구원.

처럼 삼엽문투조과판(三葉紋彫鎊板)[24]을 만들지 않고 왜 수면과판을 만들었을까 하는 점이 의문이다. 도안을 그리고 과판 제작 실무를 담당한 전문가의 의도인지, 물품 제작을 지시한 왕이나 그에 준하는 인물의 의도인지 알기 어렵지만 후자일 가능성이 더 크지 않을까 한다. 향후 연구가 필요한 부분이다.

수촌리 1호분 과판의 수면을 장인이 자신의 상상력으로 그려냈다기보다는 중국 제 왕조와 긴밀한 교류관계를 유지하고 있던 백제사의 전개과정을 고려해볼 때, 중국으로부터 수입한 서적이나 도안집을 참고하여 백제 장인이 창안했을 가능성이 더 높지 않을까 한다. 지나친 억측일 수는 있지만 〈도4-1〉에 제시한 것처럼 청동제 포수도 백제 장인이 참고한 자료 가운데 하나가 될 것이다. 포수(鋪首)는 중국 역대 왕조에서 즐겨 사용되던 부품이자 도안이었고[25] 백제 왕궁터에서 출토된 점으로 보면 그러하다.

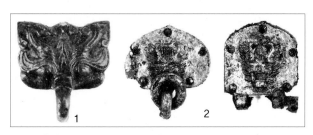

도4. 수촌리 1호분 수면과판(2)의 계보(1.풍납토성 포수)

〈도5〉는 금공품 도안의 변용 사례이다. 〈도5-1〉은 집안 산

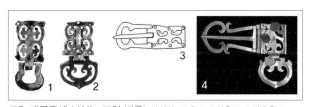

도5. 대금구에 보이는 도안 변용(1.산성하 152호묘, 2.설추묘, 3.서구촌묘, 4.천마총)

24) 윤선희, 1987, 「삼국시대 과대의 기원과 변천에 관한 연구」, 『삼불김원룡교수정년기념 논총』Ⅱ, 일지사.

25) 張文靜, 2013, 「春秋戰國時期至魏晉南北朝時期實用鋪首形制硏究」, 吉林大學 碩士學位論文.

성하 152호묘 출토 과판이며[26] 고구려사회로 전해진 진식대금구이다. 〈도5-2〉는 남경 설추묘(薛秋墓) 출토 과판 중 일부이고 보고자는 동오(東吳)시기로 편년하였으며[27] 진식대금구의 조형으로 주목된다. 〈도5-3〉은 북표 장길영자(章吉營子) 서구촌묘(西溝村墓) 대금구의 교구와 띠연결부이다.[28] 〈도5-4〉는 천마총(天馬塚) 금제 대금구[29]의 일부이다. 이 가운데 〈도5-3〉의 교구는 〈도5-1〉의 수하식, 〈도5-4〉는 〈도5-2〉의 수하식 일부 도안과 형태적으로 연결된다. 물론 도면으로 제시한 자료가 직접적 계승관계를 가진다는 의미는 아니며 진식대금구가 삼연으로, 다시 한반도로 전해지며 새로운 부품도안으로 재탄생하였을 가능성을 이야기 하고자 함이다.

이상 몇 가지 사례를 제시하며 수촌리 1호분 출토 금공품의 제작자는 백제 장인이었을 것이고 그들이 동진 혹은 삼연의 금공품을 참고하여 백제 양식 금공품을 창출했을 것으로 추정했다. 정치적으로 보면 견사기록에 부합하듯 중국의 금공기술이 수용되었을 가능성에 조금 더 무게를 둘 수 있지만 아직까지는 자료의 부족으로 양국 금공기술 사이의 접점을 찾기는 어렵다. 그렇다고 하여 삼연과의 직접적인 교섭을 언급하기에도 자료가 부족하다.[30] 다만 또 다른 가능성으로 낙랑 장인들의 이주, 혹은 대방고지(帶方故地)에 거주하던 동수(冬壽, 336년 망명, 357년 사망)를 위시한 전연(前燕) 유민들과의 접

---

26) 集安縣文物保管所, 1983,「集安高句麗墓葬發掘簡報」,『考古』1983-4.
　　吉林省文物考古研究所外, 2010,『高句麗文物集粹』, 科學出版社.
27) 南京市博物館, 2008,「南京大光路孫吳薛秋墓發掘簡報」,『文物』2008-3, 8~14쪽.
28) 田立坤·李智, 1994,「朝陽發現的三燕文化遺物及相關問題」,『文物』1994-11, 23쪽.
29) 문화공보부 문화재관리국, 1974,『천마총 발굴조사보고서』, 101~102쪽.
　　국립경주박물관, 2014,『천마, 다시 날다』, 82쪽.
30) 아직 前秦의 金工文化에 대한 實體가 해명되어 있지 않으나 백제와 前秦과의 교섭관계에 주목한 아래의 연구를 참고한다면 前秦의 영향도 고려할만 하다.
　　노중국, 2013,「백제사의 몇 가지 문제 -삼국사기 백제본기 역주작업과 관련하여」,『신라사학보』27, 신라사학회.

축을 생각해볼 수
있다.[31] 『삼국사기』
에 의하면 낙랑은
313년에 고구려의
공격을 받아 축출
되었다고 한다. 낙
랑이 역사의 무대에
서 사라진 후 주민
들의 동향이 어떠

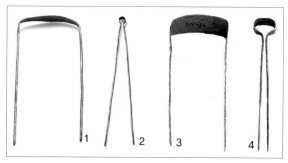

도6. 판교 석실묘 비녀(1~2)와 비교자료(3.라마동Ⅱ-M266호묘, 4.라마동Ⅱ-M313호묘)

하였을지 불분명한 점이 많다. 다만 화성 기안리 제철유적[32] 발굴조사가 진
행된 이후 이 유적에서 낙랑계 토기와 기와가 집중적으로 출토되는 현상에
주목하여 낙랑 제철장인의 이주를 상정하고 있다.[33] 이러한 논의는 상당히
설득력이 있는 것으로 받아들여지고 있고 그 연장선상에서 금공품 장인의
이주 가능성도 아울러 고려하고 싶다. 다만 아직 유물을 통해 이러한 가설을
증명하기는 어렵다. 그밖에 성남 판교 석실묘 출토 비녀(도6-1·2)[34]가 북
표 라마동 출토품(도6-3·4)[35]과 유사하다는 점 등을 함께 주목할 필요가
있다.

31) 삼강문화재연구원 崔鍾圭선생님으로부터 教示 받은 내용이다.
32) 기전문화재연구원, 2007, 『화성 기안리유적』.
    송의정 외, 2014, 『화성 기안리 제철유적』, 국립중앙박물관.
33) 권오영, 2004, 「물자·기술·사상의 흐름을 통해 본 백제와 낙랑의 교섭」, 『한성기 백
    제의 물류시스템과 대외교섭』, 학연문화사.
    김무중, 2004, 「고고자료를 통해 본 백제와 낙랑의 교섭」, 『호서고고학』 11, 호서고고
    학회.
34) 한성백제박물관, 2013, 『2013 여름 특별전 백제, 마한과 하나되다』, 79쪽.
35) 遼寧省文物考古硏究所, 2002, 앞의 책, 41쪽.

3. 금공양식의 전개

1) 금동관

수촌리고분군 출토 관(도8-3 · 4)은 형태적으로 보면 모관(帽冠)[36]에 속한다. 고깔모양을 기본으로 여러 부품이 부가된 백제 한성기 관의 전형적 사례이다.[37] 1호분 관에는 2개의 세관(細管), 4호분 관에는 1개의 세관이 있다. 후자는 상단에 수발형 장식이 부착되어 있지만 전자의 경우 모두 결실된 상태이다. 문양은 용문이 중심을 이룬다. 1호분 관 쪽이 더욱 정교하다. 좌우 측판의 문양 구성은 동일하지 않다. 문양판의 가장자리에는 화염상 문양이, 하변에는 인동초상 문양이 시문되어 있다.

한성기 백제 관의 주문양은 용봉문, 초문, 어린문으로 구분된다. 용봉문이 중심을 이룬 관으로 수촌리 1 · 4호분, 부장리 5호분구 1호토광묘 출토품(도7-6)[38]을 들 수 있다. 2엽이나 3엽으로 구성된 초문이 시문된 것은 길두리 안동고분(도7-1)[39], 화성 요리 1호분 관[40]이며 입점리 86-1호분 관[41]에는 어린문이 표현되어 있다. 수촌리 1호분 금동관에는 〈도2〉의 사진에서 볼 수 있듯이 뿔, 귀, 턱수염, 서기, 이빨, 비늘 등 용의 특징이 세밀하게 표현되어 있다. 이를 통해 보면 수촌리 1호분이 축조되던 시기의 백제에는 이미 정교한 용문도안이 존재했고 그것을 금공품 제작에 적극 활용하고 있었음을 알 수 있다.

---

36) 毛利光俊彦, 1995, 「朝鮮古代の冠 -新羅-」, 『西谷眞治先生古稀記念論文集』.
　　함순섭, 2001, 「고대 관의 분류체계에 대한 고찰」, 『고대연구』 8, 고대연구회.
37) 이훈, 2010, 「금동관을 통해 본 4~5세기 백제의 지방통치」, 공주대학교 박사학위논문.
38) 충청남도 역사문화연구원 외, 2008, 『서산 부장리유적』.
39) 임영진 외, 2015, 앞의 책.
40) 한국문화유산연구원 외, 2014, 『화성 향남2지구 동서간선도로(H지점) 문화유적 발굴조사 -3차학술자문회의자료-』.
41) 문화재연구소, 1989, 『익산 입점리고분 발굴조사보고서』.

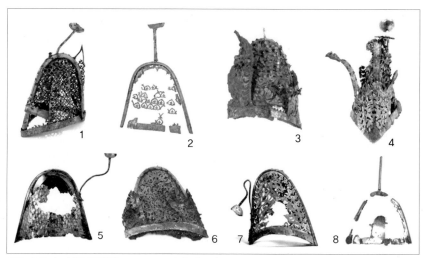

도7. 수촌리고분군 금동관(3.1호분, 4.4호분)과 비교자료(1.길두리 안동고분, 2.요리 1호분, 5.입점리 86-1호분, 6.부장리 5호분구 1호토광묘, 7.에다후나야마고분, 8.옥전 23호분)

용봉문 관과 초문 관이 출토된 고분의 연대가 비슷하고 어린문 관 출토 고분이 후행한다. 따라서 용봉문 관과 초문 관 사이에서 확인할 수 있는 문양 차가 왜 생겼는지에 대한 고려가 필요하다. 공방차를 그 이유로 들 수도 있겠으나 백제 금공문화의 전개양상을 전체적으로 고려할 때 소유자의 위계차를 반영하는 것으로 추정하는 것이 어떨까 한다.[42] 수촌리 금동관과 유사한 외형 및 문양을 갖춘 예가 구마모토[熊本] 에다후나야마고분[江田船山古墳]에서 출토된 바 있다.[43](도7-7)이다. 이 관은 백제로부터의 수입품일 가능성이 있다. 가야의 관 가운데 합천 옥전 23호분 출토품(도7-8)[44]의 경우 고깔모양

---

42) 이한상, 2008, 「백제 금동관모의 제작과 소유방식」, 『한국고대사연구』 51, 한국고대사학회.

43) 本村豪章, 1991, 「古墳時代の基礎研究稿 -資料篇(II)-」, 『東京國立博物館紀要』 26, 東京國立博物館.
   菊水町史編纂委員會, 2007, 『菊水町史』, 江田船山古墳編.

44) 조영제 외, 1997, 『합천 옥전고분군VI』, 경상대학교박물관.

몸체 좌우에 조우형(鳥羽形) 입식이 부착되어 있고 내부에 삼엽문이 투조로 표현되어 있다. 정수리 부분에는 대롱모양 장식이 부착되어 있으나 꼭대기에 반구형 장식은 없다. 문양이나 입식의 형태로 보면 요리 1호분이나 길두리 안동고분 출토품과 유사하므로 백제산일 가능성이 있다.

　2) 금제이식

　수촌리 1 · 4 · 8호분 출토품이 전형적 사례에 속한다. 3점 가운데 8호분 이식의 제작에 가장 정교한 기법이 구사되었다. 1호분 이식(도8-1)은 주환이 중실(中實)의 세환이며 별도의 중간식 없이 금사를 이용하여 심엽형 수하식을 매단 것이다. 원주 법천리 1호분 이식[45]과 동형이다. 심엽형 수하식의 형태차는 있지만 고창 봉덕리 1호분 4호석실 출토품[46]도 유사하다. 4호분 이식(도8-2)도 주환은 중실의 세환이나 단면 사각형의 금봉을 비틀어 꼬아 나선상으로 만든 점이 특징이다. 천안 용원리 37호분[47](도8-6), 서산 부장리 6호분구 6호토광묘 이식[48]에서도 확인되는 기법이다. 8호분 이식(도8-3 · 4)의 주환은 1 · 4호분 이식보다 굵고 중공(中空)이지만 고구려나 신라의 태환이식처럼 굵지 않아 이 역시 세환이식의 범주에 넣을 수 있다.

　한성기 백제 이식 가운데 가장 정교한 기법이 구사된 사례로 수촌리 8호분 출토 이식을 들 수 있다. 길이가 4.6cm에 불과함에도 매우 정교하다. 중간식과 수하식에 크고 작은 금립(金粒)이 장식되어 있다.(도8-4) 백제에서 가장 오래된 누금세공(鏤金細工) 자료이며 소환구체(小環球體)를 중간식으로 사용한 이식 가운데 가장 이른 시기의 자료에 해당한다. 시기차가 있지만 중공

---

45) 국립중앙박물관, 2001,『법천리』Ⅰ.
46) 한성백제박물관, 2013, 앞의 책, 68쪽.
47) 공주대학교박물관, 2000,『천안 용원리고분군』.
48) 국립공주박물관 · 충청남도역사문화연구원, 2006,『4~5세기 백제유물 특별전, 한성에서 웅진으로』.

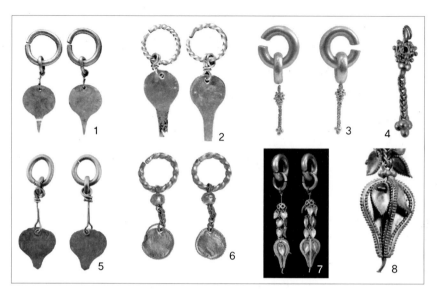

도8. 수촌리고분군 이식(1.1호분. 2.4호분. 3 · 4.8호분)과 비교자료(4.봉덕리 1호분 4호석실. 5.용원리 37호분. 7 · 8.무령왕비)

의 주환, 금사를 엮어 만든 연결금구, 누금세공에서 볼 때 무령왕비 이식(도 8-7 · 8)[49]과의 기법적 계승관계가 인정된다.

한성기 백제이식은 조사예가 많지 않아 그런 것인지 분명하지 않으나 신라나 고구려의 경우와는 달리 이식 사이의 유사도가 낮은 편이다. 즉, 주환이나 중간식, 수하식의 개별 부품, 조립방식 등에서는 공통점을 가지고 있어 이를 백제양식이라 부를 수 있겠으나 실제 출토되는 유물은 부품이 다양한 패턴으로 조립되어 있어 체계적으로 분류하기 어렵다. 이는 신라이식[50]뿐만 아니라

---

49) 문화공보부 문화재관리국, 1973,『무령왕릉발굴조사보고서』.
   〈도8-8〉하부에 보이는 金線에는 원래 일본 鴨稻荷山古墳 이식처럼 金粒이 부착되어 있었던 것 같다.
50) 김우대, 2013,「신라 수식부이식의 계통과 변천」,『한국고고학보』89, 한국고고학회.

사비기 백제이식[51]과도 차이를 보이는 점이다.

3) 금동제대금구

수촌리 1·4호분에서는 각각 금동제 대금구가 출토되었다. 과판에 수면이 주출되어 있으며, 1호분 출토품(도9-1)은 현재까지 출토된 백제산 대금구 가운데 최고식에 속한다. 1호분 출토품은 과판의 형태가 두 종류이나 문양은 유사하다. 중앙에 문양이 융기되어 있는데 단면과 후면을 관찰해보면 압출한 것이 아니라 주출한 것임을 알 수 있다. 이마의 좌우에 두 귀와 뿔이, 이마에는 주름처럼 세로로 집선문이 표현되어 있다. 4호분 출토품(도9-2)은 유존상태가 불량하다. 수면은 이마가 둥글고 1호분 출토품에 비해 갈기모양 표현이 줄어들었다. 주연에는 파상문의 흔적이 남아 있다. 이 문양은 송산리 구2호분 출토품(도9-3)[52]과 연결된다.

수촌리의 수면 대금구로 보아 5세기 전반경이 되면 진식대금구와 구별되는 백제적 대금구가 성립해 있었음을 알 수 있다. 이를 확대해석한다면 한성기 후반에는 백제적인 관복과 그에 부속하는 금공품이 존재했음을 알려주는 증거로 볼 수 있다. 동시기 신라의 대금구는 고구려의 영향을 받은 삼엽문투조대금구라는 점에서 뚜렷이 구별된다. 수촌리 과판의 문양은 몇 단계의 변화과정을 거쳐 송산리 구2호분 출토품으로 이어진다. 이와 유사한 자료는 가야유적에서도 출토된다. 그런데 고령 지산동 구39호분(도9-6)[53]과 합천 옥전 M3호분(도9-4)[54], 함안 도항리 54호분에서도 출토된 바 있는데 모두 성

---

51) 이한상, 2009, 「부여 능산리 능안골32호분 이식 검토」, 『고고학탐구』 6, 고고학탐구회.

52) 野守健·神田惣藏, 1935, 「忠淸南道公州宋山里古墳調査報告」, 『昭和二年度古蹟調査報告 第二冊, 公州宋山里古墳調査報告』, 朝鮮總督府.

53) 有光教一·藤井和夫, 2002, 「附篇 高靈 主山 第39號墳 發掘調査報告」, 『朝鮮古蹟研究會遺稿Ⅱ』, 유네스코 아시아文化研究센터 財團法人 東洋文庫.

54) 조영제·박승규, 1990, 『합천 옥전고분군Ⅱ』, 경상대학교박물관.

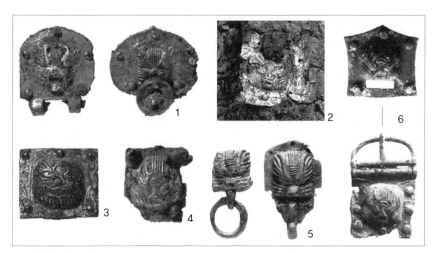

도9. 백제의 수면과판(1.수촌리 1호분, 2.수촌리 4호분, 3.송산리 구2호분)과 비교자료(4.옥전 M3호분, 5.지산동 75호분, 6.지산동 구39호분)

시구(盛矢具) 부품일 가능성이 있다.[55] 그밖에 지산동 75호분에서도 수면과판(도9-5)이 출토[56]되었으나 도굴갱 수습품이라 정확한 용도는 불명이다. 그렇지만 이와 같은 금공품의 계보는 백제로 볼 수 있다.[57]

4) 금동식리

수촌리 1·3·4·8호분에서 전형적인 백제 금동식리가 출토되었다. 좌우 측판이 식리의 전후면에서 결합되고 저면에 금동못이 박혀 있어 여타 백제식리와 특징을 공유한다. 문양은 다양한 편인데 대체로 시간의 변화를 반영해 준다. 1호분 식리(도10-1)는 측판에 凸자문, 저판에 사격자문이 시문되어 있다. 3호분 식리(도10-3)의 측판에는 1호분 식리의 그것과 같은 凸자문이 있

---

55) 국립창원문화재연구소, 2001, 『함안 도항리고분군IV』.
56) 조영현, 2012, 『고령 지산동 제73~75호분』, 고령군 대가야박물관·대동문화재연구원.
57) 최종규, 1992, 「제라야의 문물교류」, 『백제연구』 23, 충남대학교 백제연구소.

지만, 저판에는 용문과 연화문이 시문되어 있다. 4호분 식리(도10-4)의 경우
전 2자와 달리 측판과 저판 모두에 여러 마리의 용문이 투조로 표현되어 있
다. 8호분 출토품(도10-2)은 측판 일부만 남아 있어 전모를 알 수 없지만 凸
자문과 측판결합방식은 1·3호분 출토품과 유사하다. 묘제와 공반유물로 보
면 凸자문+사격자문→凸자문+용문·연화문→용문+용문 순의 변천을 상정
할 수 있다.

원주 법천리 1·4호분, 세종 나성리고분[58], 서산 부장리 6호분구 6호토광
묘와 8호분구 1호토광묘, 고흥 길두리 안동고분, 익산 입점리 86-1호분(도
10-7), 고창 봉덕리 1호분 4호석실(도10-5)[59], 나주 정촌고분 1호석실 출토
품(도10-6)[60]까지 함께 고려한다면 한성기 식리의 문양은 매우 다양함을 알

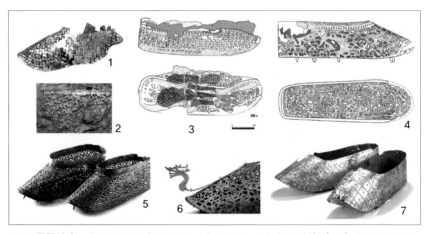

도10. 금동식리(1.수촌리 1호분, 2.수촌리 8호분, 3.수촌리 3호분, 4.수촌리 4호분)와 비교자료(5.봉덕리 1호분
4호석실, 6.정촌고분 1호석실, 7.입점리 86-1호분)

---

58) 이인학, 2011, 「행정중심복합도시 중앙녹지공간 및 생활권2-4구역 건설예정지역내
연기 나성리유적」, 『제35회 한국고고학전국대회 발표문』, 한국고고학회.
59) 이문형·옥창민, 2009, 「고창 봉덕리 1호분」, 『제33회 한국고고학회 발표집』, 한국고
고학회.
60) 국립나주문화재연구소, 2014, 『나주 정촌고분 발굴조사 자문회의자료』.

수 있다. 간략한 문양에서 복잡한 문양으로, 다시 간략한 문양으로 변화하며 투조+조금에서 조금 중심으로의 변화양상도 확인된다.

이처럼 수촌리고분군 금속장신구의 제작에는 문양의 여백을 투조하고 조금을 통해 문양을 상세히 표현하는 기법이 구사되었고 각 부품의 조립에 못이 사용되었다. 예외적으로 대금구의 수면문[61]은 주조로 표현되었다. 관, 이식, 대금구, 식리는 여타 한성기 금속장신구와 특징을 공유하며 용문이 성용되었다.

4. 맺음말

이상에서 살펴본 것처럼 공주 수촌리고분군에서 출토된 금공품은 한성기 백제의 금공문화를 잘 보여주는 자료이다. 특히 여타 고분군 출토품에 비해 출토 유물의 수량이 많을 뿐만 아니라 1호분 금동관 8호분 금제이식처럼 가장 정교하면서도 백제적인 특색을 잘 갖춘 자료가 포함되어 있다. 위에서 검토한 내용을 간략히 정리해보면 다음과 같다.

수촌리고분군 속 여러 금공품 가운데 1호분 출토품이 가장 이른 시기의 자료이다. 이 일군의 금공품이 어떤 과정을 거쳐 등장했는지에 대해 살펴보기 위해 그에 선행하는 백제 자료 및 주변국 금공품을 아울러 검토한 바, 수촌리 1호분 금공품은 백제 장인들이 기왕에 인지하고 있던 동진 및 삼연 금공품 등을 원용하여 백제적인 양식으로 창출해낸 것이라 추정해보았다.

수촌리 금공품에 구사된 도안으로 용문, 연화문, 凸자문, 사격자문, 초문, 파상문 등이 있으며 그 가운데 용문이 핵심을 이룬다. 관의 기본형은 고깔모양이고 대륜과 수발형 장식을 갖추었다. 이식은 세환이식에 속하며 8호분 출토품은 누금기법이 구사된 백제 최고의 사례이다. 대금구는 수면을 주조로

---

61) 1호분 과판의 문양은 뿔로 보면 용문일 가능성도 있다.

표현한 것이다. 식리는 저판에 금동 못이 박혀 있고, 문양이 투조된 측판을 발등과 뒤축에서 고정한 것이다.

수촌리고분군 금공품의 특징은 한성기 백제의 여타 금공품에서도 확인되며 같은 시기의 주변국 자료와 구분되므로 이를 한성기 백제문화를 표상하는 '금공품 양식'이라 부를 수 있다. 제작의 중심지는 왕도 소재 관영공방이었을 것이다. 한성 함락이라는 국가적 위기를 겪으며 잠시 단절을 겪었지만 웅진기로 양식이 계승되었다. 더불어 주변국과의 외교관계에 수반, 양식의 전파가 단속적으로 진행되어 한반도 중남부와 일본열도에서 새로운 금공문화가 유행하는데 기폭제로 작용한 것으로 평가할 수 있다.

제3장
가야 금공문화의 성립

1. 머리말

고령과 합천, 김해, 함안 등 가야 여러 나라의 중심지에서는 다수의 왕릉급 무덤이 발굴되었고 가야인의 삶과 역사를 복원해볼 수 있는 중요 유물이 다량 출토되었다. 그 가운데 금공품은 같은 시기 고구려, 신라, 백제의 그것과 구별되는 가야적인 디자인과 제작기법으로 제작되었으며, 그 속에 매우 높은 수준의 기술력과 미감이 구현되어 있음을 확인할 수 있다.

가야의 금공품은 일부 시기에만 한정적으로 존재하며 공간적으로는 대가야권역에 주로 분포한다. 대가야의 성립 시점은 분명하지 않으나 5세기 후반 이후의 기록에 비교적 뚜렷한 실체로 등장한다. 479년 남제(南齊)에 사신을 보내 보국장군본국왕(輔國將軍本國王)을 제수받은 가라왕(加羅王) 하지(荷知)[1], 481년 고구려와의 전쟁에서 백제와 함께 참전하여 신라를 도운

---

1) 『南齊書』 권58 列傳39 東南夷 「建元元年 國王荷知使來獻 詔曰 量廣始登 遠夷洽化 加羅王荷知款關海外 奉贄東遐 可授輔國將軍本國王」

가야[2], 법흥왕대 신라와의 혼인동맹을 맺은 가야[3]가 그것이다.

　가야의 금공품은 소량 제작되었고 소유 또한 엄격히 제한되었던 것으로 보인다. 현재까지의 자료로 보면 대가야의 왕도 고령에 소재한 지산동고분군, 대가야권역에 포함된 각지의 수장묘역에서 출토된다. 신라의 사례에서 전형을 볼 수 있듯이 고대사회의 금공품 생산과 유통에는 국왕의 권력, 국가의 지배력이 강하게 개재되어 있었다. 대가야 사회에서도 금공품은 지배층의 위세품이자 신분의 표상이었던 것으로 보인다.

　본 장에서는 가야 금공품의 계보를 어디에서 찾을 수 있을지, 가야양식 금공문화가 어떤 과정을 거쳐 성립하는지에 대해 살펴보고자 한다.

2. 금공문화의 계보

　대가야 사회에 금공품이 등장한 시점은 5세기 전반 무렵이다. 이는 백제, 신라보다 조금 늦은 것이며 5세기 중엽 이후 수량이 늘어나고 대가야양식이라 부를 수 있는 대가야적 금공문화가 성립한다. 고령뿐만 아니라 대가야권 전체를 놓고 볼 때 가장 이른 시기의 자료는 합천 옥전 23호분 관, 이식, 행엽[4] 등이다. 금동관의 경우 고깔모양 몸체의 좌우에 조우형 입식이 부착되어 있고 내부에 삼엽문이 투조로 표현되어 있다. 정수리 부분에는 대롱모양 장식이 부착되어 있다. 문양이나 입식의 형태로 보면 백제 한성기 금동관인 화성 요리 1호분[5](도1-2)이나 고흥 길두리 안동고분 출토품[6](도1-3)과 유사한

2) 『三國史記』 권3 新羅本紀3 照知麻立干3년 「高句麗與靺鞨入北邊 取狐鳴等七城 又進軍於彌秩夫 我軍與百濟加耶援兵 分道禦之」
3) 『三國史記』 권4 新羅本紀4 法興王9년 「加耶國王遣使請婚 王以伊湌比助夫之妹送之」
4) 조영제 외, 1997, 『합천 옥전고분군VI』, 경상대학교박물관.
5) 한국문화유산연구원 외, 2014, 『화성 향남2지구 동서간선도로(H지점) 문화유적 발굴조사 -3차 학술자문회의 자료-』, 23쪽.
6) 임영진, 2006, 「고흥 안동고분 출토 금동관의 의의」, 『한성에서 웅진으로』, 충청남도

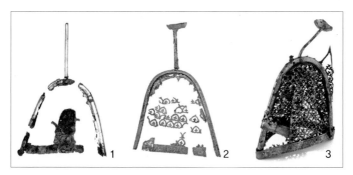

도1. 가야와 백제의 금동관 비교(1.옥전 23호분, 2.요리 1호분, 3.길두리 안동고분)

특징을 갖추고 있다. 백제산 완제품일 가능성이 있다. 이식에는 원판상 장식이 중간식으로 사용되었다.(도2-4) 이는 천안 용원리 9호석곽[7](도2-1), 서산 부장리 6-6호분 출토품[8]처럼 백제 한성기 이식에 유례가 있는 것이며 정교함을 함께 고려한다면 백제산으로 보아도 좋을 것 같다. 행엽은 철지금동장(鐵地金銅張)에 심엽형을 띠며 가장자리에 파상점열문이 축조기법으로 표현되어 있다. 신라산일 가능성을 고려하는 연구가 있다.[9]

고령에서는 아직 5세기 전반까지 올라가는 고총에 대한 발굴조사가 많이 진행되지 않아 이른 시기의 금공품 사례가 적은 편이다. 그러나 옥전고분군

역사문화원 · 국립공주박물관.

서정은, 2008, 「고흥 길두리 안동고분 출토 금동관모의 수습과 보존처리(Ⅰ)」, 『보존과학연구』 29, 국립문화재연구소.

서정은, 2009, 「고흥 길두리 안동고분 출토 금동관모의 수습과 보존처리(Ⅱ)」, 『보존과학연구』 30, 국립문화재연구소.

7) 이남석, 2000, 『용원리고분군』, 공주대학교박물관.
8) 충청남도역사문화연구원 외, 2008, 『서산 부장리유적』.
9) 다만 5세기 전반으로 편년할 수 있는 연기 나성리 출토 용문투조대금구에 축조기법으로 파상열점문이 시문된 사례가 있으므로 장차 이 행엽의 기술적 계보가 백제에 있었을 가능성도 열어두고자 한다.
諫早直人, 2012, 『東北アジアにおける騎馬文化の考古學的研究』, 雄山閣.

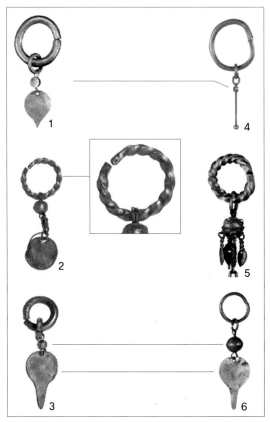

도2. 백제이식의 영향을 받은 가야 이식(1.용원리 9호석곽, 2.용원리 37호분, 3.용원리 129호분, 4.옥전 23호분, 5.중안동, 6.옥전 20호분)

발굴조사 성과를 참고하면 장차 5세기 전반까지 소급하는 금공품이 상당수 출토될 것으로 예상된다. 현재까지는 지산동 73호분 주곽 단봉문대도와 행엽, 서순장곽 조우형관식[10]이 가장 이른 단계의 자료이다.

73호분 금동제 관식(도3-1)은 황남대총 남분 금제 관식을 위시한 신라 관식과 양식적 공통성을 갖춘 것이다. 제작지를 신라의 지방공방으로 추정하는 견해가 제기된 바 있다.[11] 조우형 장식을 갖춘 관식, 고깔모양의 관모가

조합된 모관은 신라에서 크게 유행하였다. 그러나 세부적 표현기법에서 이 관식만의 특징도 확인되며 지산동 75호분 봉토 내 1호 순장곽 출토 철제 관

---

10) 조영현, 2012, 『고령 지산동 제73~75호분(본문)』, 고령군 대가야박물관 · 대동문화재연구원.

11) 박보현, 2014, 「대가야의 관모전립식고」, 『과기고고연구』 20, 아주대학교박물관.

식, 지산동 518호분 출토 금동제 관식[12] 처럼 신라에는 없는 재질이나 형태를 갖춘 것이 지산동고분군에서 출토되기 때문에 대가야 공방에서 신라양식을 수용하여 만들었을 가능

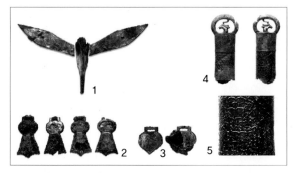

도3. 지산동 73호분 금공품(1.서순장곽 관식, 2 · 3.주곽 행엽, 4 · 5.주곽 단봉문대도)

성도 고려할 필요가 있다. 대도의 경우 환두는 금동제이고 환에 아무런 장식이 없지만 안에는 봉황이 표현되어 있다. 병부에는 어린문이 시문되어 있는데(도3-4 · 5) 신라 대도의 그것과 유사하다. 이러한 유형의 용봉문대도는 백제에 계보를 둔 것이지만 이 대도의 제작에는 신라적 요소가 가미되어 있다. 따라서 제작지는 대가야 공방일 가능성이 높다. 행엽 가운데 편원어미형(扁圓魚尾形)에는 은판, 심엽형에는 금동판이 덧씌워져 있다.(도3-2 · 3) 신라 장식마구와 유사하다.

이처럼 옥전 23호분, 지산동 73호분 금공품에서는 백제와 신라적인 요소가 함께 확인된다. 이중 어느 것이 백제산, 어느 것이 신라산인지 특정하기는 어렵지만 백제산, 신라산, 두 나라 금공문화의 영향을 받아 대가야 공방에서 제작된 것이 공존하였음은 분명하다. 옥전 23호분이 지산동 73호분보다 조금 더 이른 시기에 축조된 무덤임에도 불구하고 이 무덤 금공품이 더욱 정교한 제작의장을 보여주고 있다는 점에 주목하면 옥전 23호분 금공품은 모두 외래품일 가능성도 배제하기 어렵다. 그에 비해 단봉대도에서 볼 수 있듯이 지산동 73호분 단계의 금공품 가운데는 백제, 신라적 요소를 함께 활용하여

---

12) 국립가야문화재연구소, 2013, 『2013년 발굴조사 현장설명회 자료집, 고령 지산동고분군 518호분』.

제작한 것이 있다. 즉, 이 시기가 되면 대가야사회에 금공품 생산체계가 이미 성립해 있었음에 분명하다.

한편 지산동 32호분[13], 동 30호분[14], 옥전 M1호분과 2호분[15] 단계의 마구에는 신라에서 계보를 구할 수 있는 것, 백제와 공통성이 높은 것, 신라나 백제에는 유례가 없거나 백제·신라 요소가 융합된 것이 공존함을 지적한 연구가 있다.[16] 이 연구에서는 복수 계통의 마구 장인이 대가야 왕권 아래에 재편성되어 장식마구의 생산에 종사한 것으로 파악하고 있어 주목된다. 지산동 73호분 단계에서 확인되는 양상이 그 다음 단계까지 지속되었음을 밝힌 연구 성과이다.

금공품을 생산하려면 금은 등의 귀금속 재료를 확보하여야 한다. 귀한 소재를 다루어 만든 장신구는 상당한 기술력을 보유한 장인과 공방의 존재를 전제한다. 최소한의 금을 들여 최대의 효과를 내야했을 것이므로 금공품은 토기나 기와처럼 여러 번의 시행착오를 통하여 시제품을 완성할 여유가 없으며 최고의 장인으로부터 직접적인 지도를 받아야 가능했던 것이다. 대가야가 금공문화를 수용하는 과정에서 주변국 장인들의 기술 전수를 받았을 것으로 보인다.

5세기대 전반, 한반도 중남부지역의 정치적 상황을 고려할 때 특정 국가의 장인이 자발적으로 다른 나라로 이주하여 금공기술을 전해주었다고 보기는 어렵다. 그보다는 외교관계의 산물로 보는 것이 더 설득력이 있지 않을까 한다. 그런데 주지하듯 399~400년에 벌어진 전쟁에서 가야는 백제의 동맹국이자 신라의 적국이었다. 그 전쟁에서 가야와 백제는 큰 타격을 입었다. 당시의 가야는 김해의 금관가야를 지칭하는 것이지만 성립기의 대가야도 그에 참

---

13) 김종철, 1981,『고령 지산동고분군 32~35호분·주변석곽묘』, 계명대학교박물관.

14) 영남매장문화재연구원·고령군, 1998,『고령 지산동30호분』.

15) 조영제 외, 1992,『합천 옥전고분군Ⅲ』, 경상대학교박물관.

16) 諫早直人, 2012, 앞의 책.

여하였을 가능성이 있다. 그리고 433년의 나제동맹에서 알 수 있듯이 5세기 2/4분기의 어느 시점이 되면 국제정세가 급변하여 신라, 가야, 백제 등 중남부지역 국가들 사이의 화친관계가 조성된다.

따라서 옥전 23호분이나 지산동 73호분 단계의 금공문화에서 확인되는 다양한 계보의 혼재양상은 399~400년 전쟁 이후 재편되던 다이내믹한 외교관계의 산물이라 평가할 수 있겠다. 뿐만 아니라 외래문화인 금공문화가 정착하여 대가야양식을 발현할 정도로 발전하였던 이면에는 대가야의 성장이 전제되어 있었고 더불어 완숙의 경지에 올라 있던 대가야 제철기술이 금공기술 수용의 바탕을 이루었을 것이다. 백제와 신라의 금공문화는 대가야 금공문화의 시작에 큰 영향을 주었을 뿐만 아니라 이후에도 단속적으로 영향을 미쳤다. 장식마구에서는 신라의 영향이 지속되었지만 장신구나 금속용기에서는 백제로부터의 영향이 더욱 컸다.

그렇다면 이와 같은 금공품을 제작한 공방이 어느 곳에 위치했는지 의문이 든다. 그러나 아쉽게도 아직 대가야 금공품 공방터는 발굴되지 않았다. 따라서 출토품을 분석하여 추론하는 방식만을 사용할 수밖에 없다. 대가야 금공품 가운데 동범(同范)으로 만든 물품을 찾기 어렵다. 주조품이 매우 드물기 때문이다. 금의 경우 청동기처럼 산지를 추정하기 어려우며 국가로 귀속된 중요유물에 대해서는 파괴분석방법을 활용할 수 없는 여건이므로 외형 및 제작기법을 분석하여 양식론의 입장에서 접근할 수밖에 없다. 그간 대가야유적에서 출토된 금공품의 제작기법이나 도안을 검토해보면 고구려, 백제, 신라 등 주변국 물품과 구분되는 특징을 보이고 있다. 이것을 대가야양식이라 규정할 때 그 중심지가 대가야의 왕도였던 현 고령일 가능성을 우선적으로 고려할 수 있다.

금공품의 제작지 문제와 관련해서는 금공품이 많이 출토된 신라의 사례를 참고할 수 있다. 신라의 금공품이 한 지역에서 제작된 것인지 혹은 각지에서 다원적으로 제작되었는지를 둘러싸고 논의가 있었다. 즉, 경주를 중심지로 설정하는 분배론[17]과 경주의 물품을 지방에서 모방하여 제작하였다는 견해[18]가 그것이다. 그 외에 금공품 가운데 상징성이 강한 금동관의 형식이 획일화되는 현상을 신라가 지방의 공인집단을 장악한 결과로 보기도 하였다.[19]

근래 자료가 많이 증가한 시점에서 재검토해본 바, 신라 금공품 가운데 대부분은 경주에서 제작되었을 가능성이 높으며 일부 제작이 용이한 것은 지방에서도 제작하였던 것으로 보인다. 특히 창녕의 경우가 그러한데 기술수준은 경주에 미치지 못하지만 자체 공방을 가지고 일부 물품을 제작하였음을 알 수 있다. 지방 제작 금공품의 존재로 보면, 신라에서는 장신구를 비롯한 금공품의 제작 자체를 금지하기 보다는 소재의 유통을 통제했거나 착용자의 범위를 제한하였던 것으로 이해할 수 있다. 고분군의 규모나 출토 유물의 격으로 보면 대가야양식 금공품의 제작지는 고령 지산동고분군 조영자들의 거주 구역에 인접해 있었을 것으로 보아 크게 무리가 없다. 다만 금공품 출토 사례가 많은 합천 옥전고분군 조영세력이 독자적으로 공방을 유지하였을 가능성은 없었을까 하는 점도 고려할 필요가 있다. 아직 이를 밝힐 수 있는 자료는 적지만 공방이 존재했다 하더라도 그곳에서 장기간에 걸쳐 많은 물품을 생산하기는 어려웠을 것이다.

3. 금공양식의 발현

대가야 금공품 가운데 대가야적 색채가 분명한 것은 관이다.[20] 지산동고분

---

17) 최종규, 1993, 「중기고분의 성격에 대한 약간의 고찰」, 『부대사학』 7, 부산대사학회.
18) 박보현, 1987, 「수지형입화식관의 계통」, 『영남고고학』 4, 영남고고학회.
19) 전덕재, 1990, 「신라 주군제의 성립배경연구」, 『한국사론』 22, 서울대학교 국사학과.
20) 박보현, 1997, 「가야관의 속성과 양식」, 『고대연구』 5, 고대연구회.
　　박보현, 2014, 「대가야의 관모전립식고」, 『과기고고연구』 20, 아주대학교박물관.
　　함순섭, 2002, 「신라와 가야의 관에 대한 서설」, 『대가야와 주변제국』, 한국상고사학회.

군에서는 2점의 대관과 4점의 모관 부품이 출토되었다. 32호분과 30호분 2곽 출토품이 대관이고 구39호분[21], 518호분, 73호와 75호분 순장곽 출토품이 모관 부품이다. 재질로 보면 금동제품이 다수인데 구39호분 출토품은 은제품, 75호분 출토품은 철제품이다. 발굴조사를 통하여 금관이 출토된 적은 없지만 Leeum[22](도4-3)이나 동경국립박물관 소장 금관[23](도4-2)으로 보아 대가야 사회에도 신라처럼 금관이 존재했음은 분명하다. 32호분과 30호분 2곽 출토품에 기준해 보면 이미 5세기 중엽경에는 초화형(草花形) 입식을 갖춘 대가야양식 관이 제작되고 있었음을 알 수 있다.

32호분 금동제 대관은 대륜의 중위에 큼지막한 광배형 입식이 부착된 점이 주요한 특징이다. 입식의 정부(頂部)는 보주형을 띠며 소형 곁가지가 따로 부착되어 있다. 대륜에는 상하 가장자리를 따라가면서 파상점열문이 시문되어 있고 6개의 원두정으로 입식

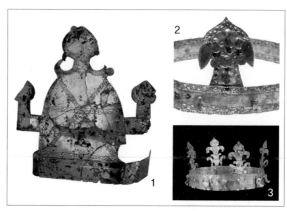

도4. 지산동 32호분 금동관(1)과 비교자료(2.동경국립박물관 금관 세부, 3.Leeum 금관)

---

21) 有光敎一・藤井和夫, 2003,「附篇 高靈 主山第39號墳發掘調査槪報」,『朝鮮古蹟硏究 會遺稿 II 公州宋山里第29號墳 高靈主山第39號墳發掘調査報告 1933, 1939』, 유네스 코東아시아문화연구센터 財團法人 東洋文庫.

22) 삼성미술관 Leeum, 2011,『삼성미술관 Leeum 소장품 선집, 고미술』.

23) 小倉武之助, 1964,『小倉コレクション目錄』.
東京國立博物館, 1982,『寄贈 小倉コレクション目錄』.
함순섭, 1997,「小倉Collection 금제대관의 제작기법과 그 계통」,『고대연구』 5, 고대연구회.

이 고정되어 있다. 입식 중상위에 영락이 달렸지만 대륜에는 없다. 입식에는 횡선·X선 교차 문양이 베풀어져 있다.(도4-1) 30호분 2곽 출토 금동제 대관은 소형이다. 대륜의 길이는 14.7cm이고 전체 높이가 7.5cm에 불과하다. 무덤 주인공이 유아 혹은 소아인 점과 관련이 있을 것 같다. 대륜 위쪽에 보주형의 입식 3개가 각각 1개씩의 못으로 고정되어 있으며 같은 간격으로 원형 영락 4개가 달려 있다. 대륜 가장자리를 따라가면서 축조(蹴彫)기법으로 파상점열문이 시문되어 있다. 대륜에는 전면만, 입식에는 전후면 모두 도금되어 있다.

518호분 출토 금동제 관식은 파편이다. 모관의 좌우에 부착하였던 조우형 장식과 관모에 가삽하였던 전립식 편이 남아 있다. 조우형 장식의 하변은 위쪽으로 호선을 그리며 들려 있다. 내부에 연속능형문, 가장자리에는 점열문이 베풀어져 있다. 73호분 서순장곽에서 출토된 금동제 관식은 전립식과 좌우의 조우형 장식까지 함께 갖춘 것이다. 전립식은 하부가 좁은 것으로 보아 관모의 앞쪽에 끼워졌던 것 같고, 조우형 장식은 3개씩의 못이 있는 것으로 보아 어디엔가 부착되었던 것임을 알 수 있다. 전립식의 위쪽에는 원래 7개의 돌출부가 있었으나 일부 파손되었다. 측면에는 이면타출된 볼록 장식이 좌우에 1개씩 있다. 75호분 봉토 내 1호 순장곽 출토 철제 관식은 유례를 찾기 어려운 것이다. 하단 가장자리가 둥글게 처리되어 있다. 가삽부(加揷部)와 상부 장식의 경계에 미약한 돌대가 있다. 상단에는 5개의 뾰족한 장식이 있다. 횡단면은 '∧'형이다. 관식의 표면과 이면에 직물흔이 수착되어 있다.

2점의 대관은 수지형의 신라 대관과 달리 심플한 초화형 입식을 갖춘 사례여서 이를 대가야양식으로 규정하는 것에 대해 많은 연구자들이 동의한다. 다만 모관 자료는 근래 발굴되기 시작했다고 해도 과언이 아니므로 제작지를 비롯하여 향후 다양한 관점에서의 연구가 필요하다.

대가야 금공품 가운데 가장 많은 것은 이식이다.[24] 대가야 이식의 주환은

---

24) 이경자, 1999,「대가야계고분 출토 이식의 부장양상에 대한 일고찰」,『영남고고학』24, 영남고고학회.

모두 세환이며 현재까지 태환이식의 출토예가 없다. 이는 백제 이식과 공통하는 점이다. 초현기의 가야 이식 가운데는 백제적인 요소가 많이 관찰되므로 태환이식이 없는 것도 같은 맥락에서 이해할 수 있을 것이다. 다만 합천옥전 M4호분이나 M6호분 이식[25]처럼 6세기 전반의 늦은 단계가 되면 주환의 고리가 조금 굵어지고 태환처럼 속을 비게 만든 것이 등장한다. 이 점은

같은 시기의 신라나 백제 이식과 공통하는 현상이다. 중간식은 대부분 반구체 2개를 땜으로 접합하여 만든 공구체이다. 옥전 20호분 이식[26]처럼 구체의 중간에 각목대가 장식되지 않은 것은 백제 한성기 이식과 형태가 유사하다. 여기서 조금 변형된 것이 옥전 M2호분 출토품처럼 각목대가 부착된 것이고, 지산동 45호분 출토품처럼 금 알갱이가 붙거나 영

도5. 대가야양식 이식(창원 다호리)

이한상, 2000, 「대가야권 장신구의 편년과 분포」, 『한국고대사연구』 18, 한국고대사연구회.

三木ますみ, 1996, 「朝鮮半島出土の垂飾附耳飾」, 『筑波大學先史學 · 考古學研究調査報告』 7.

25) 조영제 외, 1993, 『합천 옥전고분군IV』, 경상대학교박물관.

26) 조영제 외, 1998, 『합천 옥전고분군VII』, 경상대학교박물관.

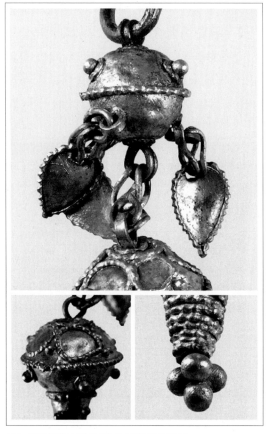

락이 매달린 것이 가장
화려하다. 수하식으로
는 심엽형 장식이 유행
하였다.(도5) 그러나 그
간의 출토예로 보면 금
판을 둥글게 말아서 만
든 원추형 장식이나 삼
익형 장식, 속빈 금 구
슬, 산치자 열매 모양
장식 등 다양한 형태
의 수하식이 공존하였
다. 이 가운데 대가야적
색채가 가장 짙은 것이
원추형이다. 옥전 M2
호분 예처럼 위가 넓고
아래로 내려오면서 좁
아지며 끝에 각목대를
감아 장식한 것이 있고,
지산동 45호분 1실과 2
실 출토품[27])처럼 위에

도6. 대가야양식 이식 세부(지산동 45호분2실)

서 아래로 내려오면서 급격히 좁아지며 맨 아래에 금 알갱이를 붙인 것이 있
다.(도6) 산치자 열매 모양 장식[28]) 또한 대가야적인 수하식이다. 이식의 각

27) 김종철, 1979,「Ⅲ. 고령 지산동 제45호 고분발굴조사보고」,『대가야고분 발굴조사보
고서』, 고령군.
28) 依田香桃美, 2001,「古墳時代の垂飾付耳飾の復元技術について -保古里車塚古墳出土
品・金製垂飾付耳飾の場合-」,『古代文化研究』9, 島根縣古代文化センタ-.

부품을 연결하는 금구로는 금사를 엮어 만든 사슬이 많이 사용된다. 금 사슬 가운데는 겹사슬도 일부 존재한다. 이처럼 공구체 중간식에 금 사슬을 연결 금구로 활용한 이식은 일본 열도에서도 유행하였다.

대가야의 이식은 백제, 고구려, 신라의 그것과 형태적으로 구별된다. 초기 에는 백제 한성기 이식과 유사하고 장식성이 현저하지 않다. 대개 원추형 수 하식이 등장하는 5세기 중엽 경부터 가야적인 양상이 뚜렷해진다. 가야 이식 의 변화양상은 장식성 점증에서 찾을 수 있다. 합천 옥전 M4호 이식의 경우 공구체에 여러 줄의 각목대와 감옥용 돌기가 장식되어 있고 부분적으로 금립 을 붙여 화려하게 꾸몄다. 진주 중안동 출토 이식[29]의 경우 주환은 사각봉을 비틀어 나선상으로 만든 것이며 중간식인 공구체 표면에는 금립과 더불어 영 락이 부가되어 있다.

4. 맺음말

이상에서 살펴본 것처럼 대가야사회에 금공문화가 전해진 시기는 5세기 전반 무렵이며 백제와 신라에서 계보를 찾을 수 있다. 두 나라 금공문화의 영 향이 함께 보이는 이유는 당시 한반도 남부지역의 국제정세 때문이었을 것이 다. 고구려의 위협에서 벗어나기 위해 공조해야 할 필요가 생겼다는 점에 주 목해보았으며 433년의 나제동맹이 시대상황을 잘 보여주는 구체적 사례 가 운데 하나이다.

지산동 32호분이 축조되는 5세기 중엽에 이르면 고구려, 백제, 신라와 구 별되는 대가야적 금공문화가 개시된다. 특히 대가야적 특색은 관, 이식 등의

宇野愼敏, 2004, 「山梔子形垂飾付耳飾とその背景」, 『福岡大學考古學論集 -小田富士 雄先生退職記念-』, 小田富士雄先生退職記念事業會.

29) 朝鮮總督府, 1916, 『朝鮮古蹟圖譜 三』, 287쪽의 도849.

장신구에 잘 드러나 있다. 고령 지산동 32호분 금동관은 풀 혹은 꽃모양의 장식을 갖추고 있어 주변국의 관과는 차이가 있고, 지산동과 옥전고분군에서 많이 출토된 금 귀걸이는 속이 비어 있는 둥근 구슬과 나무열매모양의 장식을 주요 모티브로 삼고 있어 특색이 있다. 대가야 금공품은 5세기 후반으로 가면서 제작기법이 정교, 화려해지는 방향으로 변하는데 그 배경을 가야의 성장에서 찾을 수 있다. 특히, 가야의 맹주였던 고령의 대가야 왕이 중국 남조에 사신을 보낸 479년 무렵, 대가야의 왕은 연맹에 속해 있던 지배층들을 결속하고 또 그들을 매개로 가야 사회를 지배하기 위하여 대가야적인 장신구를 본격적으로 제작하여 활용한 것 같다.

　결론적으로 대가야에서도 동아시아 각국과 마찬가지로 귀금속으로 만든 금공품이 유행했으며 그것에는 대가야양식이 발현되어 있었다. 그 가운데 주종을 이루는 금속제 장신구는 일종의 복식품이며 대가야사회의 상층부를 구성했던 사람들이 전유한 것은 분명하며 일부에 대해서는 순장자들까지 공유하고 있었다. 고령의 경우에 주목해보면 대체로 지산동 45호 단계 이후 소유자의 사회적 지위에 따라 금공품의 재질이나 형태차가 분명해지는 것 같다. 그리고 그것은 고령을 벗어나 대가야연맹으로 묶여 있던 각지의 수장층도 공유하였는데 백제와 신라처럼 금공품을 매개로 한 지배체제의 구축이 정형화되지는 않았던 것 같고 그것이 대가야 왕권의 한계였던 것으로 추정할 수 있다.

부록

삼국시대 장식대도 수록 보고서 목록

Ⅰ. 고구려

- 환인 고력묘자촌 15호묘

  陳大爲, 1960, 「桓仁縣考古調査發掘簡報」『考古』1960-1

- 집안 우산묘구 992호묘

  吉林省文物考古研究所 外, 2004, 『集安高句麗王陵』

- 집안 마선구 1호분

  吉林省博物館 集安考古隊, 1964, 「吉林輯安麻線溝1號壁畵墓」『考古』64-10

- 평양 병기창

  末永雅雄, 1941, 『日本上代の武器』, 木耳社

Ⅱ. 백제

- 오산 수청동고분군

  경기문화재단 경기문화재연구원 외, 2012,『오산 수청동백제분묘군』

- 천안 화성리고분군

  국립공주박물관, 1991,『천안 화성리 백제묘』

- 천안 용원리고분군

  이남석, 2000,『용원리고분군』, 공주대학교박물관 외

- 청주 신봉동고분군

  구자봉, 1989,「전 청주 신봉동 출토 소환두대도 소개」『박물관보』3, 청주대
  　　　학교박물관
  충북대학교박물관, 1995,『청주 신봉동고분군』

- 공주 수촌리고분군

  충청남도역사문화연구원 외, 2007,『공주 수촌리유적』
  충청남도역사문화연구원 외, 2013,『공주 수촌리고분군Ⅰ』
  충청남도역사문화연구원 외, 2014,『공주 수촌리고분군Ⅱ』

- 공주 송산리고분군

  문화재관리국, 1973,『무령왕릉』
  국립공주박물관, 2006,『무령왕릉 출토유물 분석보고서(Ⅱ)』
  국립공주박물관, 2015,『한국 고대의 상감, 큰칼에 아로새긴 최고의 기술』

- 논산 모촌리 93-5호묘

  공주대학교박물관, 1994,『논산 모촌리 백제고분군 발굴조사보고서(Ⅱ)』

• 서산 부장리고분군

충청남도역사문화연구원, 2009, 『서산 부장리고분군』

• 고창 봉덕리고분군

이문형 · 옥창민, 2009, 「고창 봉덕리1호분」 『제33회 한국고고학전국대회 발
표문』
한성백제박물관, 2013, 『백제, 마한과 하나되다』

• 나주 신촌리고분군

穴澤咊光 · 馬目順一, 1973, 「羅州潘南面古墳群」 『古代學硏究』 70, 古代學硏
究會
국립공주박물관, 2015, 『한국 고대의 상감, 큰칼에 아로새긴 최고의 기술』

• 나주 복암리고분군

국립문화재연구소, 2001, 『나주 복암리3호분』

Ⅲ. 가야

• 고령 지산동고분군

고령군, 1979, 『대가야고분 발굴조사보고서』
계명대학교박물관, 1981, 『고령 지산동고분군』
영남매장문화재연구원, 1998, 『고령 지산동30호분』
有光敎一 · 藤井和夫, 2003, 「附篇 高靈 主山第39號墳發掘調査槪報」 『朝鮮古
蹟硏究會遺稿Ⅱ 公州宋山里第29號墳 高靈主山第39號墳發掘調査報
告 1933, 1939』, 유네스코東아시아문화연구센터 財團法人 東洋文庫
영남문화재연구원, 2004, 『고령 지산동고분군Ⅰ』

경북대학교박물관 외, 2009,『고령 지산동44호분 -대가야왕릉-』

대동문화재연구원 외, 2012,『고령 지산동 제73~75호분』

윤은영 · 전효수, 2015,「지산동39호분 장식대도의 보존과 제작기법」『박물관
    보존과학』16, 국립중앙박물관

• 합천 옥전고분군

    경상대학교박물관, 1988,『합천 옥전고분군 I 』

    경상대학교박물관, 1990,『합천 옥전고분군 II 』

    경상대학교박물관, 1993,『합천 옥전고분군IV』

    경상대학교박물관, 1997,『합천 옥전고분군VI』

    경상대학교박물관, 1999,『합천 옥전고분군VIII』

    경상대학교박물관, 2000,『합천 옥전고분군IX』

• 합천 반계제고분군

    국립진주박물관, 1987,『합천 반계제고분군』

• 함양 백천리고분군

    부산대학교박물관, 1986,『함양 백천리1호분』

• 산청 중촌리고분군

    신라대학교박물관, 2004,『산청 중촌리고분군』

• 산청 생초고분군

    조영제 외, 2009,『산청 생초 M12 · M13호분』, 경상대학교박물관 외

• 남원 두락리고분군

    전북대학교박물관, 1989,『두락리』

- 남원 월산리고분군

  전영래, 1983, 『남원 월산리고분 발굴조사보고』, 원광대학교 마한백제문화연
  구소

- 함안 도항리고분군

  위광철, 1998, 「함안 도항리 마갑총 출토 철제금은상감 환두대도의 제작기법
  및 보존처리」 『보존과학연구』 19, 문화재연구소
  국립창원문화재연구소, 2001, 『함안 도항리고분군Ⅳ』
  국립창원문화재연구소, 2002, 『함안 마갑총』

- 창원 도계동고분군

  창원대학교박물관, 1987, 『창원 도계동고분군』

Ⅳ. 신라

- 경주 월성로 가-13호분

  국립경주박물관 외, 1990, 『경주시 월성로고분군 -하수도공사에 따른 수습발
  굴조사보고』

- 경주 황남대총 남분

  문화재연구소, 1993, 『황남대총 남분 발굴조사보고서(도면 · 도판)』
  문화재연구소, 1994, 『황남대총 남분 발굴조사보고서(본문)』

- 경주 황남대총 북분

  문화재연구소, 1985, 『황남대총북분 발굴조사보고서』

• 경주 금관총

朝鮮總督府, 1924,『古蹟調査特別報告第三冊 慶州金冠塚と其遺寶 本文上冊』

朝鮮總督府, 1924,『古蹟調査特別報告第三冊 慶州金冠塚と其遺寶 圖版上冊, 下冊』

濱田靑陵, 1932,『慶州の金冠塚』, 慶州古蹟保存會, 似玉堂

권윤미, 2014,「금관총 출토 이사지왕명 환두대도」『고고학지』20, 국립중앙박 물관

• 경주 금령총

朝鮮總督府, 1932,「慶州金鈴塚飾履塚發掘調査報告」『大正十三年度古蹟調査 報告』

• 경주 식리총

朝鮮總督府, 1932,「慶州金鈴塚飾履塚發掘調査報告」『大正十三年度古蹟調査 報告』

• 경주 천마총

문화재관리국, 1974,『천마총 발굴조사보고서』

국립경주박물관, 2014,『천마, 다시 날다』

• 경주 호우총

국립박물관, 1948,『경주 노서리 호우총과 은령총』

• 경주 황오리14호분

齋藤忠, 1937,「慶州皇南里第百九號墳 皇吾里第十四號墳調査報告」『昭和九年 度古蹟調査報告1』, 朝鮮總督府

- 경주 황오리4호분

  국립박물관, 1964, 『황오리4,5호고분 황남리파괴고분 발굴조사보고』

- 경주 보문리고분군

  국립경주박물관, 2011, 『경주 보문동합장분』

- 울산 조일리고분군

  국립창원문화재연구소, 2000, 『울산 조일리고분군』

- 양산 북정리고분군

  馬場是一郎 · 小川敬吉, 1927, 『梁山夫婦塚と其遺物』, 朝鮮總督府
  동아대학교박물관, 1991, 『양산 금조총 · 부부총』

- 부산 복천동고분군

  부산대학교박물관, 1983, 『동래 복천동고분군 I』
  부산대학교박물관, 1996, 『동래 복천동고분군 III』

- 부산 반여동고분군

  동의대학교박물관 외, 2005, 『부산 반여동유적』

- 영천 화남리고분군

  성림문화재연구원, 2015, 『영천 화남리 신라묘군 III』

- 경산 임당고분군

  영남대학교박물관, 1994, 『경산임당지역고분군 I』
  영남대학교박물관, 1996, 『경산임당지역고분군 II』
  영남대학교박물관, 2003, 『경산임당지역고분군 VII』

• 대구 달성고분군

朝鮮總督府, 1931,「慶尙北道達城郡達西面古墳發掘調査報告」『昭和六年度古
蹟調査報告』

• 대구 문산리고분군

영남문화재연구원, 2005,『달성 문산리고분군』

• 창녕 계성고분군

영남대학교박물관, 1991,『창녕 계성리고분군 -계남1·4호분-』
경남고고학연구소 외, 2001,『창녕 계성신라고총군』

• 창녕 교동/송현동고분군

穴澤咊光·馬目順一, 1975,「昌寧校洞古墳群-梅原考古資料を中心とした谷井
濟一氏發掘資料の硏究」『考古學雜誌』60-4, 日本考古學會
동아대학교박물관, 1992,『창녕 교동고분군』
국립가야문화재연구소, 2011,『창녕 송현동고분군Ⅰ -6·7호분 발굴조사보
고-』
국립가야문화재연구소, 2013,『창녕 교동고분군 주차장조성부지내유적 발굴
조사보고』

• 성주 성산동고분군

朝鮮總督府, 1922,『大正七年度古蹟調査報告 第一册』

• 의성 금성산고분군

국립박물관, 1962,『의성탑리고분』
경북대학교박물관, 2002,『학미리고분』
경북대학교박물관, 2006,『의성 대리리3호분』

성림문화재연구원, 2015,『의성 신라본역사지움조성(조문국지구)사업부지내
　　　유적1ㆍ2차문화재발굴(시굴)조사 약식 보고서』
경상북도문화재연구원, 2012,『의성 대리리2호분』

• 상주 헌신동고분군

　　경상북도문화재연구원 외, 2003,『상주 헌신동고분군』

• 청원 미천리고분군

　　국립문화재연구소, 1995,『청원 미천리고분군 발굴조사보고서』

• 포항 용흥동고분

　　국립경주박물관, 2007,『포항 용흥동신라묘』

• 울진 덕천리고분군

　　성림문화재연구원, 2015,『울진 덕천리 신라묘군Ⅱ』

• 강릉 초당동고분군

　　강릉원주대학교박물관, 2011,『강릉 초당동고분군』

찾아보기

_ ㅅ _

ㅡㅇㅡ

_ㅈ_

_ㅎ_